Wenn alle Brüder schweigen

When all our brothers are silent

Großer Bildband über die Waffen-SS

Wenn alle Brüder schweigen

Munin-Verlag GmbH · Osnabrück

Herausgegeben vom
Bundesverband der Soldaten
der
ehemaligen Waffen-SS e.V.

4. verbesserte Auflage 1985
by Munin Verlag GmbH, Osnabrück
Farbige Uniformtafeln und Karten: Kurt Geiss, Saarbrücken

Gesamtherstellung: Hans Kock Buch- und Offsetdruck GmbH, Bielefeld
ISBN 3-921242-21-5

The Book of Photographs of the Waffen-SS

When all our brothers are silent

Munin-Verlag GmbH · Osnabrueck

Published by the
Association of Soldiers of the
Former Waffen-SS

4th revised edition 1985
by Munin Verlag GmbH, Osnabrück
Coloured uniform tables and maps: Kurt Geiss, Saarbrücken

Printed and bound by Hans Kock Buch- und Offsetdruck GmbH, Bielefeld
ISBN 3-921242-21-5

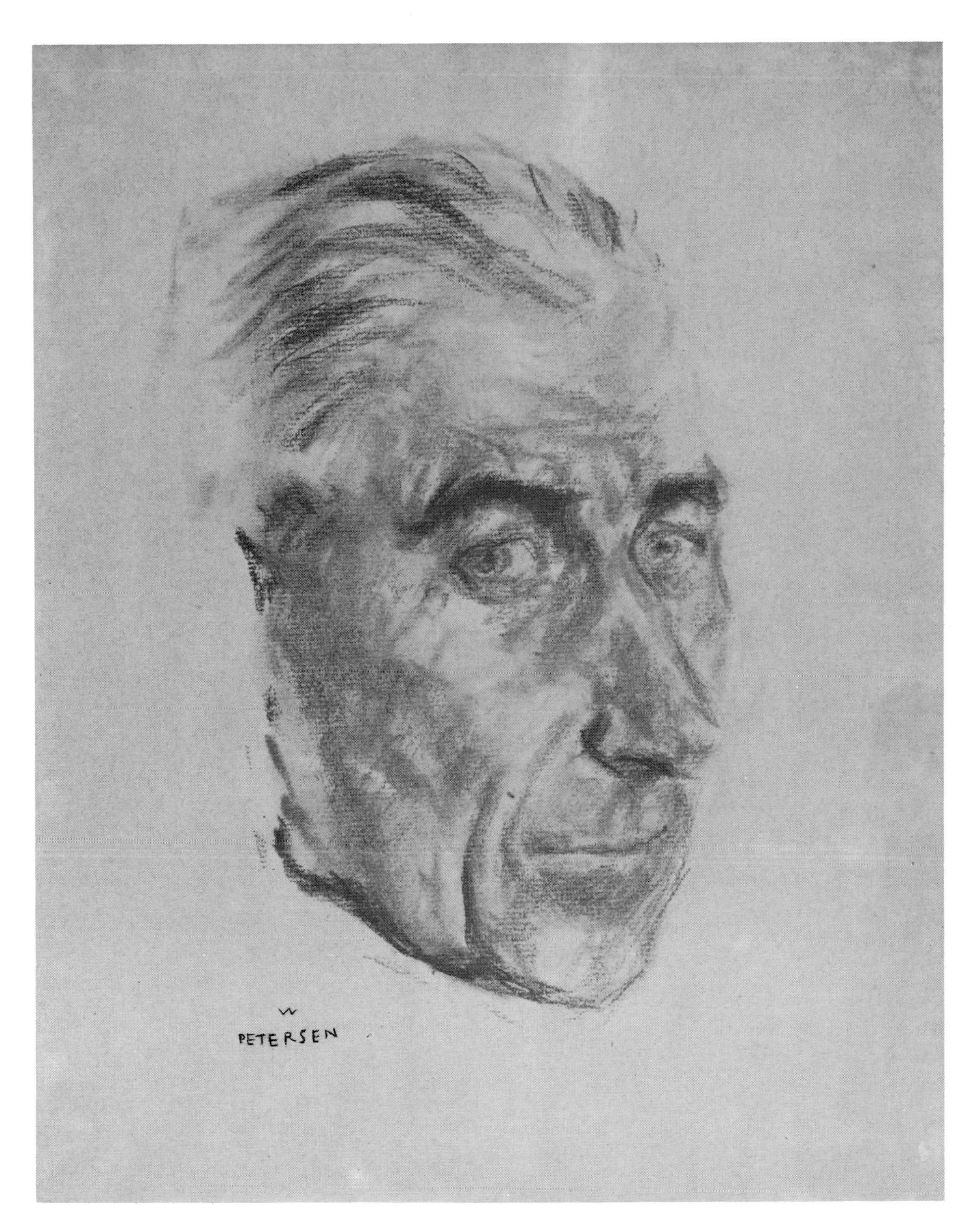

Paul Hausser —
SS-Oberstgruppenführer und Generaloberst der Waffen-SS

„Sie nennen mich ihren ‚Senior' und weisen mir Autorität zu, ohne daß sie von einem Dienstgrad, von Rangabzeichen oder einem Befehlsverhältnis dazu angehalten werden. Darin sehe ich ein Zeichen gewachsener und verwurzelter Kameradschaft, zu der nur gute Soldaten fähig sind . . ." (aus „Soldaten wie andere auch", Seite 229)

Paul Hausser
SS Oberstgruppenfuehrer and Generaloberst (Senior General) of the Waffen SS

"They call me their 'Senior' and attribute authority to me without being bound by position, badge of rank or a command relationship to do so. I see in this a sign of a mature and deep-rooted comradeship, of which only good soldiers are capable" . . .
(From: "Soldaten wie andere auch", page 229)
("Soldiers just like the others")

Zum Geleit.

Der Einsatz der deutschen Wehrmacht im zweiten Weltkrieg ist heute nicht mehr "problematisch." Über die im Rahmen des Heeres eingesetzte Waffen-SS geht der Meinungsstreit weiter. Volle Gerechtigkeit ist ihr nicht zuteil geworden.

Seit Jahren bemühen sich ehemalige Soldaten dieser Truppe, aber auch Soldaten des Heeres darum, der Öffentlichkeit aufzuzeigen und zu beweisen, daß die Waffen-SS nach den Vorschriften und Weisungen des Heeres ausgebildet und wie die Verbände des Heeres eingesetzt worden ist. Im Felde unterstanden ihre Divisionen, Korps und Armeen dem Oberkommando des Heeres oder dem Oberkommando der Wehrmacht. Ich selbst habe als Kommandeur von Einheiten der Waffen-SS im Laufe des Krieges etwa 40 verschiedenen Kommandostellen des Heeres unterstanden. Während der Kämpfe in der Normandie 1944 wurde ich als Oberbefehlshaber der 7. Armee und seit Anfang 1945 als Oberbefehlshaber der Heeresgruppe G (Oberrhein) in Kommandostellen des Heeres verwendet. Trotzdem ist mir eine soldatenrechtliche Gleichstellung durch den Gesetzgeber versagt geblieben.

Nach der Erziehung im preußischen Kadettenkorps und einer aktiven Dienstzeit von 33 Jahren im Heer des Kaiserreiches sowie in der Reichswehr habe ich von 1934 bis 1945 einen zweiten Soldatendienst-Abschnitt in der SS-Verfügungstruppe bzw. Waffen-SS zurückgelegt. Ich glaube deshalb, die soldatischen Leistungen der Waffen-SS beurteilen zu können!

Der vorgelegte Bildband soll anschaulich darüber berichten. Er beweist die enge Verbindung mit dem Heer, aber auch mit der Luftwaffe und sogar mit den Seestreitkräften. Die Bilddokumente bestätigen das, was Generaloberst Heinz Guderian aus der Sicht des Armee-Oberbefehlshabers und Inspekteurs der Panzertruppen in seinen „Erinnerungen eines Soldaten" (S. 406) bezeugt hat: Die Soldaten der Waffen-SS fochten Schulter an Schulter mit den Soldaten des Heeres und wurden – je länger der Krieg dauerte, desto mehr – „die unseren."

Ludwigsburg, im Juni 1972.

Paul Hausser.

ZUM GELEIT

Der Einsatz der deutschen Wehrmacht im Zweiten Weltkrieg ist heute nicht mehr „problematisch". Über die im Rahmen des Heeres eingesetzte Waffen-SS geht der Meinungsstreit weiter. Volle Gerechtigkeit ist ihr nicht zuteil geworden.

Seit Jahren bemühen sich ehemalige Soldaten dieser Truppe, aber auch Soldaten des Heeres darum, der Öffentlichkeit aufzuzeigen und zu beweisen, daß die Waffen-SS nach den Vorschriften und Weisungen des Heeres ausgebildet und wie die Verbände des Heeres eingesetzt worden ist. Im Felde unterstanden ihre Divisionen, Korps und Armeen dem Oberkommando des Heeres oder dem Oberkommando der Wehrmacht. Ich selbst habe als Kommandeur von Einheiten der Waffen-SS im Laufe des Krieges etwa 40 verschiedenen Kommandostellen des Heeres unterstanden. Während der Kämpfe in der Normandie 1944 wurde ich als Oberbefehlshaber der 7. Armee und seit Anfang 1945 als Oberbefehlshaber der Heeresgruppe G (Oberrhein) in Kommandostellen des Heeres verwendet. Trotzdem ist mir eine soldatenrechtliche Gleichstellung durch den Gesetzgeber versagt geblieben.

Nach der Erziehung im preußischen Kadettenkorps und einer aktiven Dienstzeit von 33 Jahren im Heer des Kaiserreiches sowie in der Reichswehr habe ich von 1934 bis 1945 einen zweiten Soldatendienst-Abschnitt in der SS-Verfügungstruppe bzw. Waffen-SS zurückgelegt. Ich glaube deshalb, die soldatischen Leistungen der Waffen-SS beurteilen zu können!

Der vorgelegte Bildband soll anschaulich darüber berichten. Er beweist die enge Verbindung mit dem Heer, aber auch mit der Luftwaffe und sogar mit den Seestreitkräften. Die Bilddokumente bestätigen das, was Generaloberst Heinz Guderian aus der Sicht des Armee-Oberbefehlshabers und Inspekteurs der Panzertruppen in seinen „Erinnerungen eines Soldaten" (S. 406) bezeugt hat: Die Soldaten der Waffen-SS fochten Schulter an Schulter mit den Soldaten des Heeres und wurden — je länger der Krieg dauerte, desto mehr — „die unseren".

Ludwigsburg, im Juni 1972

Paul Hausser

Wenige Monate vor seinem Tode schrieb der 92jährige Senior der Soldaten der Waffen-SS das Geleitwort zum Großen Bildband.

FOREWORD

The engagement of the German Wehrmacht (Regular Services) in the Second World War is today no longer "problematic." But there are still differences of opinion about the Waffen SS who fought as part of the Heer (German Regular Army). They have not been treated with complete justice.

For years, the former soldiers of this troop, and also soldiers of the Heer, have been concerned to show and to prove that the Waffen SS was trained according to the regulations and instructions of the Heer, and that they went into action as units of the Heer. I myself have, as commander of Waffen SS units, served under around 40 different command posts of the Heer during the course of the war. During the fighting in Normandy in 1944, I, as Commander of the 7th Army, and from the start of 1945 as Commander of Army Group G (Upper Rhine), was employed in the Command Headquarters of the Army. Nevertheless the legislature denies me equal ranking with the Army, although this is militarily justifiable.

After training in the Prussian Officer Cadet Corps and 33 years of active service in the Heer under the Kaiser and in the Reichswehr, I served a second term of military service in the SS Verfuegungstruppe and then in the Waffen SS from 1934 to 1945. I think therefore that I am able to pass judgement on the military accomplishement of the Waffen SS!

To give a clear report of this accomplishment is the intention of this book of photographs. It demonstrates the close relationship with the Heer, but also with the Air Force and even with the Naval forces. The documentary pictures confirm what General Heinz Guderian testified in his book "Erinnerungen eines Soldaten" (Memories of a soldier), page 406, from his standpoint as Commander-in-Chief of the Heer and Inspector of the Panzer Troops: "The soldiers of the Waffen SS fought shoulder to shoulder with the regular soldiers and the longer the war went on, the more they counted as 'some of ours'."

Ludwigsburg, June 1972

Paul Hausser

The 92 year old senior of the Waffen SS wrote the foreword of this book of photographs only a few months before his death.

GEDANKEN — FRAGEN — ANTWORTEN

Perspektiven

Wer von der Spitze des Eiffelturms auf eine vielzählige Menschenmenge am Fuße des Bauwerks herabblickt, der sieht das „Volk von Paris", doch er erkennt nicht die „Menschen", weil sie in „der Masse" untergehen. Er sieht nicht ihre Gesichtszüge, erfährt nichts von ihrem Denken und Fühlen und weiß nichts von ihren Antriebskräften und den Beweggründen ihres Handelns. Wer dies will, muß den überhöhten Standort verlassen und sich unter die Menschen begeben. Er muß in ihre Gesichter blicken und an ihren Gesprächen teilnehmen, er muß ihre soziale Stellung, ihren Platz in der Gesellschaft und die ihren Lebenslauf bestimmenden Faktoren ausfindig machen. Fehlt es an der Fähigkeit oder Bereitschaft, Menschen wirklich kennenzulernen und ihre Persönlichkeitsmerkmale objektiv zu würdigen, wird ihnen sogar mit Vorurteilen oder prinzipieller Abneigung begegnet, dann ist eine zutreffende und gerechte Beurteilung nicht zu erwarten.

Über die Waffen-SS sind seit dem Ende des Zweiten Weltkriegs zahllose Beurteilungen abgegeben worden. Ihre Entwicklung aus kleinsten Anfängen bis zur 38-Divisionen-Armee, ihr kriegsgeschichtliches Auftreten und ihr Standort im Verfassungssystem des Dritten Reiches wurden beschrieben. Vielen Schriften ist der Rang wissenschaftlicher Analysen zuerkannt worden, doch die Frage drängt sich auf, ob aus der Entfernung — von der „Spitze des Eiffelturms" herab — auch die Menschen, die Soldaten dieser Truppe richtig erkannt worden sind. Unbestreitbar ist, daß viele Darstellungen von politisch motivierter Abneigung diktiert oder von Vorurteilen und Voreingenommenheiten geprägt worden sind. Vielfach war deswegen das Ergebnis von vornherein festgelegt und nur noch dementsprechend zu begründen. Aber auch aus objektiven Gründen ist ein Beurteilen dann außerordentlich schwer, wenn eigene Erfahrungen aus Krieg und Kampfgeschehen fehlen. Wer kann Menschen, die Wochen, Monate und Jahre hindurch unter ständigem Einsatz ihres Lebens von einem Kampfeinsatz in den anderen befohlen wurden, verstehen und ihnen nachempfinden, wenn er diesen Weg nicht mitgegangen und den Einsatz nicht miterlebt hat? Zwischen dem Kriegsschauplatz und einem friedlichen bürgerlichen Dasein oder gar der abgeklärten Stille eines Studierzimmers liegen Welten!

Wenn der Bundesverband der Soldaten der ehemaligen Waffen-SS mit einem Bildband vor die Öffentlichkeit tritt, so geschieht es, um den Betrachter *„unter* die Menschen" treten zu lassen. So sahen sie damals — vor drei Jahrzehnten und mehr — aus. Zugleich vermitteln die Bildern einen Eindruck von der historischen Epoche, in die sie hineingestellt, ja vom Geburtsjahrgang her hineingeboren waren. Vielleicht wird gegen dieses Werk der Vorwurf erhoben, es sei nicht „selbstkritisch" genug in eine Auseinandersetzung mit der Vergangenheit eingetreten. Doch was ist Selbstkritik? Sicherlich wird man darunter keine Betrachtungsweise verstehen dürfen, die gleichsam von einer Feindgesinnung „gegen sich selbst" unterlegt ist. Es wird mit Sicherheit auch eingewendet werden, daß mit diesem Werk eine „Rechtfertigerei" (Apologetik) betrieben werde. Wie auch immer — es sollte möglich sein, aus der Gegenwart unbefangen und mit unvoreingenommener Interessiertheit in jenen Lebensabschnitt unserer Generation zurückzublicken, der bereits Geschichte ist.

THOUGHTS — QUESTIONS — ANSWERS

Perspectives

A person looking down from the top of the Eiffel Tower upon a crowd of people at the base of the construction may see the "people of Paris," but he does not discern "persons" because they are submerged within the "masses." He does not see the expressions on their faces, nor does he learn anything of their thoughts and their feelings. He does not know anything of the motivations and reasons for their actions. If a person wishes to learn about these things, he must leave his position of vantage high above the crowd and circulate among the people. He must look into their faces, and take part in their discussions; he must also find out about their social position, their place in society, and the factors which determine the course of their lives. If the person is not capable or willing to truly get to know people and to judge their character traits objectively, and if he is prejudiced or harbours an inherent dislike toward people, then one cannot expect him to make an accurate and just appraisal of them.

Numerous judgments have been passed on the Waffen-SS since the end of the Second World War. Authors have traced the development of the organization from its very beginnings to an army of 38 divisions; its performance during the war and the role it played in the political make-up of the Third Reich have been described. Many works have been written on the subject which are worthy of being designated "scholarly," yet the question remains whether from a distance — looking down from the "top of the Eiffel Tower" — the men, the soldiers of this troop have also been recognized properly. It is indisputable that many works written about the Waffen-SS have been heavily prejudiced by an antipathy which is politically motivated; it is all too evident that these prejudices and unjustified assumptions are the main characteristics of such works. Thus, in many cases, the authors have arrived at preconceived conclusions, and have accordingly "proved" the validity of these conclusions. Yet even an objective assessment is extremely difficult to attain if one lacks personal experiences of the war and of the battles fought. Who can understand or share the same feelings of those men who for weeks, months, and even years were ordered from one operation to another at a constant risk to their lives, if he himself has not also travelled this path and known action in combat? Entire worlds lie between the battlefront and a peaceful bourgeois existence, to say nothing of the serene stillness of a study.

The Association of Soldiers of the former Waffen-SS now offers to the public an illustrated volume on the Waffen-SS, in order that the observer might walk "*among* the people." This is the way the men were then — thirty years ago and more. At the same time, the pictures convey an impression of the historical epoch in which they found themselves, into which they were born. The objection may be raised against this work that it is not sufficiently "self-critical" in coming to terms with the past. But then, what is self-criticism? Certainly by it one cannot understand a standpoint which is based from the outset on a hostile attitude of "against oneself." There will be some who will also surely reproach the work as an attempt at "vindication." Whatever the case — it should be possible to look back from the present with unprejudiced interest at that epoch of our generation which has already become history.

Die Zeiten ändern sich ...

Es gibt Bilder von deutschen Soldaten, die durch ein Spalier begeisterter Menschen ins Feld ausrücken — mit Blumensträußen in den Gewehrläufen und an den Uniformen, ihre Transportzüge mit enthusiastischen Parolen beschriftet. Sie sind in diesem Bildband nicht zu finden; denn sie stammen aus einer „anderen Zeit" — aus den Augusttagen des Jahres 1914, als der Erste Weltkrieg ausbrach. Der Ausbruch des Zweiten Weltkriegs vollzog sich ohne Blumenregen, obwohl zu dieser Zeit auch Blumen blühten.

Damals — 1914 — eilten Tausende und aber Tausende noch nicht einberufener Männer „zu den Fahnen", meldeten sich Oberschulklassen geschlossen freiwillig zum Kriegsdienst. Der Arbeiterdichter Heinrich Lersch gab den Empfindungen jener Tage und Wochen in seinem Gedicht „Soldatenabschied" Ausdruck, jede Strophe schloß mit dem Refrain: „Deutschland muß leben, und wenn wir sterben müssen!"

Eine „seltsame Zeit" mit einem verwerflichen Pathos? Gewiß, moderne Menschen und namentlich die Kriegsdienstverweigerer unserer Tage wird dieser Satz irritieren und sogar entsetzen. Aber damals dachte man so; Heinrich Lersch artikulierte den Geist seiner Zeit! War es Angriffslust, Fanatismus und die wilde Neigung zur Begehung kriegerischer Gewalttaten, von denen die Menschen in den Augustwochen 1914 erfaßt wurden und die auch den Führer der sozialdemokratischen Reichstagsfraktion Dr. Frank veranlaßten, sich freiwillig zur Truppe zu melden? Das wurde erst später gesagt. Bei Ausbruch des Ersten Weltkrieges war das deutsche Volk in seiner überwältigenden Mehrheit jedoch davon überzeugt, daß es in einen „gerechten Krieg" eintrete und daß es eine „gute, ja heilige Sache" sei, für sein Vaterland zu kämpfen! Aber nur wenig mehr als vier Jahre später sah alles ganz anders aus: Die Fahnen, zu denen man „geeilt" war, waren eingeholt, die Soldaten kehrten ohne Blumenschmuck heim. Entsetzliche Kriegsgreuel wurden ihnen nachgesagt („abgehackte Kinderhände", „Seife aus Leichen"), und die Karikaturen zeigten sie mit Pickelhaube in Gewalttätigkeitspose. Statt „Frontsoldaten" wurden sie „Kanonenfutter" genannt, Disziplin hieß nun „Kadavergehorsam". Die neue Führung des Reiches mußte einen Friedensvertrag unterzeichnen, in dem ausdrücklich die Alleinschuld Deutschlands am (Ersten) Weltkrieg festgestellt wurde.

Dieses historisch unverfängliche Beispiel zeigt auf, daß die Menschen — wie im August 1914 — *immer nur aus dem Geist ihrer Gegenwart, ihres „Heute" heraus handeln und entscheiden.* Sie wußten damals nicht und konnten auch nicht ahnen, daß der ausgebrochene Krieg „bis Weihnachten" nicht beendet sein würde, sondern daß im Verlaufe von vier Jahren auf beiden Seiten über zehn Millionen Menschen — bei Verdun binnen neun Monaten allein *eine* Million — in den Tod gehen würden. Das Urteil der Völker darüber ist unterschiedlich und vom Wandel der Zeit beeinflußt. Wer die Auffassung der Franzosen kennenlernen will, lese die Inschriften auf dem Schlachtfeld von Verdun.

The times change ...

One can find pictures of German soldiers going off to war flanked by crowds of enthusiastic people. The soldiers have flowers in their rifle barrels and on their uniforms; their transport trains are decked with enthusiastic slogans. Such pictures are not to be found in this work, for they belong to "another time," namely, to those days in August 1914, at the outbreak of the First World War. The outbreak of the Second World War, however, was not greeted with bouquets of flowers, although at that time, too, flowers were in bloom.

In 1914, thousands of men who had not yet been drafted, "rallied 'round the flag," and entire senior high school classes reported voluntarily for military service. The workers' poet, Heinrich Lersch, described the feelings of those days and weeks in his poem "Soldatenabschied" ("The Soldiers' Farewell"). Every strophe closed with the refrain: "Germany must live, even if we must die!"

Was this really a "strange time," characterized by a condemnable pathos? To be sure, people of our day and particularly the contemporary conscientious objectors will be irritated and perhaps even appalled by the above refrain. But the latter is representative of how one thought at that time! Was it aggression, fanaticism, and a wild inclination to commit bellicose acts which captivated people in these weeks of August 1914? Were these the factors which motivated the leader of the Social Democrats in the Reichstag, Dr. Frank, to report voluntarily to the Armed Forces? That was what was said later. At the outbreak of the First World War, the overwhelming majority of the German people was convinced that it was participating in a "just war," and that it was both "good and holy" to fight for one's Fatherland. Yet just a little more than four years later everything looked quite different. The flags, about which one had "rallied," were taken down, the soldiers returned home without flowers. They were accused of disgusting war crimes ("of having cut off the hands of children," and "of having manufactured soap from bodies"). Cartoons showed them with their spiked helmets in the act of committing an atrocity. Instead of soldiers, they were called "cannon fodder." Discipline was now labeled "mechanical drill." The new leaders of the Reich had to sign a peace treaty in which Germany was expressly designated as bearing the sole guilt for the (First) World War.

This rather clear example lifted from the pages of history illustrates that people — as in August 1914 — *always act and make decisions motivated by the "spirit of their times."* At that time they did not know, nor could they have any idea that the war which had just broken out would not be over "by Christmas," but that in the course of four years over 10 million people on both sides would be killed; of these, *one* million would die at Verdun alone within nine months. The judgment of the nations concerning the Great War varies, and has been influenced by the change of times. A person who wishes to become acquainted with the French interpretation of the conflict should read the inscriptions which are to be found on the battlefield at Verdun.

Ein neuer Geist der Zeit

Nur vierzehn Jahre nach dem Ende des Ersten Weltkriegs änderten sich die Zeiten abermals. Von der „Spitze des Eiffelturms" herab lassen sich die großen Linien verfolgen und aufzeichnen: Die Geschichte der Weimarer Republik von Scheidemann bis v. Schleicher, die Geschichte der NSDAP von 1920 bis zum 30. 1. 1933. „Unten" aber durchschritten die Menschen der Gegenwarts-Generation Alltag um Alltag, waren in

A new spirit of the time

Only fourteen years after the end of the First World War, the times changed again. From a point of vantage at the "top of the Eiffel Tower" the broad lines can be drawn and examined: the history of the Weimar Republic from Scheidemann to von Schleicher, the history of the National Socialist German Workers Party from 1920 to January 30th, 1933. "Down below," however, the people of that generation went on from day to day, found them-

einen politischen Umbruch hineingestellt und wurden *mit neuen Anrufen und Angeboten konfrontiert.* Zu den Angeboten gehörten auch solche, die einen neuen Beruf, eine neue Existenz verhießen, ein Aspekt von nicht zu unterschätzender Wichtigkeit nach einer Periode wirtschaftlichen Niedergangs mit einem Millionenheer von Arbeitslosen.

Und die Menschen, die in diese Zeit hineingeboren waren, entschieden sich aus ihrem *Heute und Jetzt heraus — unter Berücksichtigung dessen, was sie umgab.* Wie jene im Jahre 1914, so waren auch sie keine Hellseher und konnten daher nicht wissen, wohin die *Augenblicksentscheidung* sie führen werde. Es war nicht zuletzt auch eine Frage des Jahrgangs, zu welcher Entscheidung der einzelne aufgerufen wurde. Nicht anders war es 1914 gewesen. Wer damals schon 50 Jahre oder erst 12 Jahre alt war, hatte mit einer Entscheidung aus Kriegsbegeisterung nichts mehr oder noch nichts zu tun.

Jetzt — in den Jahren nach 1933 — erstanden nach einer erheblichen Vergrößerung der Landespolizeien eine „neue" Wehrmacht, eine „neue" Luftwaffe und als weitere „Neuheit" ein Reichsarbeitsdienst. *Zugleich erregte* eine neue Truppe, die SS, die *Aufmerksamkeit.* Anruf und Auswahl genug für die, die es anging! *Wen* ging es an? Alle diejenigen, die für einen Eintritt in diese Dienstbereiche in Frage kamen: Männer im Alter von 17 Jahren aufwärts.

Die neue SS-Verfügungstruppe entstand aus den kasernierten Hundertschaften und den Politischen Bereitschaften, die seit März 1933 aufgestellt worden waren. Altgediente Soldaten der Weltkriegstruppe und ehemalige Angehörige der Reichswehr und der Polizei traten hinzu. In der zweiten Hälfte des Jahres 1934 begann der eigentliche Auf- und Ausbau der Truppe, Jahrgang um Jahrgang neuer Rekruten mit vierjähriger Dienstzeitverpflichtung trat ein. Was war der Beweggrund für die Freiwilligen der „Leibstandarte Adolf Hitler", der Standarten „Deutschland" und „Germania" oder der anderen Einheiten? Diese Frage ist nach dem Zweiten Weltkrieg in den Entnazifizierungsverfahren gestellt worden, viele Autoren haben sie gedreht und gewendet. Es sind sinnvolle und unsinnige Antworten gefunden worden.

Eine für alle verbindliche Antwort gibt es nicht. Es haben politische Überzeugung, Idealismus, reformerischer Gestaltungswille, die Aussicht auf Fortkommenschancen und schlichte Zufälligkeiten eine Rolle gespielt, doch für die Zeit bis zum Ausbruch des Zweiten Weltkriegs müssen auch grundsätzlich ausrichtende Motive festgehalten werden: Die damalige Jugend stand zu ihrer Vätergeneration in einem ungestörten und ungebrochenen Verhältnis. Beide Generationen befanden sich gemeinsam auf dem „gleichen Ufer", die Kriegsgeneration des Ersten Weltkriegs repräsentierte nicht ein „anderes Deutschland", mit dem man nichts zu tun haben wollte. Die Jugend identifizierte sich mit ihr in der Wir-Form, und sie zollte dem Soldatenbild der Väter Respekt, Anerkennung und Hochachtung. Deshalb war die Hinwendung zum neuen Soldatentum — ganz allgemein — kein einschneidender Umbruch, die geistigen Voraussetzungen dafür brauchten nicht geschaffen zu werden, sie waren vorhanden. Eine Gegenströmung im Sinne einer angefachten oder gar organisierten Wehrgegnerschaft — eine „Ohne-mich-Bewegung" — gab es nicht.

Es muß ferner und vor allem bedacht werden, *wie* und als *was* sich die neue SS-Truppe der Jugend von damals und namentlich nach Kriegsausbruch präsentierte; denn dies macht verständlich, wofür sich die Freiwilligen entschieden. Der Amerikaner George H. Stein[1] schreibt dazu:

1 „Geschichte der Waffen-SS", deutsche Ausgabe 1967, Droste-Verlag, Düsseldorf, S. 258.

selves in political upheaval, and were *confronted with new proclamations and new offers.* Some new offers included the promise of a new job, a new existence, a factor the importance of which could not be underestimated after a period of economic decay which had seen countless millions unemployed.

The people who were "born into" this time made their decisions on the basis of the conditions of their *time and of the factors with which they found themselves confronted.* As their counterparts in the year 1914, they were not fortune-tellers, too, and therefore could not know where *a decision made at that point in time* might lead. Age played a large part in determining the course of action each person had to take at the time. The situation had not been different in 1914: a person who, at that time, was already 50, or another who was scarcely 12 years of age, could hardly be accused of acting out of "war enthusiasm."

In the years following 1933, there now came into being — after considerable expansion of the "provincial" police — a "new" Wehrmacht, a "new" Luftwaffe and, as a further "innovation," a Reich Labour Service. *At the same time,* a new formation, the SS, *was gathering attention.* There was challenge and selection enough for all who might be eligible! *Who* was eligible? All those men, who could be considered for acceptance into the afore-mentioned areas of service. Men from the age of 17 up.

The new SS-Verfuegungstruppe was formed from the Special Commandos and the Political Squads which had been constituted since March 1933. Veterans from the First World War and former members of the Reichswehr and the police also joined. During the second half of 1934, the actual formation and expansion of the troop was undertaken. Recruits of varying ages joined with the obligation to remain enlisted for four years. What motivated the volunteers of the "Leibstandarte Adolf Hitler," the "Deutschland" and "Germania" standards, or other units? This question was raised in the course of the denazification process carried out after the war. Many authors have asked it time and time again. The answers which have been offered range from the sensible to the ridiculous.

There is no single answer which will satisfy this question, and which can be applied to all former members of the troop. Many factors played a role in motivating volunteers to join the SS-Verfuegungstruppe: political convictions, idealism, the desire to change society, the opportunity for advancement, and simple coincidence. Yet, for the period up to the outbreak of the Second World War, it must be realized that some basically decisive motives played a part. The youth of that time enjoyed a healthy and unbroken relationship to the generation of their fathers. Both generations were "on the same side." The generation which had come out of the First World War did not represent "a different Germany," of which everybody washed his hands. The youth identified itself with this generation in a collective sense, and paid due respect to the military image their fathers portrayed. They also accorded the older generation recognition for their war-service and held them in high esteem. For this reason, the new concept of "soldiering" did not represent at all a sharp break with tradition, nor were the spiritual prerequisites lacking, they were, in fact, already present. No counter-movement aimed at offering resistance to the army was either plotted or organized; no movement existed which was based on the slogan: "do it without me."

Furthermore, it must firstly be considered *how* this new, youthful SS troop appeared, particularly after the outbreak of the war, and also *what* it was supposed to stand for. If one understands this, then one can also comprehend why the volunteers chose to join the troop. The American author, George H. Stein[1], claims that:

1 Stein, George H., "The Waffen SS: Hitler's Elite Guard at War 1939—1945" (Ithaca, New York: Cornell University Press, 1966), p. 285.

„Hitler betrachtete die Waffen-SS in ihrer militärischen Rolle als eine Garde in der Bedeutung, die dieser Begriff im 18. oder 19. Jahrhundert hatte. Im Sinne einer militärischen Verherrlichung des Nationalsozialismus war es ihre Aufgabe, dem Heer ein Beispiel zu geben."

Ein Eingehen auf den zweiten Satz würde den hier gegebenen Rahmen sprengen. Es wäre das Verhältnis des Heeres zur Monarchie, zur Weimarer Republik („Staat im Staate") und zur nationalsozialistischen Staatsführung zu untersuchen. Es müßte den Veränderungen nachgegangen werden, die sich daraus ergeben haben, daß Jahrgang um Jahrgang aus der Hitler-Jugend in das seit 1935 von der allgemeinen Wehrpflicht getragene Heer und sein Offizierkorps eintraten. Es wären auch Überlegungen darüber anzustellen, welche Verherrlichung oder zumindest Bestätigung des Nationalsozialismus es bedeutet hat, daß unter Hitler in der Wehrmacht Beförderungs- und Aufstiegschancen eröffnet wurden wie nie zuvor.

Der erste Satz des Stein-Zitats trifft ins Schwarze: Als „Garde", als Elite wurde die SS-Truppe vorgestellt, so präsentierte sie sich nach außen, und so verstand sie sich selbst. Was „Garde" war, war den Menschen von damals vertraut. In der Vorstellung der Jugend lebte noch die Erinnerung an die Garderegimenter des Kaiserreiches. In einem solchen Regiment gedient zu haben, wurde als Ehre empfunden und vom Volke mit Respekt und Hochachtung honoriert.

Das Garde-Bild ist nicht von den Deutschen allein geprägt worden. Die Zaren unterhielten ihre Garderegimenter (die Sowjetunion noch heute), und mit Napoleon I. — Kaiser der Franzosen — marschierten Männer unter schweren Bärenfellmützen durch ganz Europa, das Gardekorps. Wo die Regimenter der Linie es nicht schafften, des Kaisers Garde schaffte es. Sie führte in vielen Schlachten den entscheidenden Stoß. Sie zog in Moskau ein (1812), doch sie konnte den Rückzug nicht verhindern und das Schicksal bei Leipzig nicht wenden. Belle-Alliance/Waterloo (1815) war auch ihr Ende.

Nach dem Zweiten Weltkrieg ist die Behauptung aufgestellt worden, bei den Freiwilligen der SS-Verfügungstruppe/Waffen-SS habe es sich um „Militärenthusiasten" gehandelt. Manche Autoren haben auf der Suche nach der „SS-Mentalität" entdecken zu können geglaubt, sie hätten sich „dem Kampf um des Kampfes willen" verschrieben und seien zudem weltanschaulich besonders getrimmt worden. So kann nur reden, wer nicht „unter den Menschen" stand und nicht fähig oder willens ist, Menschen mit natürlicher Betrachtungsweise zu begreifen. Denn die Wahrheit ist, daß die Auswahl der Freiwilligen auf Grund einer allgemeinen Musterung erfolgte, bei der in bezug auf Körpergröße und körperliche Eignung besondere Anforderungen gestellt wurden. Eine „Weltanschauungsprüfung" war in den Auslesevorgang jedoch nicht eingebaut. Auf diesen Gedanken kam man nicht; denn in der freiwilligen Meldung kam eindeutig genug die Bereitschaft zur Dienstleistung und Pflichterfüllung zum Ausdruck, sie brauchte nur akzeptiert zu werden. Der gleiche „Militärenthusiasmus" hat auch die Freiwilligen der Wehrmacht beseelt, wenn man nicht unterstellen will, diese hätten sich ohne jeden Idealismus aus reinem Zweckmäßigkeitsdenken für das Soldaten„handwerk" verdingt. Davon kann jedoch keine Rede sein. Und gänzlich unsinnig ist es, von einer Mentalität „Kampf um des Kampfes willen" zu sprechen. Es bleibt unerfindlich, was dies in bezug auf eine militärische Ausbildung in Friedenszeiten und auf einen militärischen Einsatz im Kriege besagen soll.

"Hitler regarded the Waffen SS in its military role as a Guard formation, in the eighteenth and nineteenth-century meaning of the term. As the military apotheosis of National Socialism, its task was to set an example for the Army."

An analysis of the second sentence would extend beyond the limits of the present study. It would be necessary to examine the relationship of the Army to the monarchy as well as to the Weimar Republic ("State within a state") and the leaders of the National Socialist state. The changes which resulted from the conscription after 1935 of year after year of members of the Hitler Youth into both the Army and the Officer Corps also warrant close scrutiny. One would also have to consider what apotheosis or affirmation of National Socialism was signified by the fact that, under Hitler, opportunities for advancement and promotion became evident in the Wehrmacht which hitherto had not existed.

The first sentence of Stein's quote is quite accurate: the SS-formation was conceived of as a "Guard," as an élite, and this was the way it appeared to the outside world and it was also the way in which it saw itself. People living at that time were quite familiar with the concept of a "Guard." The memory of the Guard Regiments of the time of the Kaisers was still very much alive in the minds of the youth. It was considered an honour to have served in a Guard Regiment and the people honoured those who had done so with both respect and acclamation.

Not only Germans promoted the "image of the Guard." The Czars maintained their Guard Regiments (as does the USSR today), and men wearing the heavy bear-fur busbies, the Garde du Corps, marched with Napoleon I, Emperor of the French, through all of Europe. Where the regiments of the line failed, the Emperor's Guard succeeded. They provided the decisive thrust in many battles. They entered Moscow (1812) but they could not prevent retreat nor could they turn the tide at Leipzig. Belle-Alliance/Waterloo (1815) was also their end.

The claim was put forth after the Second World War that the volunteers of the SS-Verfuegungstruppe/Waffen-SS had been "military enthusiasts." In the effort to determine the mentality of the SS, as they put it, many authors have maintained that these men "enjoyed war for the sake of war," and that they were especially trained to this end from the perspective of political philosophy. Anyone who maintains this, however, could not have stood "among the men," and it is likely that he is neither capable nor willing to understand people from a natural perspective. For the truth is that the selection of volunteers took place on the basis of a general examination. Particular requirements existed with regard to height and physique. Nevertheless, a "test of a political nature" was *not* included in the criteria for selection. This idea did not even occur to the officials in charge, for the willingness to serve and to do one's duty was sufficiently expressed in the voluntary enlistment; this willingness only needed to be accepted. The same "military enthusiasm" also possessed the volunteers of the Wehrmacht unless one wishes to imply that they would have dedicated themselves to the profession of soldiering for purely pragmatic reasons and devoid of any sense of idealism. This, of course, is not the case at all. And it is quite ridiculous to talk of a mentality possessed by the concept of "war for the sake of war." It remains nebulous as to what this is supposed to mean with regard to military training undertaken in peace-time, as well as with regard to military action in war.

Aus Soldaten wurden Frontsoldaten

Frontsoldaten sind nirgendwo und niemals die „Nutznießer" eines Regimes oder einer Epoche. Das sind andere. Frontsoldaten tragen die schwerste Last, wenn eine Staatsführung sich entschließt, ihre Politik „mit anderen Mitteln" fortzusetzen. „Angriffskrieg" oder „Verteidigungskrieg" — wo liegt der Unterschied? Wenn der Angriff als die beste Verteidigung ausgegeben wird, gibt es nur noch Verteidigungskriege! Und es gibt Fälle, in denen über viele Jahre schwerste, erbittertste und verlustreiche Kämpfe ausgetragen werden, ohne daß offiziell ein „Kriegszustand" besteht. Vietnam ist ein klassisches Beispiel dafür! Wie immer, Soldaten haben es auszufechten — unter Einsatz ihres Lebens und ihrer Gesundheit.

Am 1. September 1939 überschritt das deutsche Heer, Division neben Division, die polnische Grenze. Über ihm die fliegenden Verbände der Luftwaffe. In der Danziger Bucht eröffneten deutsche Kriegsschiffe das Feuer. Mit 102 Divisionen in einer Gesamtstärke von rund 2 750 000 Mann trat das deutsche Feldheer in den Zweiten Weltkrieg[2].

Der Großteil der Verbände der SS-Verfügungstruppe war in verschiedene Heeresdivisionen, die auf dem polnischen Kriegsschauplatz eingesetzt waren, eingegliedert; ein SS-Regiment wurde an den Westwall verlegt. Die Gesamtstärke der SS-Verfügungstruppe belief sich bei Kriegsausbruch auf rund 18 000 Mann[3].

Eine Gegenüberstellung der angeführten Stärkezahlen offenbart, wie „stichhaltig" die in der Nachkriegszeit von vielen Autoren aufgestellte Behauptung ist, die Verfügungstruppe sei für das Heer eine „ernste Konkurrenz" gewesen. Der Hinweis auf das Stärkeverhältnis ist wahrlich keine Rechtfertigerei, sondern kann nur als ein Appell an das logische Denkvermögen aufgefaßt werden. Man muß sich das Stärkeverhältnis auch deshalb vor Augen führen, um ganz würdigen zu können, daß die Verurteilung der Waffen-SS zur „verbrecherischen Organisation" durch das alliierte Militärgericht in Nürnberg unter besonderer Hervorhebung der Teilnahme an Unternehmungen erfolgte, „welche zum Angriffskrieg führten"[4]. Damit wurde auf die Beteiligung von Einheiten der SS-Verfügungstruppe — neben Verbänden des Heeres — an den Einmärschen in Österreich (März 1938), in das Sudetenland (Oktober 1938) und in das Protektorat Böhmen und Mähren (März 1939) abgehoben. Man nahm also in Nürnberg beim Zwerg Maß und übersah dabei den Riesen.

Während des Zweiten Weltkrieges — in fünfeinhalb Jahren — ist die Waffen-SS auf 38 Divisionen und eine Gesamtzahl zwischen 900 000 und 1 000 000 Mann angewachsen. Ploetz gibt folgende Stärkeentwicklung an[5]:

1940 (Mitte)	ca. 100 000	Mann
(Ende)	ca. 150 000	Mann
1941	ca. 220 000	Mann
1942	ca. 330 000	Mann
1943	ca. 540 000	Mann
1944 (Ende)	ca. 910 000	Mann.

An dieser Stärkeentwicklung haben sich Nachkriegsautoren förmlich festgebissen. Die „abnorme Aufblähung" sei der Beweis dafür, daß es die NS-Führung nach einem wohldurchdachten Plan darauf angelegt habe, aus einer Kadertruppe neben dem Heer eine Konkurrenzarmee aufzubauen und die Waffen-SS schließlich an seine Stelle treten zu lassen. Diese

2 Ploetz, „Geschichte des Zweiten Weltkrieges", 2. Aufl., Würzburg 1960, 2. Teil, S. 122/123.

3 Paul Hausser, „Soldaten wie andere auch", Osnabrück 1966, S. 61 ff.

4 s. bei Stein, a.a.O., S. 225.

5 a.a.O., S. 116.

Recruits become Front-line soldiers

Front-line soldiers are at no time and in no place the ones who profiteer from a régime or an epoch. Others fulfil this role. Front-line soldiers bear the heavy burden when the leaders of a nation decide to pursue their policies "by other means." "War of aggression," or "war of defense" — where does the difference lie? If it is maintained that attacking is the best form of defense, then there are only defensive wars! And then there are cases in which the most bitter and costly battles are fought over a number of years without a state of war officially being declared. Vietnam is a classic example! As always, soldiers are the ones who have to fight it out — at the risk of both their lives and their health.

On September 1st, 1939, division after division of the German Army crossed the Polish border. In the skies above flew units of the Luftwaffe. German naval vessels opened fire in the Bay of Danzig. The German Army entered the Second World War with 102 divisions and a total strength of about 2,750,000 men[2].

Most of the units of the SS-Verfuegungstruppe were integrated into various Army divisions which were engaged in the Polish campaign. One SS-regiment was stationed on the West Wall. The total strength of the SS-Verfuegungstruppe stood at approximately 18,000 men at the outbreak of the war[3].

A comparison of the above figures illustrates the "accuracy" of the claim made by many authors after the war, that the Verfuegungstruppe was a "serious challenge" to the Army. This reference to the comparative strenghts of the respective organizations is certainly not an attempt at vindication; it can only be regarded as an appeal to logical thinking. One also has to have these figures on hand in order to competently judge the fact that when the Waffen-SS was condemned as a "criminal organisation" by the allied military tribunal in Nuremberg, special emphasis was put on its participation in actions "which led to a war of aggression[4]." In this regard, it was pointed out that units of the SS-Verfuegungstruppe — along with units of the Army — took part in the annexation of Austria (March 1938), as well as the Sudetenland (October 1938) and in the occupation of Bohemia and Moravia (March 1939). It is quite evident, then, that at Nuremberg, the allies considered the dwarf and consequently overlooked the giant.

During the 5½ years of the Second World War, the Waffen-SS expanded to 38 divisions and to total strength of between 900,000 and 1,000,000 men. Ploetz gives the following chart to indicate development[5]:

Middle of 1940:	approximately 100,000 men
End of 1940:	approximately 150,000 men
1941:	approximately 220,000 men
1942:	approximately 330,000 men
1943:	approximately 540,000 men
End of 1944:	approximately 910,000 men.

In the post-war period, authors have adhered religiously to this table of development. The "abnormal expansion" is supposedly proof that the National Socialist leaders had a well thought-out plan to build up an army from this military cadre which would not only stand in competition to the regular Army but which would also eventually replace it completely. These authors formulate

2 Ploetz: "Geschichte des Zweiten Weltkrieges," 2nd edition, Wuerzburg 1960, 2nd part, pp. 122—123.

3 Hausser, Paul, "Soldaten wie andere auch", Osnabrueck 1966, p. 61 ff.

4 Stein, op. cit., p. 251.

5 Ploetz, op. cit., p. 116.

Autoren argumentieren so: Im Friedensjahr 1935 war für das Heer eine Stärke von 36 Divisionen vorgesehen, im Frühjahr 1945 zählte die Waffen-SS „sogar“ 38 Divisionen. Das war eine eindrucksvolle Rechnung — sie hat ihre Wirkung nicht verfehlt! Doch die „Beweisführung“ ist schlicht und einfach *falsch!*

Zunächst die „abnorme Aufblähung“: Bei Hitlers Machtübernahme im Jahre 1933 zählte die Reichswehr 100 000 Mann. Für 1935 wird die Kopfstärke des Heeres mit 295 000 Mann angegeben. Bei Kriegsausbruch belief sich seine Stärke — wie bereits angeführt — auf 2 750 000 Mann und im Mai 1941 auf rund 5 000 000 Mann (209 Divisionen)[6]. Das war eine Ver*fünfzig*fachung in acht Jahren. Man könnte dazu bemerken, dies sei eine kriegsbedingte Selbstverständlichkeit gewesen. Das ist natürlich richtig, nur — bei der Waffen-SS war es genauso und nicht anders. Ihre „Aufblähung“ im Zeitraum zwischen Sommer 1939 und Frühjahr 1945 belief sich nämlich ebenfalls auf das *Fünfzig*fache und vollzog sich gleichermaßen im Zuge der Kriegsaufrüstung. Daß es sich um eine rein kriegsbedingte Verstärkung handelte, ergibt sich zweifelsfrei aus ihrer inneren Zusammensetzung. Von den 910 000 Mann, die Ploetz für das Jahr 1944 anführt, waren ca. 400 000 Reichsdeutsche, 310 000 Volksdeutsche und 200 000 ausländische Freiwillige. Von der Waffen-SS ist also — namentlich in der zweiten Hälfte des Krieges — zunehmend mehr ein Kräftepotential mobilisiert worden, das nur im Zuge der Entwicklung der Verhältnisse verfügbar wurde. Dies wird auch dadurch bewiesen, daß die Hälfte der Waffen-SS-Divisionen aus Angehörigen nichtdeutscher Völker gebildet waren (Letten, Esten, Ungarn, Kroaten, Flamen, Wallonen, Niederländer, Franzosen, Norweger, Dänen usw.). Zur Klarstellung der Verhältnisse ist schließlich noch auf zwei Zahlen zu verweisen: Im Mai 1941 standen auf deutscher Seite in Heer, Luftwaffe, Kriegsmarine und Waffen-SS insgesamt 7 234 000 Mann unter Waffen, davon 150 000 Mann in der Waffen-SS. Mitte 1944 belief sich die Gesamtzahl auf 10 300 000 Mann, davon 560 000 in der Waffen-SS[7].

Stein sagt daher mit Recht[8], daß sie in Wahrheit niemals ernstlich eine Rivalin des Heeres geworden ist. Aber diese Behauptung wird gleichwohl — der polemischen Wirkung wegen — im Literaturwald weitergeistern.

Der Kriegseinsatz

Den großen Überblick über den Kriegseinsatz der Waffen-SS hat ihr rangältester und ranghöchster Offizier, Generaloberst der Waffen-SS Paul Hausser, gegeben[9]. Heinz Höhne beurteilt diesen Einsatz so[10]:

> „Niemals zuvor haben sich die Soldaten einer Truppe kräftiger in die Tafeln der Kriegsgeschichte eingemeißelt als die Männer der Waffen-SS. Demjansk, Rschew, Ladogasee, Normandie, Ardennen — jeder dieser Namen signalisiert militärische Höchstleistungen einer Truppe, die hüben und drüben einen legendären Ruf genoß, angesiedelt zwischen neidvoller Bewunderung und abergläubischer Furcht. Freund und Feind waren sich einig: In der Waffen-SS kämpfte ein Kriegertum, das von keiner anderen Truppe

6 Ploetz, a.a.O., S. 122.
7 Ploetz, a.a.O., S. 122 und 124.
8 a.a.O., S. 258.
9 „Soldaten wie andere auch“, S. 60 ff.
10 Beitrag in „Die Waffen-SS“, Bildband von H. Walther, Ahnert-Verlag 1971, S. 239 f. (Höhne: Autor von „Der Orden unter dem Totenkopf“).

their argument in the following manner: in 1935, it was planned to set the strength of the Army at 35 divisions, yet in the Spring of 1945, the Waffen-SS numbered "as many as" 38 divisions. This was an impressive calculation and its effect was predictable! Yet this so-called "proof" is both deceiving and *unreliable.*

Let us begin with the question of "abnormal expansion." When Hitler came to power in 1933, the Reichswehr had a strength of 100,000 men. In 1935, the strength of the Army is indicated as being 295,000 men. At the outbreak of the Second World War, its strength, as has already been indicated, ran at 2,750,000 men and in May 1941 at about 5 million men (209 divisions)[6]. That was a fifty-fold increase in eight years. One might mention that this was an obvious necessity occasioned by the war.

This is all quite correct; in the case of the Waffen-SS, however, the situation was exactly the same. It, too, experienced a fifty-fold growth rate between the Summer of 1939 and Spring 1945 and this expansion is also attributable to the necessity of equipping the troop for war. That the building-up of the Waffen-SS was conditioned entirely by the war is quite evident from the organization's inner composition. Of the 910,000 men which Ploetz indicates for the year 1944, approximately 400,000 were Reichsdeutsche (Germans living within the Reich), 310,000 Volksdeutsche (Germans living outside the Reich as nationals of other sovereign states: ex. Rumania, Hungary), and 200,000 were foreign volunteers. Thus, within the Waffen-SS in the second half of the war, a potential strength was increasingly mobilized which, however, only became available as the war progressed. This is proven through the fact that one half of the personnel of Waffen-SS divisions consisted of non-Germans (Latvians, Estonians, Hungarians, Croatians, Flemings, Waloons, Dutch, French, Norwegians, Danes etc.). Two sets of statistics must be cited in order for one to obtain a clear picture of the situation: in May 1941, the German Army, Air Force, Navy, and Waffen-SS contained a total of 7,234,000 men under arms; of these, 150,000 men were in the Waffen-SS. In the middle of 1944, the total number of men in the Armed Forces stood at 10,300,000, of which 560,000 were serving in the Waffen-SS[7].

Thus, Stein has been quite correct in stating[8] that the Waffen-SS never became a serious rival of the Army. Nonetheless, this claim will undoubtedly continue to circulate in the literature on the subject, if only for its polemic effect.

War Service

Paul Hausser, Colonel-General of the Waffen-SS and the organization's oldest and highest-ranking officer, has provided a comprehensive description of the troop's war service[9]. Heinz Hoehne offers the following judgment[10]:

> "Never before the soldiers of any formation left a greater mark in the history of warfare as the men of the Waffen-SS. Demjansk, Rschew, Ladoga Lake, Normandy, the Ardennes — each of these names is testimony to the military achievements of a unit which enjoyed a legendary reputation on both sides, positioned between envious admiration and superstitious fear. Both friend and foe were in agreement on this point: a type of warrior spirit was to be found in the Waffen-SS which was

6 Ploetz: op cit, p. 122.
7 Ploetz, op. cit., pp. 122 and 124.
8 Stein, op. cit., pp. 285—286.
9 Hausser, op. cit., p. 60 ff.
10 Contribution in "Die Waffen-SS", illustrated volume by H. Walther, Ahnert-Verlag, 1971, p. 239 f.

erreicht oder gar übertroffen wurde. Die Waffen-SS war zu einem Inbegriff soldatischer Standhaftigkeit und Angriffslust ohne Beispiel geworden."

Daß viele Verbände der deutschen Wehrmacht „Elitetruppen" im wahrsten Sinne des Wortes waren, steht außer jedem Zweifel! Eine vollständige Aufzählung ist unmöglich, aber wir denken an die Fallschirmjäger, „Großdeutschland", die Panzer- und Gebirgstruppen, an Luftwaffenverbände und Marineeinheiten. Auch sie haben sich mit hervorragenden Leistungen „in die Tafeln der Kriegsgeschichte eingemeißelt", und auch die Namen ihrer Kampforte signalisieren militärische Glanzleistungen. Kein Soldat der Waffen-SS hat ihnen dies je streitig gemacht. Es gibt keinen Neid, keine Eifersucht — hier gibt es nur kameradschaftliche Anerkennung und Hochschätzung!

In vielen Abhandlungen über die Waffen-SS folgt der Anerkennung ihrer militärischen Leistungen jedoch ein betontes „Aber". Die Erfolge seien mit übermäßig hohen Verlusten erkauft worden, heißt es, dies setze ihren Wert herab. Nicht selten ist damit ein weiteres Werturteil verbunden: Die hohen Verluste seien ein Beweis für „die Unfähigkeit der Führung" der Truppe. Eigenartigerweise bietet jedoch keiner von denen, die sich mit dem „Aber" befaßt und die Werturteile benutzt haben, Zahlenangaben und damit Belege für seine Behauptung.

Nun wird niemand bestreiten, daß es in der Waffen-SS auch falsches Draufgängertum gegeben hat, und niemand wird bezweifeln, daß in ihr auch Leichtfertigkeit, mangelnde Befähigung und — schlimmer noch — Verantwortungslosigkeit am Werke waren. Doch wo gab und gibt es dies in der Militär- und Kriegsgeschichte nicht?

Es bedarf insoweit keiner Verteidigung der Waffen-SS; denn es stehen Zahlen zur Verfügung, die in aller Nüchternheit Beweis liefern. Vom 1. 9. 1939 bis zum 1. 3. 1942 — in den ersten zweieinhalb Kriegsjahren also — betrugen die Verluste der Waffen-SS an Toten und Vermißten: 14 213; an Verwundeten: 35 576. Insgesamt rund 50 000. Am genannten Stichtag 1. 3. 1942 lagen hinter der Truppe der Polen-, Frankreich- und Balkanfeldzug, und sie stand seit acht Monaten im Krieg gegen die Sowjetunion. Zur Veranschaulichung sei eingeflochten, daß sich die Zahl der Verkehrstoten in der Bundesrepublik Deutschland in den Jahren 1970 und 1971 auf jährlich rund 20 000 belief.

Zieht man die bereits angegebenen Stärkezahlen der Truppe zur Vergleichsberechnung heran, so ergibt sich, daß die Verlustquote an Toten und Vermißten etwa fünf Prozent betrug.

Nach der Mitteilung der Deutschen Dienststelle für die Benachrichtigung der nächsten Angehörigen von Gefallenen der ehemaligen deutschen Wehrmacht in Berlin (WASt) vom 12. 7. 1972 belaufen sich die nachgewiesenen deutschen Verluste an gefallenen und verstorbenen Teilnehmern des Zweiten Weltkriegs (einschließlich Kriegsgefangenschaft) auf 3 020 988 Personen. Unter Hinzurechnung der Kriegsvermißten von rund 1 200 000 ergibt sich sonach eine Gesamtverlustzahl von etwa 4 220 000 Angehörigen der deutschen Streitkräfte.

Auf den Wehrmachtsteil *Heer* entfallen davon an Toten 2 350 000 und Vermißten rund 930 000, insgesamt rund 3 280 000. Erhebungen der WASt aus eigenen Unterlagen haben ergeben, daß sich die Verluste der Waffen-SS an Kriegstoten auf rund 6 Prozent der Gesamtverluste aller deutschen Streitkräfte, nämlich auf 181 000 belaufen. Der Anteil an Vermißten wird auf 72 000 beziffert, so daß sich eine Gesamtverlustzahl von 253 000 errechnet.

Die Gesamtverluste der Waffen-SS belaufen sich demnach auf 25 Prozent bis 28 Prozent ihrer Gesamtstärkezahl. Setzt man die Gesamtverluste aller militärischen und militärähnlichen Ver-

neither equalled nor excelled by any other formation. The Waffen-SS had become the incorporation of military tenacity and initiative par excellence."

There can be no doubt that many units of the regular German Army were "élite troops" in the truest sense of the word! It would be impossible here to cite all of these units, but certainly a few come immediately to mind: the paratroopers, the "Grossdeutschland" division, the tank and mountain troops, as well as units of the Air Force and the Navy. They, too, have "made their mark in the history of warfare" through outstanding achievements and the names which are associated with their battles are also testimony to magnificent military accomplishments. No Waffen-SS soldier has ever denied this fact. There is neither envy nor jealousy, but rather the recognition and admiration of comrades.

Nevertheless, in many works on the Waffen-SS, authors recognize the military achievements of the troops but then follow with an emphatic "however." They maintain that the victories of the Waffen-SS were paid for by disproportionately high casualties and that this consequently negates, to some degree, the value of these victories. Often these authors hand down a second judgment simultaneously, namely, that the high casualty rates are proof of the "incompetence of the leaders commanding" the troop. Strangely enough, not one of the authors who seems so concerned with this "reservation" about the Waffen-SS and the conclusions drawn on the basis of it, has offered proof of his claim in the form of statistics.

Certainly no one will deny that a false sense of "aggressiveness" could also be found in the Waffen-SS, nor can anyone deny that within its ranks there existed cases of rashness, or a lack of competence from time to time, and, even worse, irresponsibility. Yet, where is this not to be found in the history of war and the military?

In this regard the Waffen-SS requires no special defense, for there are figures available which offer objective proof of the facts. From September 1, 1939 to March 1, 1942 — i. e. in the first two-and-a-half years of war — casualties in the Waffen-SS ran at 14,213 men killed or missing, 35,576 men wounded. Total casualties were thus about 50,000. On March 1, 1942, the Polish, French, and Balkan campaigns already lay in the past and the troops had already been engaged for eight months in war aginst the Soviet Union. As a point of comparison, one might mention that the number of traffic deaths in the Federal Republic of Germany in the years 1970 and 1971 was estimated at approximately 20,000 a year.

If one considers the statistics regarding the strength of the Waffen-SS which have already been cited, then it is evident that the casualty quota of men killed or missing in action stood at approximately 5%.

According to a report (dated July 12, 1972) put out by the German Bureau responsible for informing the next-of-kin of men of the former German Wehrmacht who were killed in action (the WASt, situated in Berlin), the number of verified German casualties — men killed in action or who died as a result of participation in the Second World War (including those who died in P.O.W. camps) — runs at 3,020,988. If one adds to this the number of men missing in action (about 1,200,000), the total number of casualties of the German Armed Forces stands at approximately 4,220,000.

From the Heer (the Regular Army of the German Armed Forces) ran at about 2,350,000 killed and approximately 930,000 missing, all in all, about 3,280,000. Figures provided by the WASt which are based on their own files have shown that the casualties of the Waffen-SS in war dead run at approximately 6% of the total casualties of the entire German Armed Forces, that is, at about 181,000 men. The number of men missing in action is set at 72,000, so that the total number of casualties for the Waffen-SS stands at 253,000.

bände auf deutscher Seite in eine Relation zur Gesamtstärke von rund 12 000 000, so tritt hervor, daß hier eine bedeutend höhere Verlustquote gegeben ist. Auch die Verlustquote des Heeres liegt bei einer Gesamtverlustzahl von 3 280 000 eindeutig über derjenigen der Waffen-SS. Es ist mithin unhaltbar, daß für sie höhere Verluste „typisch" gewesen seien.

Wie laienhaft gerade dieses Thema abgehandelt wird, zeigt das von verschiedenen Autoren aufgebotene Beispiel, nach dem Frankreichfeldzug (1940) hätten die Ausfälle an Offizieren in der Waffen-SS durch Absolventen der Junkerschulen — gleichsam „von der Schulbank weg" — ersetzt werden müssen. In Wahrheit wird damit nur eine Selbstverständlichkeit angeführt; denn allemal wird der Offiziersbedarf aus den Absolventen der abgeschlossenen Offizierslehrgänge gedeckt. Im übrigen handelte es sich damals auch nicht um „unerfahrene Kriegsschüler", sondern um Männer, die vor der Kommandierung zum Offizierslehrgang eine gediegene militärische Ausbildung im Mannschaftsstand erfahren hatten. Daß sich die Art des Offiziersersatzes bei der Waffen-SS von der beim Heer unterschieden hat, ist darauf zurückzuführen, daß das Heer über eine starkes *Reserve*-Offizierkorps verfügte, die Waffen-SS jedoch nicht.

Die Anerkennung der militärischen Leistungen der Waffen-SS im Kriegseinsatz wird auch häufig mit dem Einwand „unterlaufen", sie sei personell und materiell besser ausgestattet gewesen als das Heer. Selbst bei gutgesonnenen Autoren findet man dazu folgende Bemerkung[11]:

> „Ihre — [gemeint: der Waffen-SS] — aufgrund personeller und materieller Bevorzugung sich automatisch ergebende Einstufung als Elite führte oft zu Mißdeutungen."

Es kann nicht wunder nehmen, daß Schriftsteller, denen die Abqualifizierung der Waffen-SS höchstes Anliegen ist, dieses Argument hochspielen bis zu der Erklärung: Soweit diese Truppe überhaupt überragende Leistungen aufzuweisen hat, beruhten sie im Grunde auf der Bevorzugung bei der Ausstattung mit Waffen und Gerät. Peinlich ist es indessen, daß auch ehemalige Wehrmachtsoffiziere bis in die Gegenwart dieses Argument immer wieder aufgeboten haben. Peinlich deshalb, weil gerade sie es besser wissen müßten.

Nur militärischen Laien kann es vorstellbar erscheinen, die Waffen-SS sei von Hitler persönlich mit Waffen, Gerät und anderem Versorgungsgut besonders bedacht worden oder ihre Führung habe sich die Ausrüstung auf dem „freien Rüstungsmarkt" nach Belieben selbst beschafft. Für derlei Naivität ist in diesem Zusammenhang kein Raum.

Schon in dem grundlegenden Erlaß des Reichswehrministers v. Blomberg vom 24. 9. 1934 über die Aufstellung einer SS-Verfügungstruppe war bestimmt worden, daß die Stärke und Ausrüstung der SS-Einheiten an die Stärke- und Ausrüstungsnachweisungen der Infanterie-Regimenter des Heeres angelehnt werde. Gleichzeitig wurde festgelegt, daß eine Freigabe der Bewerber für die SS-Verfügungstruppe durch die Wehrbezirkskommandos nur insoweit erfolgen konnte, als „nicht dringende Belange der Wehrmacht dem entgegenstehen"[12]. Auch die Anordnung Hitlers vom 2. 2. 1935 stellt eindrucksvoll klar, daß die Bestimmungen über die personelle und materielle Ausstattung der SS-Verfügungstruppe vom Reichswehrminister erlassen werden[13]. Zeigt dies bereits, daß von eigenmächtigen Dispositionen der SS-Führung keine Rede sein konnte, so spiegelt ein Befehl des Oberbefehlshabers des Heeres vom 1. 8. 1938 alles andere als eine Bevorzugung wider.

11 Eifert, „Panzer in Rußland", Podzun-Verlag 1972, S. 150.
12 K. G. Klietmann, „Die Waffen-SS", Osnabrück 1965, S. 15/16.
13 Derselbe, a.a.O., S. 20; vgl. auch S. 23.

Thus, total Waffen-SS casualties constitute 25—28% of its total strength. If one compares the total losses of all military and para-military units on the German side in relation to a total combined strength of 12,000,000 men, then it is evident that a significantly higher casualty quota is indicated here. Even the casualty quota of the Army, with a total loss of 3,280,000 men, lies clearly above that of the Waffen-SS. It is thus impossible to maintain that higher casualty rates were "typical" for the Waffen-SS.

One example may suffice to show how various authors have proceeded to deal with precisely the theme of casualties in the Waffen-SS. Their methods can only be described as amateur. They claim that after the French Campaign of 1940, the losses in Waffen-SS officers had to be made up by graduates of the Junker schools, taken "right off the school benches," so to speak. In truth, all that has been stated here is something which is a matter of course, for at all times, the need for officers is met by the graduates of completed training programmes. As for the rest of this claim, it was certainly not a question at that time of "inexperienced recruits," but rather of men who, before being promoted to officer training, had experienced a thorough military training in the ranks. The fact that the type of officer-replacement in the Waffen-SS was different from his counterpart in the Army can be well understood if one realizes that the Army had at its disposal a strong *Reserve* Officer Corps; the Waffen-SS, on the other hand, did not.

The recognition of the military accomplishments of the Waffen-SS in the war is often "played down" through the objection that it was better equipped, both in terms of men and material, than the Army. Even sympathetic authors sometimes make the following claim[11]:

> "Its — (i. e. the Waffen-SS) — classification as an élite force, which resulted automatically from favoritism displayed toward it with regard to both personnel and equipment, often led to misinterpretation."

It is no wonder that authors, whose avowed aim is to "tone down" the achievements of the Waffen-SS, make use of this argument to the point where they maintain that insofar as the Waffen-SS can lay claim to any outstanding accomplishments at all, the latter were completely based on the preferential treatment which the organization received vis-à-vis weapons and other equipment. It is also irritating that former Wehrmacht officers employ this line of argument even today. It is particularly annoying because they, of all people, ought to know better.

Only those people who have never had anything whatsoever to do with the military could find it conceivable that Hitler himself personally saw to the special outfitting of the Waffen-SS with weapons, equipment, and other materials, or that its leaders obtained material arbitrarily through a type of "black market for equipment." We need not concern ourselves with this type of naiveté here.

The original decree of the Reichswehr-Minister von Blomberg concerning the formation of an SS-Verfuegungstruppe (dated September 24, 1934) had stipulated that the strength and equipment of the SS units would be based on the criteria established for the strength and equipment of infantry regiments of the Army. At the same time, it was determined that the area Army Command could only issue a release of candidates for the SS-Verfuegungstruppe if "the Army itself had no pressing needs at the time with which such a release would have conflicted[12]." In addition, Hitler's directive of February 2, 1934 makes it expressly clear that decisions concerning the outfitting of the SS-Verfuegungstruppe with personnel and equipment were to be made by the Reich Minister of the Armed Forces[13]. If this already suffices to illustrate that the

11 Eifert: "Panzer in Russland," Podzun-Verlag 1972, p. 150.
12 K. G. Klietmann: "Die Waffen-SS," Osnabrueck 1965, pp. 15—16.
13 Ibid., p. 20; see also p. 23.

Um die volle Feldverwendungsfähigkeit der SS-Verfügungstruppe „baldigst sicherzustellen“ wird als erforderlich bezeichnet, „daß bisher zurückgestellte und unerledigt gebliebene Anforderungen der SS-Verfg.-Truppe nach Prüfung auf ihre Richtigkeit sofort erledigt werden“. Und weiter: „In Zukunft ist die SS-Verfg.-Truppe in ihrer Friedenszusammensetzung mit Vorschriften, Waffen, Gerät usw. wie Truppenteile des Heeres zu beliefern, d. h. Anforderungen und Neuerungen müssen gleichlaufend wie bei Truppenteilen des Heeres auch bei der SS-Verfg.-Truppe durchgeführt werden[14].“ Im Klartext heißt das, daß die SS-Truppe bis zum 1. 8. 1938 — also während der ersten vier Jahre ihres Bestehens — hinter den Truppenteilen des Heeres hergehinkt war. *Von Bevorzugung keine Rede*, wohl aber von Benachteiligung. *Mehr* als vier Jahre hatte es gebraucht, bis am 18. 5. 1939 der Abschluß des Aufbaus der SS-Verfügungstruppe in Divisionsverbandsstärke festgestellt werden konnte. In dieser Zeit hatte das Heer etwa 30 neue Divisionen aufgestellt.

Hiernach drängt sich die Frage auf, ob sich im Kriege eine Änderung dieser Verhältnisse ergeben habe. In bezug auf die *personelle* Ausstattung stellt Rudolf Absolon fest[15], daß es in der Entscheidungsmacht der Wehrbezirkskommandeure der Wehrmacht gelegen habe, über die Freigabe von Wehrpflichtigen an die Waffen-SS „unter Wahrung der Belange der Wehrmacht und im Rahmen des jeweils festgesetzten Ersatzbedarfs der Waffen-SS“ zu befinden. So sah es in Wirklichkeit aus, und Höhne bemerkt dazu[16], die Wehrmacht habe in der Regel nur *ein Drittel* derjenigen für die Waffen-SS freigegeben, die sich für diese Truppe gemeldet hatten. Zwei Drittel ihrer Freiwilligen sind somit „abgezweigt“, d. h. zur Wehrmacht einberufen worden. Dies zeigt schlaglichtartig, wie groß die Zahl der Waffen-SS-Freiwilligen in Wirklichkeit war! Dessen ungeachtet behaupten andere Autoren (z. B. Buchheim), die Zahl der Freiwilligen sei „enttäuschend“ niedrig gewesen. Höhne stellt an anderer Stelle heraus[17], die Generale des Oberkommandos der Wehrmacht hätten jeder Erweiterung der Waffen-SS und jeder Verbesserung ihrer Ausstattung hartnäkkigen Widerstand entgegengesetzt und sich geschworen, „Himmlers Truppe möglichst kleinzuhalten“. Es gibt viele Stimmen, die diesen Widerstand der Wehrmacht mit Beifall bedenken. Man kann jedoch nicht einerseits darüber frohlocken und andererseits die Leistung der Waffen-SS mit der Begründung schmälern wollen, sie sei der Wehrmacht gegenüber personell bevorzugt worden.

Was die *materielle* Ausstattung anbelangt, so ist über das bereits Gesagte hinaus weiter darauf hinzuweisen, daß die gesamte Materialversorgung dem Rüstungsamt der Wehrmacht unterstand und von hier aus die zentrale Steuerung erfolgte[18]. Die Waffen-SS besaß kein eigenes Rüstungsamt, sie war daher von dieser Wehrmachtsstelle abhängig. Sie besaß keine eigene Produktion und kein eigenes Beschaffungs- und Verteilungssystem. Alle Anträge der im Einsatz stehenden Waffen-SS-Verbände auf Ausstattung mit Waffen, Fahrzeugen, Gerät und dergleichen gingen unmittelbar auf dem *Heeres*dienstweg an die obersten Heeresversorgungsstellen unter Unterrichtung des Kommandoamtes der Waffen-SS. Von den sonach zuständigen Heeresstellen wurde die Bedarfsberechtigung überprüft und beschieden. Die Berechtigung ergab sich aus den für jede Division namentlich erstellten Kriegsausrüstungsnachweisungen. In ihnen war die jeder Division zustehende Ausstattung in allen Einzelheiten — bis hinab zum Karabiner und Seiten-

14 Derselbe, a.a.O., S. 25 f.
15 „Wehrgesetz und Wehrdienst 1935—1945“, S. 143 f. Fußn. 29.
16 „Der Orden unter dem Totenkopf“, S. 424.
17 a.a.O., S. 419 f.
18 vgl. Absolon, a.a.O., S. 100 ff.

leaders of the SS made no acquisitions on their own, it is further reinforced by an order of the High Command of the Army dated August 1, 1938, which indicates anything but preferential treatment. In order to “assure as quickly as possible“ the complete combat readiness of the SS-Verfuegungstruppe, it is stated as imperative that “the tests set up to ascertain the fitness of the SS-Verfuegungstruppe and which have hitherto been postponed and have thus remained uncompleted, be carried out immediately.“ And further: “In the future, the SS-Verfuegungstruppe, as constituted in peacetime, is to be provided with the same regulations, weapons, equipment, etc. as formations of the Army, i. e. requisitions and replacements must be carried out in the SS-Verfuegungstruppe simultaneously with formations of the Army[14].“ This shows quite clearly that until August 1, 1938, i. e. during the first four years of its existence, the SS troop had trailed behind the formations of the Army. Thus, while one cannot speak of *“preferential treatment,“* one can certainly speak of discrimination against the formation vis-à-vis material and equipment. It had required more than four years to bring the SS-Verfuegungstruppe up to the strength of a division (May 18, 1939). In the course of this time, about thirty new divisions had been formed in the Army.
The question may subsequently arise whether or not a change took place in these conditions during the war. With regard to *personnel,* Rudolf Absolon has determined[15] that it lay within the power of the Army Area Commanders to formulate decisions on the issue of releasing recruits to the Waffen-SS, and that such decisions were taken “while at the same time providing for the needs of the Wehrmacht and in accordance with the replacement requirements established for the Waffen-SS in each case.“ This was how the situation looked in reality; Hoehne maintains furthermore[16] that of the men who applied for admission to the Waffen-SS, only *one-third* were released, as a rule, by the Wehrmacht. Thus, two-thirds of those men who volunteered for the Waffen-SS were “siphoned off into another area,“ i. e. they were conscripted into the Wehrmacht. This shows conclusively how large the number of Waffen-SS volunteers was in reality! Despite this, some other authors (for example, Buchheim) maintain that the number of volunteers was “disappointingly“ low. Hoehne points outs as well[17] that the generals of the Army High Command had offered stubborn resistance to any expansion of the Waffen-SS and to any improvement of the organization’s equipment, and that they had vowed to “keep Himmler’s troop as small as possible.“ There are many who applaud this resistance on the part of the Army. However, one cannot, on the one hand, be jubilant about it and, on the other, attempt to belittle the accomplishments of the Waffen-SS on the grounds that it was given preferential treatment over the Army with regard to personnel.
So far as *equipment* is concerned, it might be pointed out in addition to what has already been said, that the Ordnance Office of the Army was responsible for the supplying of material to all units, and that it constituted the central point of distribution[18]. The Waffen-SS did not have its own Ordnance Office and was thus dependent upon the Wehrmacht in this respect. The Waffen-SS did not produce its own equipment, nor did it have a separate system of acquisition and distribution. All requisitions made by Waffen-SS units engaged in combat with regard to the provision of weapons, vehicles, and other gear, were forwarded directly through *Army* channels to the highest Army Ordnance Offices and the High Command of the Waffen-SS was duly informed. The Army then examined these requisitions to determine whether or not they were justified, and then acted accordingly. The Army

14 Ibid., p. 25 f.
15 “Wehrgesetz und Wehrdienst 1935—1945“, p. 143 f., footnote 29.
16 “Der Orden unter dem Totenkopf“,p. 424.
17 Ibid., p. 419 f.
18 Absolon, op. cit., p. 100 ff.

gewehr — ausgewiesen. Wer also eine bessere Bewaffnung der Waffen-SS behauptet, müßte unterstellen, daß vom Heer selbst entweder „üppigere“ Kriegsausrüstungsnachweisungen zugedacht oder daß von Heeresstellen über diese Nachweisungen hinaus Bedarfsberechtigungen zuerkannt worden sind; mit anderen Worten: daß den Waffen-SS-Einheiten *mehr* „zugeschanzt“ worden sei als ihnen zustand. Eine unhaltbare Unterstellung! Auch bezüglich anderer Versorgungsgüter, namentlich Verpflegung oder Marketenderwaren, ist immer wieder behauptet worden, die SS-Einheiten seien „besser gestellt“ gewesen. Auch dazu stellt sich die Frage: Wie sollte das bewerkstelligt worden sein? Denn einen eigenen Nachschub für die Waffen-SS gab es nicht. Wenn *eine* SS-Division inmitten von 20 Divisionen des Heeres eingesetzt war, konnte für sie nicht eine spezielle Nachschuborganisation aufgebaut werden. Die Verpflegung wie auch die Marketenderwaren und anderes Versorgungsgut wurden vielmehr bei den zuständigen Heeresverpflegungslagern empfangen, d. h. nach dem für die Armee geltenden Schlüssel zugeteilt. Allerdings konnten trotz gleicher Zuteilung Unterschiede entstehen, dann nämlich, wenn beispielsweise Verpflegung besser oder schlechter verwertet und Marketenderware gleichmäßig oder ungleichmäßig verteilt wurde!

Es ist schließlich zu betonen, daß die Soldaten der Waffen-SS den gleichen Wehrsold und die gleichen Gebührnisse (Besoldungsordnung C) wie die Soldaten der Wehrmacht erhielten und daß für sie das gleiche Versorgungs- und Fürsorgerecht galt wie für die Wehrmacht auch[19].

Dennoch gibt es viele ehemalige Angehörige des Heeres, die mit Nachdruck darauf verweisen, daß eine neben ihrer Einheit eingesetzte Waffen-SS-Einheit in Bewaffnung und Gerät besser ausgestattet gewesen sei als sie. Es ist das Argument: „Ich habe es am Beispiel der oder jener SS-Division mit eigenen Augen gesehen!“ Die so sprechen, sagen durchaus die Wahrheit; dennoch bestätigt dies nicht die Behauptung, *die* Waffen-SS sei in der materiellen Ausstattung bevorzugt gewesen.

Wie ist dies zu erklären? Im Grunde sehr einfach. In keiner Armee der Welt und auch nicht in der ehemaligen deutschen Wehrmacht sind oder waren alle Einheiten in bezug auf Bewaffnung und Gerät gleich ausgestattet. Das ist eine auch jedem Laien verständliche Binsenwahrheit. Eine Panzerdivision erhält eine andere Ausstattung als eine Panzer-Grenadierdivision, und zwischen beiden und einer Infanteriedivision besteht abermals ein erheblicher Unterschied in der Ausstattung. Abgesehen von diesen Verschiedenheiten kann ein Ausstattungsgefälle aber auch dadurch entstehen und über lange Zeit beibehalten bleiben, daß Waffen- und Gerätesysteme unterschiedlicher Art vorhanden sind oder daß neuentwickelte Systeme eingeführt werden und zunächst nur für die Ausstattung einer beschränkten Zahl von Verbänden zur Verfügung stehen. So berichtete z. B. die süddeutsche Presse am 1. 7. 1972, daß nunmehr auch die Bundeswehrverbände in Bayern und Baden-Württemberg umgerüstet und mit den modernen Kettenfahrzeugen vom Typ „Leopard“ und „Marder“ ausgestattet würden, nachdem bisher nur die Verbände in der norddeutschen Tiefebene bevorzugt mit diesen neuen Panzern ausgestattet worden seien. Dies ist ein typisches Beispiel für eine „Bevorzugung“, die sich einfach daraus ergeben hat, daß sich eine Reihenfolge bei der Verteilung eines nicht für alle Verbände ausreichenden neuen Geräts aufdrängte.

Solche Unterschiede waren auch in der ehemaligen deutschen Wehrmacht anzutreffen; denn sie waren unvermeidlich. So

19 siehe dazu Absolon, a.a.O., S. 303, 305 und 315 ff. Insbesondere: Helmut Thöle, „Das Märchen von der besseren Versorgung“, in „Der Freiwillige“, Oktober-Heft 1956, S. 8 ff.

based its decisions on the justification of requisitions on the directives set up for every division with respect to war armament. These directives determined the equipment allocated to every division, complete to the last detail, including carbines and sidearms. Thus, to claim that the Waffen-SS enjoyed material superiority over the Army is to suppose that the Army itself either intended “more opulent“ directives for its equipping in war time, or that the Army authorities recognized the need for supplies above and beyond what had been laid down in these directives; in other words, that *more* supplies were “pumped into“ the Waffen-SS than had originally been allocated to it. Such a supposition is completely unfounded! In addition, however, it has been asserted repeatedly that SS units were “better equipped“ with regard to other materials, namely food and stores. The question may also be posed here: how is this supposed to have been carried out? For the Waffen-SS did not have its own supply center. If *one* SS-Division was sent into action together with 20 Army divisions, no special supply organization could be constituted solely for it. Food, stores, and other material were obtained from the appropriate Army Supply Depots, i. e. these supplies were distributed according to the criteria set up for the Army. To be sure, differences may have become apparent, despite equal distribution, as, for example, when food was considered “better or worse“ (than that in other units), or when stores were distributed equally or unequally in defiance of the required allocations!

Finally, it must be emphasized that Waffen-SS soldiers received the same pay and the same rations etc. (Pay Directive C) as soldiers in the Wehrmacht; they also enjoyed the same pension and benefit rights as the Army[19].

Nevertheless, there are many former members of the Army who assert emphatically that a Waffen-SS unit engaged in action in their sector was better equipped in armament and other equipment. The argument is usually phrased in the following manner: “I saw it with my own eyes in this or that SS-division!“ These men are undoubtedly telling the truth. However, this does not confirm the claim that the Waffen-SS as a whole was given “preferential treatment,“ with regard to the material it received.

Yet, how is the above statement to be explained? Basically, it is very simple. In no army in the world, and certainly not in the former German Wehrmacht, are or were all units similarly equipped vis-à-vis armament and other materials. This is a self-evident truth which should be apparent even to the layman. A Panzer-division receives different equipment than a Panzer-Grenadier-division and between the two of these and an infantry division there is again a considerable difference in equipment. Apart from these differences, however, a drop in the level of equipment may occur and also perpetuate itself for some time due to the fact that arms and other equipment of various types are available, or that newly-developed units are introduced and are initially placed at the disposal of a limited number of troops. For example, the Southern German Press reported on July 1, 1972 that from now on, Bundeswehr units serving in Bavaria and Baden-Wuerttemberg were to be refitted and equipped with modern “Leopard“ and “Marder“ tanks. Up to this time, only the units serving in the North German Plain area had received priority vis-à-vis these new tanks. This is a typical example of “preferential treatment,“ which is simply based on the fact that it was necessary to institute a sequence for the distribution of a new piece of equipment since there was not a sufficient number available for all units.

Such differences were also to be found in the former German Wehrmacht, for they were quite unavoidable. At the beginning of

19 On this point, see Absolon, pp. 303, 305 and 315 ff. In particular, see: Helmut Thoele, “Das Maerchen von der besseren Versorgung“, in “Der Freiwillige“, October 1956, p. 8 ff.

stand das Maschinengewehr „MG 34" bei Kriegsausbruch keineswegs allen deutschen Infanteriedivisionen zur Verfügung, sondern mit dieser damals modernsten Infanteriewaffe konnten nur bestimmte Verbände ausgestattet werden. Viele Infanteriedivisionen des Heeres waren daher bis weit in den Krieg hinein noch mit älteren MG-Modellen ausgerüstet. Bei anderen Verbänden bestand die Ausrüstung aus den Beständen fremder Armeen, die als Beutegut in deutsche Hand gefallen waren — insbesondere tschechische, französische und polnische Waffenbestände. Sie konnten nicht ungenutzt bleiben, im Gegenteil — auf sie mußte zwangsläufig zurückgegriffen werden, weil bei der enormen Heeresvermehrung im Zuge der kriegsbedingten Neuaufstellungen eine Ausstattung aus eigener Produktion gar nicht möglich war[20].

Wie in der Bewaffnung, so unterschieden sich die Divisionen des Heeres untereinander auch ganz erheblich dadurch, daß nur eine begrenzte Anzahl von ihnen vollmotorisiert waren, andere waren nur teilmotorisiert und viele nicht-motorisiert.

Wenn über die materielle Ausstattung der Waffen-SS gesprochen wird, so ist es bereits falsch, von *„der* Waffen-SS" zu sprechen. Denn auch für ihre 38 Divisionen galten nicht ein und dieselben Kriegsausrüstungsnachweisungen. Viele von ihnen haben zu keiner Zeit den Zustand der Vollmotorisierung erreicht. Nur eine beschränkte Zahl von ihnen wurde aus Infanteriedivisionen (mot.) im Laufe des Krieges zu Panzer-Grenadierdivisionen und wiederum eine noch kleinere Zahl zu Panzerdivisionen umgerüstet. Selbst motorisierte Einheiten wiesen erhebliche Unterschiede auf: Waren die einen weitgehend einheitlich ausgestattet, so waren andere nach Typen und Leistungsfähigkeit der Fahrzeuge „buntscheckig" zusammengestellt.

Es gab SS-Divisionen mit einer Waffenausstattung modernsten Standes, und es gab andere mit älteren und alten Waffenmodellen. Es gab auch solche, die mit ausländischen Waffensystemen ausgestattet waren, so war z. B. bei der 7. SS-Gebirgsdivision „Prinz Eugen" tschechische Bewaffnung vorherrschend. Erstmals und vor allen anderen SS-Divisionen erhielt die „Leibstandarte Adolf Hitler" im Jahre 1942 eine Abteilung Panzer (P IV), darüber hinaus eine Sturmgeschütz-Abteilung und als „besondere Besonderheit" eine schwere Infanteriegeschütz-Kompanie (sIG-Kp.). Dies war haargenau die *gleiche* Waffenausstattung wie die der Heeresdivision „Großdeutschland". Eine zusätzliche sIG-Kompanie — wie diese beiden Divisionen — hatten andere Heeres- oder SS-Divisionen nicht. Zwischen der Division „Großdeutschland" und einer Schwesterdivision des Heeres mit „hoher Hausnummer" bestand demnach ein ebenso deutliches Ausrüstungsgefälle wie innerhalb der Waffen-SS zwischen der „Leibstandarte Adolf Hitler" und einer Division der „Endnummern".

Solange die SS-Divisionen noch Infanteriedivisionen (mot.) waren, bestand zwischen ihnen und den neben ihnen kämpfenden Panzerdivisionen des Heeres mit modernster Ausstattung ebenfalls ein beträchtliches Gefälle, das aus der Sicht der SS-Divisionen nur dahin kommentiert werden konnte: „Die sind weit besser ausgerüstet und uns gegenüber bevorzugt." Stellt man sich nun die ersten fünf SS-Divisionen („Leibstandarte", „Das Reich", „Totenkopf", „Wiking" und „Polizei-Division") auf dem östlichen Kriegsschauplatz zwischen „normalen", d. h. nicht-motorisierten Infanteriedivisionen des Heeres vor, dann war aus deren Sicht der Eindruck einer „materiellen Bevorzugung" verständlich. Das gleiche gilt für den Einsatz im

20 Die unterschiedliche Bewaffnung des deutschen Heeres im Zweiten Weltkrieg ergibt sich eindrucksvoll aus der Darstellung der „Kriegsmittel" bei Ploetz, a.a.O., S. 133—211.

the war, the "MG 34" machine-gun was by no means available to all German infantry divisions. Only certain units could be supplied with this weapon, at that time the most modern of its kind. Therefore, many infantry divisions of the Army were equipped with older machine-gun models, and this situation continued well into the war. In other units, the equipment consisted of material of foreign armies which had fallen into German hands as booty — a large proportion of this material was made up of Czechoslovakian, French, and Polish weapons. They could not remain unused; on the contrary, it was necessary to fall back on them because it was impossible to meet the requirements of equipping the Army from solely German production lines considering the enormous increase in men recruited to form new units as a result of the war[20].

As in armament, the Army divisions also differentiated considerably from one another in that only a limited number were completely motorized. Others were only partially motorized and many were not motorized at all.

When it is spoken of the material supplied to the Waffen-SS, it is incorrect to speak of the "Waffen-SS" as a whole. The directives pertaining to armament were by no means the same for all of its 38 divisions. Many of them never reached at any time the state of complete motorization. Only a limited number were expanded from motorized infantry division to Panzer-Grenadier-division in the course of the war; an even smaller number became Panzer-divisions. Even motorized units displayed among themselves considerable differences: if some were quite uniformly equipped, others were put together somewhat "haphazardly" according to the type and condition of the vehicles on hand.

Some SS-divisions were equipped with the most modern weapons available, and there were others with older and simply old weapons. There were also units which were equipped with foreign weapons, for example, the 7th SS-Mountain-Division "Prinz Eugen," was supplied with primarily Czech arms. In the year 1942, the "Leibstandarte Adolf Hitler" received for the first time, and before any other SS-division, a unit of tanks (P IV), and also a mobile assault gun unit. As "a particular rarity," the "Leibstandarte Adolf Hitler" also received a heavy infantry field gun company (sIG-Kp). This was exactly the *same* equipment as could be found in the Army division "Grossdeutschland." Other Army and SS-divisions did not possess an additional sIG company as did the "Leibstandarte" and "Grossdeutschland." Thus, between the division "Grossdeutschland" and a sister-division of the Army that had not a long tradition, there existed just as great a difference in equipment as in the Waffen-SS between the "Leibstandarte Adolf Hitler" and a division formed at a later date.

As long as the SS-divisions remained motorized infantry divisions, a considerable difference existed between them and the Panzer-divisions of the Army which fought along side them. The latter were supplied with the most modern equipment. From the perspective of the SS-divisions, these Army units "were much better equipped and, in contrast to SS formations, they were given preferential treatment." Now, if one imagines the first five SS-divisions ("Leibstandarte," "Das Reich," "Totenkopf," "Wiking," and the "Police-Division") situated on the Russian Front between "normal," i. e. unmotorized infantry divisions of the Army, then it is understandable that the Army units would have gained the impression that the Waffen-SS divisions were enjoying preferential treatment. The same holds true for the situation on the Western Front in 1944. The Waffen-SS divisions in action there consisted

20 The non-uniform equipping of the German Armed Forces in the Second World War is impressively apparent in the description of "War Materials" in Ploetz, op. cit., pp. 133—211.

Westen 1944: Welche Divisionen der Waffen-SS waren dort eingesetzt? Nur die Mehrzahl der SS-Panzerdivisionen und Panzer-Grenadierdivisionen. Gewiß verfügten *sie* über bessere Ausstattungen als die dort eingesetzten Infanteriedivisionen des Heeres (insbesondere die Volksgrenadier-Divisionen), aber das Bild gleicher Bevorzugung galt auch in bezug auf die an der Invasionsfront kämpfenden Panzerdivisionen *des Heeres*. Namentlich die Panzer-Lehrdivision des Heeres verfügte — was weithin unbekannt zu sein scheint und daher besondere Hervorhebung verdient — über eine bessere Bewaffnung und Ausstattung als *alle* Panzerdivisionen des Heeres *und* der Waffen-SS. Alle, die sich aus der Begegnung mit den eben genannten Stammdivisionen der Waffen-SS eine neidvolle Meinung gebildet haben, sahen nicht die Masse der anderen Verbände der Waffen-SS, die keine Panzerdivisionen waren, die auf keine Motorisierung verweisen konnten und die mit alten ausländischen Waffen-Systemen ausgestattet waren. Auch sie waren „*die* Waffen-SS".

Betrachtet man unter Berücksichtigung dieser Tatsachen und damit der wirklichen Verhältnisse den Vorhalt, die Waffen-SS sei materiell bevorzugt worden (und ihre Leistungen seien daher „kein Kunststück" gewesen), dann wirkt der Umstand, daß er sogar von militärischen „Fachleuten" erhoben und aufrechterhalten wurde, erschütternd. Es kommt nämlich hinzu, daß die Stammdivisionen der Waffen-SS — „Leibstandarte", „Das Reich", „Totenkopf" und „Wiking" — erst 1942 mit einer Panzerabteilung ausgestattet und erst bei Jahreswende 1943/44 zu Panzerdivisionen umgerüstet wurden. Niemand kann ernsthaft behaupten, daß sie in der davorliegenden Zeit während ihres Einsatzes als Infanteriedivisionen (mot.) gegenüber den Panzer- und Panzer-Grenadierdivisionen des Heeres bevorzugt gewesen seien[21].

Gegen ihre Bevorzugung spricht vielmehr, daß ihre Ausstattung mit Panzern bis zur „Halbzeit" des Krieges bewußt verhindert worden ist und daß die Umrüstung zu Panzerdivisionen zu spät kam, weil die Truppe bereits „zu Schlacke ausgebrannt war" — wie Höhne dazu bemerkt[22].

only of the majority of SS-Panzer- and SS-Panzer-Grenadier-divisions. Of course, they were better equipped than most of the Army divisions in that sector (particularly Volksgrenadier-divisions), but one would have gained the same impression of "preferential treatment", from the Panzer-divisions of the Army fighting on the Normandy front. For better arms and equipment were available to the Panzer Lehr Division of the Army than to all the armoured divisions of the Army and the Waffen-SS — something which seems to be generally unknown and deserves therefore special emphasis. Those men who formed an envious opinion of the Waffen-SS through their encounters with *these* SS-divisions did not see the mass of other Waffen-SS divisions which were not Panzer-divisions, nor supplied with motorized equipment, and which were equipped with foreign weapons. They, too, belonged to "*the* Waffen-SS."

After contemplating these facts and thus the circumstances which actually prevailed at the time, it is staggering to think that even military "experts" have reproached the Waffen-SS for receiving "preferential treatment" in equipment and have therefore claimed that its achievements were nothing to boast about. It might also be mentioned that the original divisions of the Waffen-SS — "Leibstandarte," "Das Reich," "Totenkopf," and "Wiking" — were not outfitted with a Panzer unit until 1942, and were only completely outfitted as Panzer-divisions at the end of 1943 and the beginning of 1944. No one can seriously maintain that up to this time, when they served as motorized infantry divisions, they were accorded preferential treatment in contrast to the Panzer- and Panzer-Grenadier-divisions of the Army[21].

On the other hand, the contention that they were *not* given preferential treatment is supported by the fact that there was deliberate interference to their being supplied with tanks until halfway through the war. Also, their expansion to Panzer-divisions came too late, because, as Hoehne maintains, the Waffen-SS was already "decimated."

Die Niederlage

Selten hat eine Armee die Niederlage so teuer bezahlen müssen wie die Waffen-SS. Ihre Angehörigen unterfielen nach dem Kriege einem „automatischen Arrest", der globalen Gefangenschaft. Auch wenn sie nicht mehr den Frontverbänden angehörten, sondern wegen Kriegsverletzungen dienstunfähig oder wegen ihrer Dienstunfähigkeit bereits vor Kriegsende aus dem Truppendienst entlassen worden waren, sie wurden alle, auch aus den Lazaretten heraus, festgenommen und in die Lager der Alliierten gebracht. Später unterzog man sie einem politischen Säuberungsverfahren gerichtsförmiger Art, der „Entnazifizierung"[23]. Nach jahrelangem Kriegseinsatz mit schwersten Strapazen und Opfern wurden nun wegen der Zugehörigkeit zur Waffen-SS Geldstrafen, Freiheitsentzug mit Sühnearbeiten, Berufsbeschränkungen und -verbote, der Entzug von Versorgungsleistungen usw. verhängt. Schwere Kriegsverwundungen konnten als „mildernde Umstände" gewertet werden. Die Hinterbliebenen — Witwen und Waisen — waren von den Zwangsmaßnahmen nicht ausgenommen, ihre Hinterbliebenenversorgung wurde gestrichen.

Defeat

Rarely has an army had to pay such a high price for defeat as the Waffen-SS. After the war its members underwent an "automatic arrest", imprisonment worldwide. Even if they did not belong any longer to front-line units but had been released from service as a result of war wounds before the end of the war, all of them — even those in hospitals — were arrested and brought to allied camps. Later, they were subjected to a political "cleansing" process before courts, the "denazification" process[23]. After years of war service with all its hardships and sacrifices, these men, because of their membership in the Waffen-SS, were now forced to pay fines, suffer loss of freedom often with forced labour, were limited in the profession they could pursue and were sometimes prohibited from practising their trade; they were also excluded from benefits etc. If they had suffered serious war wounds this could be looked upon as grounds for clemency. Their survivors, widows and orphans, were not excluded from these measures. They were not provided with the benefits to which they were entitled.

21 vgl. wegen der Umrüstungszeiten der SS-Divisionen K. G. Klietmann, a.a.O., S. 73, 88, 107, 127, 134, 165, 169 und 181.
22 a.a.O., S. 437/438; s. auch S. 428/429.
23 siehe dazu Paul Hausser, a.a.O., S. 134 ff.

21 Concerning the re-outfitting of SS divisions, see K. G. Klietmann, op. cit., pp. 73, 88, 107, 127, 134, 165, 169, and 181.
22 Hoehne, op. cit., pp. 437—438; see also pp. 428—429.
23 Hausser, op. cit., p. 134 ff.

Bis in die Jahre 1949/50 reichte die Entnazifizierungswelle, und eine große Zahl ehemaliger Soldaten der Waffen-SS kehrte erst 1955 oder 1956 aus der Kriegsgefangenschaft heim. Die rechtliche Gleichbehandlung ist den Angehörigen dieser Truppe auf vielen Gebieten bis heute versagt geblieben.

Noch schlimmer und bitterer als Geldstrafen, Freiheitsentzug und Ausschluß aus Rechtsvergünstigungen war das, was sich inzwischen „draußen" — außerhalb des Stacheldrahts und in der Heimat — abgespielt hatte: Eine Pauschalverurteilung der Waffen-SS. Und die Mehrzahl der Kameraden, die Gefährten in unzähligen Gefechten und Schlachten des Zweiten Weltkriegs — schwieg. George H. Stein beschreibt die Verhältnisse so[24]:

> „Es war eine Zeit, in der frühere Offiziere der Wehrmacht versuchten, jede Verantwortung für die Scheußlichkeiten des Naziregimes und für die Niederlage von sich abzuwälzen. In einer Flut von Memoiren, Zeitungsartikeln und historischen Untersuchungen zogen deutsche Militärkreise einen scharfen Trennungsstrich zwischen sich und der Waffen-SS und schrieben vieles von dem, was der Wehrmacht zur Last gelegt worden war, der Tätigkeit oder dem Einfluß der SS zu. Die vielleicht übelste und gänzlich unverdiente Beschuldigung, die militärische Sprecher gegen die Waffen-SS richteten, war die, daß sie im Kampfe völlig versagt habe und für die Niederlage der Wehrmacht verantwortlich sei."

Heinz Höhne ist den Feststellungen des Amerikaners beigetreten. Auch er meint[25], viele hätten sich nicht mehr daran erinnern können, daß sie einmal froh gewesen waren, „die Elite-Divisionen der Waffen-SS an ihrer Seite zu wissen". Und nicht wenige, die das einseitige Bild der Waffen-SS hätten korrigieren können, haben im Gegenteil an dem negativen Pauschalurteil mitgewirkt.

Diese Verhaltensweise ist nicht nur in den ersten Jahren nach dem Zusammenbruch praktiziert worden. Sie hat — wenn auch abgeschwächter — bis in die Gegenwart ihre Fortsetzung gefunden. Ihr „Abglanz" findet sich namentlich in den „Informationen für die Truppe"; denn auch die Bundeswehr ist darauf bedacht, einen „scharfen Trennungsstrich" zu ziehen . . .[26]

Selbstverständlich gab und gibt es auch andere Stimmen. Nicht wenige Soldaten der Wehrmacht haben durchaus nicht vergessen, daß sie Schulter an Schulter mit der Waffen-SS gekämpft und was sie empfunden haben, wenn sie Frontnachbarn waren. Die Meinungsbildner stammen jedoch nicht aus ihren Reihen.

Autoren aus den Reihen der Waffen-SS haben sich bemüht, einer Gegenstimme Gehör zu verschaffen. Man hat sie als einseitig und tendenziös abgetan („Apologeten"). Doch wie auch immer, *eines* kann man ihnen nicht vorwerfen: Daß Sie in „üble und gänzlich ungerechte Beschuldigungen" — wie Stein formuliert — gegen die Wehrmacht verfallen seien. Sie haben nicht ihr zuschiebbare Schuldkomplexe aufzustöbern versucht. Wenn Stein zu den Äußerungen der Waffen-SS-Autoren erklärt[27] —

> „Damit wird nur zu beweisen versucht, was kein einigermaßen Informierter jemals zu leugnen versucht hat, nämlich, daß die Soldaten der Waffen-SS tapfere Kämpfer gewesen sind, schwere Verluste erlitten haben und, soweit sie an der Front standen, keine Vernichtungslager geleitet haben" —

24 a.a.O., S. 226/227.
25 a.a.O., S. 405.
26 siehe Paul Hausser, a.a.O., S. 194 ff. und 221 ff.
27 a.a.O., S. 232.

The wave of "denazification" continued into the years 1949—50, and a great number of Waffen-SS veterans did not return home from P.O.W. camps until 1955 or 1956. Even into the present, members of the Waffen-SS have been denied equality before the law in many areas.

Much worse and much more regrettable than the fines, the loss of freedom, and exclusion from protection guaranteed by law, was what happened on the "other side" of the barbed wire fences back home: a general condemnation of the Waffen-SS. And their comrades, companions in countless skirmishes and battles of the Second World War, were silent. George H. Stein describes the conditions as follows:

> "It was a period when former officers of the Wehrmacht were attempting to divest themselves of any responsibility for the horrors of Nazism and for the loss of the war. In a flood of memoirs, articles, and historical studies, German military circles drew a sharp dividing line between themselves and the Waffen-SS; and they ascribed to the activities or influence of the SS much of what had been charged against the Wehrmacht. Perhaps the wildest and least-deserved charge made by military spokesmen against the Waffen-SS was that it had been a complete failure in battle and was responsible for the defeat of the Wehrmacht[24]."

Heinz Hoehne agrees with the claims made by Stein. He, too, maintains[25] that many (Wehrmacht men) were no longer able to remember that they had once been very happy "to know that they had an élite division of the Waffen-SS at their side." And many, who could have corrected the onesided picture of the Waffen-SS have, on the contrary, contributed to the negative collective condemnation.

This attitude was evident not only in the years immediately following the collapse. It has continued — if in a somewhat lessened form — right into the present. It is reflected in the pamphlet: "Information for the Troops;" for the Bundeswehr is also concerned with drawing a "sharp line of distinction . . .[26]"

There were, and there are, of course, other voices. Many soldiers of the Wehrmacht have never forgotten that they fought shoulder to shoulder with the Waffen-SS, and have not forgotten how they felt when they were neighbours together on the front. However, those who mould public opinion do not come from their ranks.

Authors who once served with the Waffen-SS have attempted to create a soundingboard for a counter-opinion. They have been dismissed as one-sided and prejudiced ("apologists"). Whatever the case, *one thing* cannot be held against them. They have not fallen prey to the temptation to make "wrongful and completely unjustified accusations" — as Stein expressed it — against the Wehrmacht, nor have they attempted to unearth guilt complexes within the Army itself. It is all well and good when O. Paetel makes the following remarks concerning the claims of Waffen-SS authors:

> . . . they are "trying to prove only what no tolerably informed person has ever attempted to deny, viz., that the soldiers of the Waffen-SS were brave fighters, suffered big losses and, as far as they served in the front line, did not run extermination camps[27]."

There have been, and there remain, however, people who are uninformed and also some who display outright malice!

24 Stein, op. cit., p. 252.
25 Hoehne, op. cit., p. 405.
26 Paul Hausser, op. cit., pp. 194 ff. and 221 ff.
27 Karl O. Paetel, "The Black Order: A Survey of the Literature on the SS", "The Wiener Library Bulletin", XII, Nos. 3—4 (London, 1959), p. 35; quoted by Stein, p. 258.

dann ist dies schön und gut! Es gab und gibt jedoch auch Nichtinformierte und — Böswillige!

Eine andere Variante in der abfälligen Beschreibung der Waffen-SS nach dem Zusammenbruch bestand darin, daß man sich die Lebensläufe einer Reihe ihrer höheren Offiziere vornahm und deren soziale Herkunft bewitzelte. Hochmütig und von oben herab stellte man vielzeilig heraus oder ließ einfließen, es seien Söhne „kleiner Leute" gewesen. Als Landarbeiter, gelernte Handwerker, Polizisten oder Zöllner hätten sie begonnen, und einige seien aus dem Mannschaftsstand der alten Wehrmacht oder Reichswehr emporgestiegen.

All das ist richtig. In der Tat hatten viele Führer der Waffen-SS nicht die traditionell-konventionelle preußisch-deutsche Offizierslaufbahn durchschritten. Viele stammten aus Familien und „Häusern", die nach herkömmlicher Betrachtung nicht zur Ergänzung des Offizierstandes „geeignet" waren. Deshalb fehlte ihnen auch das Abitur, und sie konnten nur eine „gewöhnliche" Berufsausbildung oder Tätigkeit vorweisen.

Überraschend wirkt nun, daß diese Erscheinung im Bereich der Waffen-SS vom sozialistischen Flügel der Nachkriegsgesellschaft nicht einmal wahrgenommen, geschweige denn gewürdigt worden ist. Und dies, obwohl es doch gerade als ein markantes Anliegen sozialistisch-gewerkschaftlicher Kreise gilt, den Angehörigen sogenannter unterprivilegierter Schichten Chancengleichheit zu gewähren und ihnen Aufstiegsmöglichkeiten frei von Standes- und Bildungsvoreingenommenheiten zu eröffnen. Als in Pressenachrufen für Sepp Dietrich (verstorben am 21. April 1966) dessen „proletarische Herkunft" in ausgesprochen verletzender Weise angesprochen wurde, rührte sich keine Gewerkschaft, obwohl gerade von dieser Seite hätte eingewendet werden müssen: „Das geht zu weit. Damit wird die Arbeiterschaft schlechthin deklassiert."

Überraschen muß diese Polemik auch deshalb, weil man sonst an „proletarischer Abstammung" selten Anstoß nimmt, sondern die Aufstiegsleistung im Gegenteil preist. So begann der Marschall der Sowjetunion Woroschilow seine Laufbahn als Metallarbeiter, und seine Marschall-Kameraden Budjenny und Blücher (Gurow) kamen ebenso wie General Timoschenko aus dem Mannschaftsstand. Wer dächte nicht an Marschall Tito (Josip Brosz), Sohn eines Kleinbauern aus Kroatien, der Jahrzehnte seines Lebens als einfacher Arbeiter fristete. Niemand verfällt in der Bundesrepublik Deutschland auch in abfällige Bemerkungen, weil Willy Stoph es als Arbeitersohn vom Maurerlehrling bis zum Generaloberst der DDR-Volksarmee brachte. Ein bunter Reigen berühmter und hochgestellter Persönlichkeiten der Vergangenheit und Gegenwart könnte noch aufgeführt werden, und unter ihnen könnte Jean Baptist Bernadotte nicht fehlen, der es von 1789 bis 1799 vom Feldwebel über den Leutnant und General bis zum Armee-Oberkommandierenden brachte und 1818 König von Schweden wurde.

In Wirklichkeit überrascht die Polemik gegen ehemalige Offiziere der Waffen-SS doch nicht; denn man kann sie so gut wie unwidersprochen betreiben und zugleich einen Beitrag zur Vergangenheitsbewältigung leisten.

One other variant in the negative description of the Waffen-SS after the collapse of Germany was evident in the fact that the lives of a number of its higher officers were examined and their social origins sneered at. In a very arrogant and "snooty" manner it was stated explicitly or implicitly that they were the sons of "small people." They had started out as farmers, trained craftsmen, policemen, or customs officials, and some had advanced from the lower ranks of the old Wehrmacht or Reichswehr.

All of this is correct. Indeed, many officers of the Waffen-SS had not participated in the traditionally conventional Prussian-German Officer training programme. Many came from families and "homes" which, according to traditional concepts, were not "suitable" for providing candidates to the officer class. They also lacked the "Abitur" (Secondary School leaving certificate — intended particularly for those wishing to go on to university or to take up a profession). The training which they had received had prepared them only for the "usual" job.

It is quite astonishing that this phenomenon in the Waffen-SS has not even been recognized by the socialist circles of post-war society, to say nothing of being considered worthy of praise. All the more astonishing if one considers the obvious tendency of socialist labour circles to guarantee equality of opportunity to members of so-called underprivileged groups and to open for them possibilities of advancement free from class prejudice and discrimination in education. When obituaries in the press spoke of Sepp Dietrich's "proletarian origins" in an extremely offensive manner (he died on April 21, 1966), no trade union stirred, although it is directly from this quarter that one should have heard, "That is going too far. It is degrading to the working classes."

This entire line of argument is quite surprising, since one normally does not find fault with a person's "proletarian origins," but rather one praises the person's success in being able to advance. Marshal Woroschilov of the Soviet Union began his career as a metal worker, and his comrades, Marshal Budjenny and Marshal Bluecher (Gurow) came from the lower ranks, as did General Timoschenko. Who could forget Marshal Tito (Josip Brosz), the son of a small farmer from Croatia, who spent decades of his life as a simple labourer. In the Federal Republic of Germany, no one makes derogatory remarks over the fact that Willy Stoph has made his way as the son of a labourer from a mason's apprentice to a Colonel-General in the East German People's Army. A colourful array of other famous and high-ranking personalities of the past and present could be cited and among them would be found Jean Baptist Bernadotte who, between 1789 and 1799, advanced from Sergeant to Lieutenant and General, and further to Army Commander, until, in 1818, he became King of Sweden.

In truth, it is not surprising that arguments are raised against former officers of the Waffen-SS; for one can engage in these polemics without fear of resistance, and at the same time, make a contribution to the "overcoming of the past."

Die Schatten

In allen Abhandlungen über die Waffen-SS wird auf das Thema „Kriminalität und Verbrechen" eingegangen. Vielfach spielt es eine beherrschende Rolle. Heinz Höhne hat eingeworfen[28], die Führer der Waffen-SS

> „akzeptierten die Totenkopfverbände der KZ..., sie integrierten die verstärkten Totenkopfstandarten, Träger des politischen Terrors im deutschbesetzten Europa, sie nahmen sogar das Personal von Auschwitz und Kulmhof. Das Einsickern dieser truppenfremden Elemente aber machte die Waffen-SS für viele Arten inhumaner Kriegführung anfällig".

Richtig ist, daß die Totenkopfverbände, die dem Chef des Konzentrationslagerwesens Theodor Eicke unterstanden, bei Ausbruch des Zweiten Weltkrieges zum Kriegswehrdienst herangezogen wurden — wie alle Wehrpflichtigen. In Stärke von rund 6500 Mann kamen sie in die 3. SS-Division „Totenkopf". Insgesamt hatte diese Division eine Stärke von über 18 000 Mann. Wie diese Angehörigen der Totenkopfverbände, so wurden nach Kriegsausbruch auch Angehörige der Schutzpolizei in großer Zahl zum Kriegswehrdienst herangezogen und in die 4. SS-Division („SS-Polizei-Division") eingegliedert. Hätte die Wehrmacht der Übernahme dieser beiden Gruppen in die Waffen-SS nicht zugestimmt, so hätten sie ihrer Kriegswehrpflicht im Heer genügen müssen. Dann wären sie — auch die Angehörigen der Totenkopfverbände — von den Offizieren des Heeres „akzeptiert" worden, wie dies bereits vor Ausbruch des Zweiten Weltkriegs geschehen war, wenn die Angehörigen der Totenkopfverbände zur Erfüllung der allgemeinen Dienstpflicht (Wehrpflicht) zum Heer einberufen wurden, weil durch Dienst in den Totenkopfverbänden die Wehrpflicht nicht abgeleistet werden konnte.

„Akzeptiert" wurden sie im Kriege auch von General der Infanterie Graf Brockdorff-Ahlefeldt, dem Kommandierenden General eines deutschen Armeekorps, das mit sechs Divisionen im Herbst 1941 am Ilmensee in den Kessel von Demjansk geriet und von der Vernichtung durch die Rote Armee bedroht war. In Kompanie- und Zugstärke wurden die „Korsettstangen" der „Totenkopf"-Division auf die anderen Verbände verteilt. Das eingeschlossene Korps wurde nicht vernichtet. Die Offiziere und Soldaten des Heeres haben nicht danach gefragt, welchen Dienst ein Teil dieser Kameraden vor dem Kriege geleistet hatte, sie nahmen sie als das, was sie waren: Gefährten im Kesselkampf, im Ringen ums Überleben. Ihr Stehvermögen, ihre Tapferkeit und ihre Verläßlichkeit waren für ihre Einschätzung maßgebend!

Wenn Höhne sagt, „sie nahmen sogar das Personal von Auschwitz und Kulmhof", dann ist ihm die zutreffende Beschreibung des Standorts des KZ-Wesens durch Stein[29] entgegenzuhalten. Er stellt klar, daß es in keiner unmittelbaren Verbindung mit den kämpfenden Verbänden der Waffen-SS stand, auch wenn das Personal die Soldbücher der Truppe führte und ihre Uniformen trug. Allerdings ist richtig, daß von der Truppe in den KZ-Bereich und umgekehrt Überstellungen stattgefunden haben. Stein rundet jedoch das Bild ab: Überstellungen dieser Art fanden auch vom Heer aus statt.

Ein deutscher Professor — im Kriege Angehöriger der Luftwaffe — hat in bezug auf dieses Thema einmal gefragt: „Hätte es die fliegenden Verbände, die Fallschirmtruppe und die Flakartillerie tangiert, wenn das KZ-Wesen während des Krieges Hermann Göring ‚zugeschoben' worden wäre und er es organisatorisch seinem Befehlsbereich als Oberbefehlshaber

28 Im Bildband „Die Waffen-SS" von Walther, S. 241.
29 a.a.O., S. 233 ff.

The Shadows

The theme "Criminality and Crimes" is treated in all works on the Waffen-SS. It often plays a major role. Heinz Hoehne has claimed that the officers of the Waffen-SS

> "accepted the Death's Head Units of the Concentration Camps . . . , they integrated (into their units) the strengthened Death's Head Standards, the bearers of political terror in German-occupied Europe, they even took personnel from Auschwitz and Kulmhof. With the introduction of these non-combat elements, however, the Waffen-SS became susceptible to many kinds of inhumane warfare[28]."

It is correct that the Death's Head Units, which were under the command of the Inspector of the Concentration Camp network, Theodor Eicke, were conscripted for military service at the outbreak of the Second World War, as were all eligible males. About 6,500 men were incorporated into the 3rd SS-Division "Totenkopf." All togehter, this division contained over 18,000 men. Just as the members of the Death's Head Units, members of the police were also conscripted in great numbers for military service when the war broke out, and these were incorporated into the 4th SS-Division ("SS-Police-Division"). If the Wehrmacht had not acquiesced in the acceptance of these two groups into the Waffen-SS, then they would have had to satisfy their military obligations within the Army. In such a case, they would have been "accepted" by the officers of the Army, as had been the case already before the war broke out, whenever members of Death's Head Units were conscripted for fulfillment of general military service (Wehrpflicht). Service in the Death's Head Units was not considered a substitute for military service.

They were also "accepted" during the war by General of the Infantry Count Brockdorff-Ahlefeldt, the Commanding General of a German Army Corps which, in Fall 1941, was caught with 6 divisions in the pocket of Demjansk at Ilmensee, and which was threatened with destruction by the Red Army. In company and squad formations, the "corset strings" of the "Totenkopf" Division were divided among the other units; the encircled Corps was not destroyed. The officers and men of the Army did not ask what duty some of their comrades had performed before the war, they accepted them for what they were: comrades in a battle of encirclement, in a struggle for survival. Their steadfastness, their bravery, and their reliability were the determining factors in judging them!

When Hoehne says that "they even accepted personnel from Auschwitz and Kulmhof," this should be contrasted with the well grounded description of the Concentration Camp system given by Stein[29]. He shows quite clearly that the Concentration Camps had no direct connection whatsoever with the fighting units of the Waffen-SS, even if the personnel of the camps carried the same pay books and wore the same uniform. To be sure, it is correct that transfers did occur from the troops into the Concentration Camp sphere and vice versa. Stein paints the entire picture, however: transfers of this type also involved the Army.

A German professor — during the war, a member of the Luftwaffe — once asked the following question with regard to this subject: "Would it have affected the airborne units, the paratroopers, and the Flak crews, if the Concentration Camp system had been 'placed in the hands' of Hermann Goering during the war, and if he, for purposes of organization, had incorporated it into his sphere of command as High Commander of the Luft-

28 In the illustrated volume "The Waffen-SS", by Walther, p. 241.
29 Stein, op. cit., p. 259 ff.

der Luftwaffe einverleibt hätte?" Man wird seiner Antwort beipflichten müssen, daß in diesem Falle nicht *die* Luftwaffe belastet werden könnte.

Ein anderes Kapitel läßt sich mit „Einsatzgruppen und Waffen-SS" überschreiben. Niemand kommt daran vorbei, daß die Ausrottungsaktionen im rückwärtigen Frontgebiet zu den gräßlichsten Beispielen im Buch über die menschliche Brutalität zählen. Es kann hier auf die Motive oder das Verhältnis von Befehl und Gehorsam ebensowenig eingegangen werden wie auf das Problem Rechtswidrigkeit, persönliche Schuld und Befehlsnotstand. Klarzustellen ist jedoch, daß die Einsatzgruppen Einheiten der deutschen Sicherheitspolizei waren, daß sie dem Reichssicherheitshauptamt unterstanden und daß sie von Beamten der Geheimen Staatspolizei (Gestapo) und der Kriminalpolizei (Kripo) sowie Angehörigen des Sicherheitsdienstes (SD) geleitet wurden. Die unter dieser Leitung stehenden Mannschaften kamen größtenteils von der Ordnungspolizei und aus der Waffen-SS. Weder die SS-Männer noch die Polizeibeamten haben sich dazu gedrängt, sie wurden entsprechend der von „oben" kommenden Personalanforderungen abgestellt, ohne gefragt zu werden. Allesamt hatten sie zunächst keine Ahnung davon, was sie erwartete.

Die Stärke der vier Einsatzgruppen belief sich auf insgesamt etwa 3000 Mann. Der Einsatzgruppe A (Rußland-Nordabschnitt) mit einer Stärke von 990 Mann gehörten 340 von der Waffen-SS an — also rund ein Drittel[30]. Deshalb und weil „mindestens einige der höheren Frontoffiziere" der Waffen-SS sich über die Verwendung dieser Männer im klaren gewesen seien, trage die Waffen-SS — so folgert Stein — „ihren Teil Mitverantwortung für den kaltblütigen Mord an Hunderttausenden von Zivilisten". Läßt sich ein solches auf die Gesamtheit der Truppe bezogenes Pauschalurteil halten?

Angehörige der Ordnungspolizei und der Waffen-SS waren — niemand verkennt das — in einen entsetzlichen Einsatz gestellt, doch schlägt das durch zur Mitverantwortung *der* Ordnungspolizei und *der* Waffen-SS? Diese Pauschalierung ist es, die Widerspruch auslöst, der dann im Gegenzug — in völliger Verkennung des Gewollten — als Uneinsichtigkeit ausgelegt wird. Kann man wirklich nicht begreifen, daß die Angehörigen der Polizei und der Waffen-SS, die fernab vom kriminellen Geschehen Polizeidienst getan oder in einer Waffen-SS-Division in vorderster Linie gekämpft haben, sich gegen eine auch auf sie ausgedehnte Diskriminierung zur Wehr setzen?

Als unhaltbar und vergriffen muß die Schlußfolgerung Steins bezeichnet werden, eine Mitverantwortung „*der* Waffen-SS" ergebe sich aus dem Wissen über den Verwendungszweck abgestellter Männer, das bei „einigen" höheren Frontoffizieren bestanden habe. Stein hat nicht untersucht, ob jene Wissenden außer dem Wissen auch die *Macht* besaßen, die Abstellung zu den Einsatzgruppen und namentlich die dortige Verwendung zu verhindern. Denn nur wegen vorwerfbarer Untätigkeit trotz bestehender Einwirkungsmacht könnte eine Mitverantwortung — und zwar der Inhaber dieser Eingriffsmacht, nicht jedoch der ganzen Truppe — bejaht werden. Bloßes Wissen für sich allein kann keine Mitverantwortung begründen. Stein ist auch nicht auf den Gedanken gekommen, daß jene „höheren Frontoffiziere" der Waffen-SS in einer militärischen Hierarchie standen und daß sich daraus Konsequenzen für die Verantwortungsverteilung ergeben. Nach den Verhältnissen 1941/42 kann es sich bei jenen „höheren Frontoffizieren" allenfalls um Divisionskommandeure gehandelt haben; denn höhere Kommandostellen hatten damals Waffen-SS-Offiziere nicht inne. Deshalb hätte er der Frage nachgehen müssen, ob

30 siehe Stein, a.a.O., S. 237.

waffe?" One will have to agree that in such a case, the Luftwaffe itself could not be held responsible.

Another chapter is entitled "Action Groups and Waffen-SS." No one can deny that the extermination actions carried on behind the front lines are among the most horrible examples in the history of human brutality. This is not the place to go into the motives behind these actions or the relationship between orders and obedience or the problems of injustice, personal guilt, and emergency orders. Nevertheless, it must be pointed out that the Action Groups were units of the German Security Police, and that they were accountable to the Reich Security Head Office, and that they were lead by officials of the Secret State Police (Gestapo) and the Criminal Police (Kripo), as well as by members of the Security Service (SD). The men who served in these units came, for the most part from the Regular Police and from the Waffen-SS. Neither the SS men nor the police officials were anxious to serve in these units; they were transferred without being asked, according to the personnel requisitions which came from "above." All in all, they had no idea at first what awaited them.

The strength of the four Action Groups ran at a total of approximately 3,000 men. Action Group A (Russia-Northern Sector) with a total of 990 men, included 340 from the Waffen-SS, i. e. about 1/3[30]. For this reason, Stein concludes, and because "at least some of the higher front-line officers" of the Waffen-SS knew for what tasks these men were being employed, the Waffen-SS bears "its part in the responsibility for the cold-blooded murder of hundreds of thousands of civilians." Can such a collective condemnation of the entire organization be sustained?

Members of the Regular Police and the Waffen-SS — no one will deny this — were used to carry out horrible tasks, but does this mean that the Regular Police and the Waffen-SS as a whole must share in the responsibility? It is precisely this "collectivization" which causes some people to take a stand and to contradict this tendency. They are then considered "uninformed" and their opinions "ridiculous," which is, of course, in contradiction to what the holders of these opinions have wished to achieve. Is it not understandable that members of the Police and the Waffen-SS who were far removed from these criminal acts and who performed their police service or fought in the front lines in a Waffen-SS division, defend themselves against discrimination of this type?

Stein's conclusion that a share of the responsibility must be borne by the "entire Waffen-SS" by virtue of the fact that "a few" higher front-line officers knew of the duties to be carried out by the men who were transferred, must be regarded as untenable and passé. Stein did not investigate whether the officers in question not only possessed this knowledge but also the *power* to prevent transfer of men to the Action Groups or whether they were in a position to prevent the duties which were carried out by these units. One could agree that co-responsibility should be shared by those who had the power to act but chose rather to remain uninvolved; in such an instance, however, only the persons who had such power — not the entire Waffen-SS — could be blamed. Mere knowledge in itself cannot serve as the basis for co-responsibility. The thought does not appear to have occurred to Stein that those "higher front-line officers" of the Waffen-SS were part of a military hierarchy, and that this formed the basis for the delegating of responsibility. Considering the conditions which prevailed in 1941—42, those "higher front-line officers" could only have been divisional commanders; for at that time, Waffen-SS officers did not occupy higher commands. For this reason, Stein should have considered the question whether or not higher command posts, such as those held by commanding generals at the head of army corps

30 Stein, op. cit., p. 264.

etwa übergeordnete Kommandostellen wie Kommandierende Generale an der Spitze von Armeekorps oder Oberbefehlshaber von Armeen und Heeresgruppen auch Kenntnis besaßen, sich also über die Verwendung der Einsatzgrupen „im klaren waren". Wäre dies auszuschließen, dann bliebe noch immer offen, welche Maßnahmen ein Divisionskommandeur hätte treffen können. War dies aber der Fall, dann nehmen sich Verantwortung und Mitverantwortung freilich ganz anders aus. Wird — wie geschehen — nur die Waffen-SS ins Scheinwerferlicht gerückt mit der Folge, daß alle anderen außerhalb des Scheinwerferkegels ins Dunkle entrücken, dann bleibt nur die Feststellung, daß mit oberflächlicher Einseitigkeit argumentiert wurde. Diese einseitige und oberflächliche Behandlung des Problems „Mitverantwortung" hat vielfach die willkommene Möglichkeit eröffnet, sich selbst als völlig unbeteiligt darzustellen und mit den Fingern auf die Waffen-SS zu zeigen. Wissenschaftlern, die diesem Trend zu folgen geneigt sind, ist zu empfehlen, zuvor im Nürnberger Urteil[31] über das Problem Mitwissen und schweigende Zustimmung nachzulesen.

or the High Command of armies and army groups, also possessed knowledge of the activities of the Action Groups. Even if this were not the case at all, the question would still remain as to what measures a divisional commander could have taken against these actions. However, if this were the case, and Army commanders on higher levels did know about the work of the Action Groups, then the question of responsibility and co-responsibility appears in quite a different light. If, as has happened, only the Waffen-SS is placed in the limelight with the consequence that those not cast into the foreground retreat into the darkness, then the only conclusion which may be drawn is that this line of arguing is superficial and one-sided. This one-sided, superficial treatment of the problem of "co-responsibility" has often offered the welcome chance to declare oneself to have been totally uninvolved and to point an accusing finger at the Waffen-SS. Scholars who are inclined to follow this trend are recommended to first read over that section of the Nuremberg verdict which deals with the problem of joint-knowledge and silent acquiescence[31].

Vorwürfe und Schuld

Alle Historiker, die sich mit der Waffen-SS befaßt haben, sind auch auf die „kriminelle Schuld" ihrer Feldtruppenteile eingegangen. Welche Bewandtnis hat es damit? Stein[32] nennt als ersten Fall die Ermordung von 50 Juden während des Polenfeldzugs (19. 9. 1939). Die Täter waren ein Sturmmann (= Gefreiter) des SS-Artillerieregiments und ein Wachtmeister der Feldpolizei. Ein Kriegsgericht des Heeres verurteilte den SS-Angehörigen im Hinblick auf sein jugendliches Alter, die „völlig unüberlegte" Handlungsweise und die Unvorbestraftheit zu drei Jahren Gefängnis, den Feldpolizei-Wachtmeister zu neun Jahren Zuchthaus. Aus dem Strafmaß ist die Rollen- und Schuldverteilung deutlich abzulesen. Obwohl es sich also um einen jungen Burschen — das weist der Dienstgrad aus — und *einen* Soldaten aus der Zahl von 18 000 handelt, wird der Vorfall *der* Waffen-SS angelastet.

Von der Sowjetunion ist in den Nürnberger Prozeß die Beschuldigung eingebracht worden, die SS-Divisionen „Leibstandarte" und „Totenkopf" seien für die „Ausrottung von über 20 000 friedlichen Bürgern von Charkow verantwortlich". Das Nürnberger Tribunal hat sich mit dieser Anklage befaßt, aber für sie keinen Beweis erbracht gesehen. Trotzdem und obwohl niemals festgestellt worden ist, ob und inwieweit es sich um Verluste der Zivilbevölkerung bei den schweren Kämpfen um Charkow im Frühjahr 1943 — in deren Verlauf die Stadt zweimal den Besitzer wechselte — handelt, wird der bloße Verdacht selbst von Stein so weit in den Bereich des Möglichen gerückt, daß er schließlich mit vollem Ernst bereits im Bereich anlastbarer Schuld verwertet wird. Es bedarf keiner Darlegung, daß diese Methode nicht nur anfechtbar, sondern unzulässig ist.

Auffällig ist auch die Eilfertigkeit, mit der jede Meldung über neuen Verdacht gegen Angehörige der Waffen-SS ausgewertet wird. Mag dabei auch eine gerichtliche Untersuchung in Aussicht gestellt sein, sie abzuwarten, dafür reicht die Geduld nicht; schon der Verdacht wird als ausreichend befunden. Ein Paradebeispiel: Am 29. 6. 1964 hatte die „New York Post" berichtet, gegen den ehemaligen Standartenführer (= Oberst)

Accusations and Guilt

All the historians who have concerned themselves with the Waffen-SS have dealt with the subject of "criminal guilt" with respect to the field units of the organization. Let us examine this question more closely.

Stein cites as the first case the murder of 50 Jews during the Polish campaign (September 19th, 1939)[32]. The perpetrators were a corporal in an SS artillery regiment, and a sergeant of the Field Police. An Army military tribunal sentenced the SS man, after taking into account his age and his lack of criminal record, to three years in prison for his "completely unpremeditated" action, and the Field Police sergeant to nine years hard labour. The role of the convicted in this action as well as the guilt each bore in the matter can be easily determined from the sentences which were handed down. Although the case incolved a very young man — his rank is indicative of this — and an older soldier from a total of 18,000, the incident is considered a black mark against the entire Waffen-SS.

During the Nuremberg Trials, the Soviet Union made the charge that the SS-Divisions "Leibstandarte" and "Totenkopf" were responsible for the "extermination of over 20,000 peaceful citizens of Kharkov." The Nuremberg Tribunal considered this indictment, but did not see that there was any proof to support it. Despite this fact, and although it has never been determined whether and to what extent it was a question of civilian casualties during the heavy fighting around Kharkov in Spring 1943, when the city changed hands twice, the mere suspicion is pushed so far into the realm of possibility even by Stein, that these units are seriously considered guilty of this "crime."

It should be quite evident that this "method" of ascertaining responsibility is both questionable and unreliable.

It is also striking how quickly every new report about another suspicion concerning members of the Waffen-SS receives attention. Even if a judicial inquiry is pending in the matter, the patience of some is not sufficient to await the outcome. The suspicion itself is considered sufficient. A prime example of this is the following case. One June 29th, 1964, the New York Post

31 Gemeint ist: „Das Urteil von Nürnberg", Nymphenburger Verlagshandlung, München, 1946, S. 117 ff.

32 a.a.O., S. 243 ff.

31 "Das Urteil von Nuernberg", Nymphenburger Verlagshandlung, Muenchen, 1946, p. 117 ff.

32 Stein, op. cit., p. 271.

Peiper sei ein Ermittlungsverfahren eröffnet worden, weil er im September 1943 eine führende Rolle bei der Zerstörung der Stadt Boves (Norditalien) und „bei der Massenexekution ihrer Einwohner" gespielt habe. Stein[33] baut auf diese Meldung ohne Zögern die Schlußfolgerung auf: „Diese Greueltat war Teil eines SS-Unternehmens gegen antifaschistische Partisanen in diesem Gebiet." Wohlgemerkt, am Anfang seiner Darstellung ist nur von einem Ermittlungsverfahren, von der Einleitung einer Untersuchung die Rede, doch im Nachsatz erscheinen die „Greueltat" bereits als erwiesener Vorgang und die Schuld des Offiziers feststehend. Einem Wissenschaftler darf so etwas nicht passieren, er verstößt gegen den Grundsatz, daß seine Schlußfolgerungen gewissenhaft abgesichert sein müssen. Wie leichtfertig der Vorwurf erhoben worden war, beweist der Ausgang des Ermittlungsverfahrens wegen des Falles Boves: Da ein schuldhaftes Verhalten nicht feststellbar war, wurde es vom Landgericht Stuttgart eingestellt, und die Einstellung ist vom zuständigen Oberlandesgericht bestätigt worden. Von einer „Massenexekution der Bevölkerung" konnte keine Rede sein. Die Wahrheit ist, daß aus Boves heraus eine Einheit des Bataillons, das von Peiper geführt wurde, unter Feuer genommen worden ist und daß hierauf die Truppe kämpfend gegen die Stadt vorgehen mußte. Keine Truppe der Welt hätte in diesem Falle anders gehandelt.

Die eilfertige Verwertung der New Yorker Meldung erklärt sich aus einem anderen Vorkommnis. Am 17. 12. 1944 sind während der Ardennenoffensive unweit Malmedy 71 in Kriegsgefangenschaft geratene Amerikaner getötet worden. Stein schreibt dazu, diese Untat sei das Werk einer von der Panzerdivision „Leibstandarte Adolf Hitler" abkommandierten und von Peiper geführten „Panzergruppe" gewesen. Er weist ausdrücklich darauf hin, daß sich die deutschen und die amerikanischen Darstellungen darüber widersprechen.

Nach amerikanischer Darstellung war mit der Bewachung der insgesamt rund 175 Gefangenen zunächst ein Sturmgeschütz betraut, das später von zwei Schützenpanzern abgelöst wurde. Die Tat wurde — immer der amerikanischen Version folgend — von den Besatzungen dieser beiden Fahrzeuge ausgeübt.

Peiper war zur genannten Zeit Kommandeur des Panzerregiments der Division „Leibstandarte". Jedem, der Soldat ist oder war, ist auf den ersten Blick klar, und auch jedem Laien wird einleuchten, daß ein Regimentskommandeur sich nicht mit der Bewachung von Kriegsgefangenen befassen kann. Peiper hatte „ganz andere Sorgen"; denn die von ihm geführte Kampfgruppe befand sich an diesem zweiten Tag der Ardennenoffensive auf dem Vormarsch auf Stavelot. Diese Lage nahm seine ganze Aufmerksamkeit in Anspruch, und sie diktierte ihm zugleich die Plätze, von denen aus er seine Kampfgruppe zu führen hatte.

Wegen dieses Zwischenfalls von Malmedy wurden nach dem Kriege von einem amerikanischen Militärgericht 73 Offiziere und Soldaten verurteilt — davon 43 zum Tode. Der Oberbefehlshaber der 6. Panzerarmee. Sepp Dietrich erhielt „lebenslänglich", der Kommandierende General des I. SS-Panzerkorps Hermann Priess „20 Jahre Freiheitsstrafe" und der Kommandeur des Panzerregiments Joachim Peiper die „Todesstrafe". Von der Armeespitze herab bis zum einfachen Schützen wurden „die Täter" zur Verantwortung gezogen. Ihre Zahl war in etwa die gleiche wie die der amerikanischen Opfer, daß sie jedoch weit höher lag als die der beiden Panzerbesatzungen, die nach amerikanischer Darstellung gehandelt hatten, erweist sich auf den ersten Blick. Daß der Armee-Oberbefehlshaber, der Kommandierende General und die Kommandeure keine unmittelbaren Tatbeteiligten gewesen

33 a.a.O., S. 248.

reported that a preliminary inquiry had been initiated against former SS-Standartenfuehrer (Colonel) Jochen Peiper. He was accused of having played a principal role in the destruction of the city of Boves in Northern Italy in Semptember 1943, and "in the mass execution of its inhabitants." On the basis of this report, Stein[33] arrived without any hesitation at the following conclusion: "This atrocity was part of an SS operation against anti-Fascist partisans in the area." It should be noted that at the beginning of his discussion of this subject Stein makes reference only to a Preliminary Inquiry, e. g. the preliminary stages of an inquiry, but in a concluding sentence the "atrocity" already appear as a proven fact and the guilt of the officer established. A scholar cannot afford to work in this manner, if he does, he violates the basic rule that his conclusions must be scrupulously supported. The frivolity with which the accusation had originally been levelled against Peiper is evident in the result of the preliminary inquiry in the Boves case: since no criminal intent could be ascertained, the Provincial Court at Stuttgart ceased to carry the proceedings any further and this decision was upheld by the Supreme Court of the province. There could be no question of a "mass execution of the civilian population." The truth is that a unit of the battalion which Peiper commanded was fired upon from Boves, and so the troops had to fight in their advance toward the town. No soldiers of any other nation in the world would have acted differently under the circumstances.

The overhasty use of the New York report can be explained through a reference to another event. On December 17th, 1944, during the Ardennes Offensive, 71 Americans who had been taken prisoner were killed in the neighbourhood of Malmedy in Belgium. Stein makes reference to this incident, and maintains that this crime was the work of a "Panzer Group" from the "Leibstandarte Adolf Hitler" under the command of Jochen Peiper. He expressly points to the fact that the German and American accounts of the incident contradict one another.

According to the American account, a mobile assault gun was assigned the task of guarding the approximately 175 prisoners. This mobile assault gun was later relieved by two tanks. The crime, according to the American account, was perpetrated by the crews of these two tanks.

At the time in question, Peiper was commander of the Panzer Regiment of the "Leibstandarte" Division. Every man who is or was a soldier will realize immediately that a regimental commander cannot spend time guarding prisoners. This should also be evident to the layman. Peiper had "quite different problems" to contend with, for the battle group which he was leading was, on this second day of the Ardennes Offensive, advancing on Stavelot. This situation required his full attention and also determined the locations from which he had to lead his battle group.

As a result of this incident at Malmedy, 73 officers and men were convicted after the war by an American military court. Forty-three were sentenced to death. The Commander-in-Chief of the 6th SS Panzer Army, Sepp Dietrich, received a "life sentence," the Corps Commander of the 1st SS Panzer Corps, Hermann Priess, "20 years imprisonment", and the commander of the Panzer Regiment, Joachim Peiper, the "death sentence". The "perpetrators" — from the head of the army to the simple private — were called to task. Their number was approximately the same as the number of American victims, but it is quite evident that far more men were indicted and convicted than the complement of two German tanks, which, according to the American report, were responsible for the action. It is also quite obvious that the Commander of the army, the Commanding General and the other commanders mentioned could not have been directly involved in such an action. Also, they did not

33 Stein, op. cit., p. 276.

sein können, liegt auf der Hand. Sie haben die Erschießungen auch nicht befohlen, und von ihnen ging kein Befehl aus, daß Gefangene nicht zu machen seien. So sehr man den Zorn und den Haß der Amerikaner verstehen kann, die die Meldung von der Gefangenentötung auslöste: Zorn und Haß sind keine guten Richter! Sie sind auch keine geeigneten Grundlagen für eine faire Beurteilung des Vorfalls durch Historiker. Das zeigt ein Nachspiel. Der Hauptankläger der US-Army im Malmedy-Prozeß, Mr. Ellis, schrieb im Jahre 1966 an den ehemaligen Hauptangeklagten Peiper[34]:

> „... Ich bin sicher, Sie wußten immer, daß ich keine persönlichen Gefühle gegen Sie oder irgendeinen anderen hatte, wie Sie war auch ich Soldat und tat meine Pflicht, so gut ich konnte ...
> Ich bin der Meinung, daß Sie ein vornehmer Ehrenmann — [fine gentleman] — sind.
> An dem Tag, da Ihr Brief ankam, las ich auch in unserer Presse vom Tode Sepp Dietrichs. Ob Sie es glauben oder nicht, ich hatte ein Gefühl der Trauer, als ich den ziemlich langen Nachruf in dem San Francisco Chronicle las ..."

Mr. Ellis war nach dem Zweiten Weltkrieg mit der US-Army in Korea. Seine Erlebnisse und Erfahrungen dort haben offensichtlich seinen Blick erweitert und den Rückblick entscheidend beeinflußt. Von den Historikern wird das Urteil über Peiper weitergereicht werden — etwas anderes ist kaum zu erwarten —, doch vom ehemaligen Hauptankläger liegt ihm die Versicherung vor, daß er ein Ehrenmann ist. So spielt das Leben!

order the shootings and issued no order to take no prisoners. As much as one can understand the anger and hate of the Americans which arose as a result of this report of the killing of prisoners, one must agree that anger and hate are by no means good judges. They also cannot serve as a suitable basis for a fair judgment of the incident by historians. This is shown in a sequel of the whole affair. The chief prosecutor for the U.S. Army in the Malmedy Trial, Mr. Ellis, wrote to the former chief defendant Peiper in the year 1966[34]:

> "I am sure that you always realized that I had no personal feelings against you or anyone else; as yourself, I was also a soldier and did my duty as well as I could ... I am of the opinion that you are a fine gentleman.
>
> On the day that your letter arrived, I read in our press about the death of Sepp Dietrich. Whether you believe it or not, I had a feeling of sadness when I read the fairly long obituary notice in the San Francisco Chronicle ..."

After the Second World War, Mr. Ellis was with the U.S. Army in Korea. His experiences there obviously widened his horizons and had a decisive influence on his thoughts concerning the past. Yet the verdict against Peiper will continue to be passed on by historians. One cannot expect them to do otherwise, and yet, in the face of it all, he has been assured by the former chief prosecutor that he is a "fine gentleman." Such is life!

Partisanenkrieg

Von Stein und anderen Autoren wird unter dem Thema „Verbrechen der Waffen-SS" insbesondere angeführt, im September 1943 habe die 16. SS-Panzer-Grenadierdivision in Italien an einer Vergeltungsaktion teilgenommen, in deren Verlauf 2700 italienische Zivilisten ermordet worden seien. Auch im Zusammenhang mit anderen Partisanenkämpfen wird regelmäßig vom „Mord" an unschuldigen Zivilisten gesprochen. In bezug auf die deutschen Verluste werden hingegen Wendungen wie „getötet", „kamen ums Leben" oder „erlitten den Tod" gebraucht. Dies wirft ein Rechtsproblem auf: Wer handelte rechtswidrig, wer kann sich auf geltendes Völker- und Kriegsrecht berufen?

Der von Stein angesprochene Vorfall in Italien ist in einer sorgfältigen rechts- und wehrwissenschaftlichen Arbeit untersucht worden[35]. Was ist dort geschehen?

Nach dem Zusammenbruch des faschistischen Regimes (Juli 1943) wechselte Italien auf die Seite der Alliierten über und trat in den Krieg gegen Deutschland ein. Von italienischer Seite wurden *hinter* der deutschen Front, die in schweren Abwehrkämpfen gegen die Alliierten stand, Partisanenverbände eingesetzt. Für sie galt Marschall Badoglios Aufruf:

> „Greift die deutschen Kommandostellen und die kleinen militärischen Zentren an! Tötet die Deutschen von hinten, damit Ihr Euch ihrer Gegenwehr entziehen und wieder andere töten könnt!"

Nach diesem Rezept operierte auch die Partisanenbrigade „Stella Rossa" (= roter Stern) unter ihrem Anführer Bruno Musolesi, der sich den Beinamen Il Lupo (= der Wolf) zugelegt hatte, aus dem Bergmassiv zwischen Setta- und Reno-Tal

Criminality and Partisan Warfare

Under the heading, "Crimes of the Waffen-SS," Stein and other authors make particular reference to the claim that in September 1943, the 16 SS-Panzer-Grenadier-Division took part in a reprisal action in Italy in the course of which 2,700 Italian civilians were murdered. "Murder" of innocent civilians is the term constantly used to describe the death of other partisans in other actions. When it comes to German casualties suffered in such battles, however, the terms used differ radically from the one above: "killed," "died," or "met their death." This brings up a problem of jurisprudence: on the one hand, who acted outside the law, on the other, who can base his actions on the international laws and rules of war in force at the time?

The incident in Italy alluded to by Stein has been carefully examined in one work from both the military and judicial perspective[35]. What actually happened?

After the collapse of the Fascist regime in Italy in July 1943, the Italians joined the allies and declared war on Germany. Partisan units were put into operation by the Italians *behind* the German Front, which at that time was engaged in heavy defensive action against the allies. These partisan units took Marshal Badoglio's proclamation to heart:

> "Attack German command posts and the small military outposts! Kill the Germans from behind, so that you do not have to contend with their defense and can go on to kill others!"

With this proclamation as its guideline, the partisan brigade "Stella Rossa" (Red Star), under the command of Bruno Musolesi, nicknamed Il Lupo (The Wolf), operated from the mountain range between the Setta and Reno valleys south of Bologna. Together

34 Das Zitat ist übernommen von Paul Hausser, a.a.O., S. 216, dem der Briefwechsel vorgelegen hat.
35 Wolfgang Kunz, „Der Fall Marzabotto", Würzburg 1967.

34 The quote has been taken from Paul Hausser, op. cit., p. 216, who had the exchange of letters at his disposal.
35 Wolfgang Kunz: "Der Fall Marzabotto," Wuerzburg 1967.

südlich Bologna heraus. Mit seinen Leuten führte er fortgesetzt Überfälle auf Fahrzeuge, die sich auf den in beiden Tälern verlaufenden Straßen zur deutschen Front bewegten, sowie auf schwächere Postierungen aus. Viele deutsche Soldaten wurden aus dem Hinterhalt erschossen, und allmählich entstand eine empfindliche Gefahr für die deutsche Front.

Ende September 1943 befahl das I. Fallschirmjäger-Korps der ihm unterstellten 16. SS-Panzer-Grenadierdivision, die Brigade „Stella Rossa" einzukesseln und zu vernichten. Am 29. 9. 1943 traten Teile der Division mit ihr unterstellten Heereseinheiten befehlsgemäß zum Angriff an. Die „Stella Rossa" wurde zerschlagen, ihr Anführer Il Lupo fiel. Wie hart die Gegenwehr der Partisanen war, folgt daraus, daß allein die Aufklärungsabteilung der SS-Division 24 Tote, 6 Vermißte und 40 Verwundete zu beklagen hatte. Von einer „Vergeltungsaktion" kann demnach keine Rede sein, es war vielmehr eine reine Kampfhandlung. Insofern irrt Stein. Wie verhält es sich mit den „ermordeten" Zivilisten?

Mit dem Kampf der Partisanen, Franktireurs oder Guerilleros hat es eine besondere Bewandtnis. Die deutschen Heere lernten dies schon im Krieg 1870/71 eindrucksvoll kennen, und nach dem Zweiten Weltkrieg waren es die Franzosen in Indochina und Algerien, die Israelis im Nahen Osten und die Amerikaner in Korea und Vietnam. Vielleicht versteht man unter Berücksichtigung dieser Beispiele, die nicht Deutsche betreffen, das folgende besser.

Nach Artikel 1 der Haager Landkriegsordnung gelten die Gesetze, Rechte und Pflichten des Krieges außer für das Heer auch für Milizen und Freiwilligen-Korps, wenn sie folgende Bedingungen erfüllen:

1) ...
2) daß sie ein bestimmtes aus der Ferne erkennbares Abzeichen tragen,
3) daß sie die Waffen offen führen und
4) daß sie bei ihren Unternehmungen die Gesetze und Gebräuche des Krieges beachten.

Wer gegen dieses anerkannte Völker- und Kriegsrecht verstößt, handelt rechtswidrig und kann sich nicht auf den Schutz der Gesetze des Krieges berufen. Für den Kampf von Untergrundbewegungen ist es nun aber gerade wesensmäßig, daß sie *keine* bestimmten aus der Ferne erkennbaren Abzeichen tragen, sondern daß sie alles daransetzen, vom Gegner unerkannt zu bleiben. Ihrer Kampftaktik entspricht es ferner, die Waffen *nicht* offen zu tragen, sondern sie überraschend aus dem Hinterhalt zum Einsatz zu bringen. Bei der für sie bestehenden Kampflage ist ihnen die Beachtung der Kriegsgesetze und -gebräuche erschwert, ja unmöglich gemacht, weil sie z. B. Gefangene nicht der Landkriegsordnung entsprechend in Lagern verwahren können. Infolgedessen machen sie keine Gefangenen! Der Kampf „ohne Gnade" ist aus Prinzip vorgegeben.

Man mag es drehen und wenden wie man will — mit Artikel 1 der Haager Landkriegsordnung ist der Partisanenkampf in aller Regel nicht in Einklang zu bringen. Bei Anwendung dieser Bestimmung ist die Frage nach der Rechtswidrigkeit eindeutig zu beantworten.

Doch Partisanenbewegungen verstehen sich meist als „Volksbewegungen", und sie nehmen für sich in Anspruch, daß ihr Kampf „vom Volk" getragen werde. Deshalb trifft der Kampf *gegen* sie auch auf den „Volkszorn", und er verletzt die „Volksseele". Zum „Volk" in diesem Sinne zählt jeder ohne Unterschied und ohne Rücksicht auf Alter und Geschlecht. Auch in Italien zählten zu den Widerstandskämpfern Frauen und Jugendliche. Zu den Aktivisten der Brigade „Stella Rossa" gehörte z. B. die Schwester des Il Lupo, Bruna Musolesi.

with his men, he carried out continuous attacks on vehicles which were moving to the German Front along the roads which ran through both valleys. He also carried out attacks on the weaker outposts. Many German soldiers were shot from behind, and gradually the German Front itself was critically threatened.

At the end of September 1943, the Ist Parachute Corps ordered the 16th SS-Panzer-Grenadier-Division, which was under its command, to encircle and destroy the "Stella Rossa." On September 29th, 1943, units of this division began the attack according to plan; units of the Army which were attached to the division also took part in the operation. The "Stella Rossa" was crushed, its leader, Il Lupo, was killed during the fighting. Proof that the partisans offered considerable resistance is evident in the fact that the Reconnaissance unit of the SS-division alone suffered 24 dead, 6 missing, and 40 wounded. Thus, this was certainly not a "reprisal" action, on the contrary, it was a military operation. In this regard, Stein's statements are erroneous. What is actually the case vis-à-vis "murdered" civilians?

The war against partisans, terrorists, or guerillas is a case unto itself. The German armies realized this already in the war of 1870—71; after the Second World War, the French had a taste of partisan warfare in Indo-China and Algeria, the Israelis have had to contend with it in the Middle East, the Americans in Korea and Vietnam. Perhaps what follows will be better understood if one takes these above cases into consideration, for they do not concern Germans.

According to Article One of the Hague Convention, the rules, rights, and obligations in war are also applicable to militia and volunteer corps as well as the army, if they fulfil the following conditions:

1) ...
2) that they wear (identifying) insignia which can be recognized from a distance,
3) that they carry their weapons openly and
4) that they observe the rules and customs of war in their actions.

Anyone who commits a transgression against this recognized international law and rule of war acts in a criminal manner and cannot expect the protection provided by the rules of war. But then, it is a matter of course that underground movements do *not* wear any insignia which can be recognized from a distance; on the contrary, they do their utmost not to be recognized by the enemy. It is also quite in keeping with their method of fighting that they do *not* carry their weapons openly, but rather make use of the element of surprise to attack from behind. Considering the way they fight, it is difficult for them to adhere to the rules and customs of war, in fact, it is impossible for them to do so. If they did, they would have to intern prisoners in camps according to the rules of land warfare. As a result, they do not take prisoners! On principle, they wage a war of "no quarter."

However one may want to look at it — partisan warfare cannot be conducted in accordance with Article One of the Hague Convention. The question of "criminality" in this matter should obviously be decided by the application of this law.

Partisan movements, however, usually consider themselves to be "movements of the people," and they claim that their battle is fought by "the people." Consequently, when the enemy fights against *them,* he is also fighting against the "people," and incurs their wrath; the battle *against* these partisans also does damage to the "soul of the people." Everyone is included within the concept "people," when it is used in this sense, regardless of age or sex. Teenagers and women were also to be found among the partisans in Italy. For example, one of the activists of the Stella Rossa Brigade was the sister of Il Lupo, Bruna Musolesi.

Der Partisanenkampf ist von bestimmten taktischen Zwängen geprägt. Mit der im Regelfall nur leichten Bewaffnung, Panzer und Artillerie stehen nur in seltenen Ausnahmefällen zur Verfügung, lassen sich Erfolge am besten beim Angriff auf einzelne Gegner, kleine Gruppen und abgelegene Stützpunkte erzielen. Erfolgsvoraussetzung der Partisanen ist die Überraschung, ihre Kampfesweise daher der Überfall. Die Hinterhaltstaktik und die gnadenlose Kampfweise sind es, die den unvermeidlichen Abwehrkampf der Angegriffenen in erbittertste Formen eskalieren läßt. Einen Eindruck davon vermittelt der Befehl des Oberbefehlshabers der deutschen Truppen in Italien — Generalfeldmarschall Kesselring — vom 1. 7. 1944, in dem es heißt:

> „In meinem Aufruf an die Italiener habe ich den Bandenkampf mit den schärfsten Mitteln angekündigt. Diese Ankündigung darf keine leere Drohung sein. Ich mache es allen Soldaten . . . meines Befehlsbereichs zur Pflicht, im Tatfall zur Anwendung zu bringen:
>
> Jeder Gewaltakt der Banden ist sofort zu ahnden. Aus der eingereichten Meldung muß auch die eigene Gegenmaßnahme zu ersehen sein.
>
> Wo Banden in größerer Zahl auftreten, ist der in diesem Bezirk wohnende jeweils zu bestimmende Prozentsatz der männlichen Bevölkerung festzunehmen und bei vorkommenden Gewalttätigkeiten zu erschießen. Dies ist den Einwohnern bekanntzugeben.
>
> Werden Soldaten usw. aus Ortschaften beschossen, so ist die Ortschaft niederzubrennen. Täter und Rädelsführer sind öffentlich aufzuhängen . . ."

Eine weitere Eigenart des Partisanenkampfes ist es, daß die im Zuge von Gegenaktionen gegen Widerstandsgruppen eingesetzten regulären Truppen durch Bewaffnung, Ausrüstung und taktische Führung in der Regel überlegen sind. Unterliegen Partisanen in solchen Kämpfen, dann wird von ihnen gern auf die „erdrückende Übermacht", den „brutalen Einsatz" gegen sie und darauf verwiesen, daß dabei „friedliche Zivilisten" und sogar Frauen und Kinder zum Opfer gefallen seien.

Es ist bezeichnend, daß nach dem Kriege in Italien offiziell eine getarnte Partisanentätigkeit in Abrede gestellt worden ist. Man kannte das Kriegsrecht! Indessen, wenn der „Volkskampf" einmal zum Mythos gediehen ist, wollen sich die Helden nicht um den Ruhm ihrer Taten prellen lassen. Das ist verständlich; denn nach errungenem Erfolg will sich niemand in die Unerwähntheit verbannen lassen. So wird in der 1945 herausgegebenen „Epopea Partigiana" der Einsatz der Hausfrauen, Studentinnen und Fabrikarbeiterinnen beschrieben, und es werden Frauen namentlich genannt, die an der Spitze von Widerstandsgruppen gefallen sind. Lob gilt der Masse von Frauen, jenem Heer, „das kämpfte, arbeitete, sich opferte und das heute niemand kennt oder verehrt . . ."[36] Auch die Schwester des „Stella-Rossa"-Führers meldete sich nach dem Kriege zu Wort und berichtete:

> „ . . . Es gab fast keinen Tag, an dem die Brigade nicht in Aktion getreten wäre. Der Lupo gewährte den Nazi-Faschisten keine Ruhepause. Unsere Zone war für sie das Gebiet des Schreckens . . ."

Im Jahre 1964 veröffentlichte eine italienische Zeitung eine Zeichnung, die eine Krankenschwester zeigt, wie sie in ihrer Tracht mit einem Gewehr in der Hand feindliche Truppen beschießt.

Immer wieder fragt man sich, weshalb sich Wissenschaftler — wie auch G. H. Stein — bei der Abhandlung des Themas „Waffen-SS und Kriminalität" nicht der Mühe unterziehen,

36 Zitiert nach Kunz, a.a.O., S. 49/50.

Partisan warfare is characterized by certain tactical necessities. Since the partisans are usually equipped only with small arms — only in very rare cases do they have at their disposal tanks and artillery — they achieve most by attacking individual enemy soldiers, small groups, and isolated outposts. A prerequisite for success is surprise, and therefore they make use of the tactics of ambush and "hit and run." These tactics of attacking from the rear and their ruthlessness in battle are the factors which cause the necessary counter-attacks of their quarry to escalate in the most bitter fashion. One gets an idea of this by reading the order of the Commander of German Troops in Italy, Field Marshal Kesselring, dated July 1st, 1944:

> "In my proclamation to the Italians I declared that the most severe measures would be taken against the partisans. This proclamation should not remain an empty threat. I make it the duty of all soldiers . . . of my area of command, that they apply following measures when appropriate:
>
> Every partisan attack is to be punished immediately. Reports submitted on such attacks must also clearly indicate the counter measures which have been taken. Wherever partisan units appear in large numbers, a percentage (to be determined for each case) of the male population living in this area is to be taken into custody and is to be shot if partisan attacks occur. This is to be made known to the inhabitants of the district in question.
>
> If soldiers etc. are shot at from towns, the town in question is to be burned to the ground. Perpetrators and leaders of such attacks are to be publicly hanged . . ."

A further unique feature of partisan warfare is the fact that the regular troops which are used in counter actions against partisan groups are, as a rule, better equipped in terms of both arms and equipment and tactical leadership. If partisans are defeated in such battles, then they like to point to the "superior forces" of the enemy and the "brutal actions" employed against them, and they also point out that in the course of these counter measures "peaceful civilians" and even women and children have been killed.

It is significant that after the war the Italians officially denied that an underground partisan movement had existed. They were fully aware of the laws of war! Nevertheless, when the "People's War" has become a myth, the heroes of this war do not want to be cheated of the fame emanating from their deeds. That is understandable; for after achieving success, no one wants to be confined to anonymity. Consequently, the "Epopea Partigiana" which was published in 1945, describes the activities of housewives, co-eds and female factory workers; women are cited by name who died at the head of partisan groups. The mass of women is praised, that army, "which fought, worked, and endured sacrifice, which today no one knows or honours . . .[36]" The sister of the leader of the "Stella Rossa" group also spoke up after the war and reported:

> " . . . There was hardly a day, on which the brigade did not go into action. Lupo did not give the Nazi-Fascists time to breathe. Our zone became for them an area of fear."

In the year 1964 an Italian paper published a sketch which shows a uniformed nurse shooting at enemy troops with a rifle.

Again and again one asks why scholars, such as G. H. Stein, do not take the trouble to look at the other side of the coin when dealing with the subject of "Waffen-SS and Criminality." For in such a thought process, it cannot be appropriate to arbitrarily stop at a certain point and not think any further. In oral discussions on the matter some people have been heard to say that they are only historians who report what has happened, not lawyers. Such an ex-

36 Kunz, op. cit., pp. 49—50.

einen Blick auch auf die andere Seite zu werfen. Denn es kann nicht angehen, in einem solchen Denkprozeß willkürlich an einem bestimmten Punkt stehenzubleiben und gleichsam ein Weiterdenken einzustellen. Es ist vorgekommen, daß in mündlichen Diskussionen erklärt wurde, man sei nur referierender Historiker und kein Jurist. Eine solche Erklärung wirkt kläglich, wenn man ihr gegenüberstellt, in welch apodiktischer Form Schuldfeststellungen getroffen werden.

Ganz allgemein drängt sich die Frage auf, wie reguläre Truppen sich verhalten sollen und können, wenn ihnen Gegner ohne äußere Abzeichen gegenübertreten, als „harmlose Zivilisten" getarnt — oder gar als Krankenschwester in Tracht. Den Soldaten stehen dann Menschen gegenüber, von denen jeder Partisan sein kann oder keiner. Eine entsetzliche Lage — für alle! Das kann nicht außer acht gelassen werden, auch nicht bei der Beurteilung des Einsatzes der 16. SS-Panzer-Grenadierdivision Ende September 1943 im Raume Marzabotto. Hierzu ist nachzutragen, daß der Kommandeur der Aufklärungsabteilung dieser Division — Walter Reder — noch immer, d. h. mehr als 30 Jahre nach Kriegsende, in italienischem Gewahrsam (Gaeta) festgehalten wird.

Mit besonderem Nachdruck werden der Waffen-SS zwei Massaker in Frankreich vorgeworfen: Oradour und Tulle.

Stein[37] berichtet darüber, während der ersten Monate 1944 habe die SS-Division „Das Reich" den örtlichen Sicherungstruppen in Südfrankreich bei einer Aktion gegen französische Partisanen geholfen. Er fährt fort: „Allein in dem Dörfchen Tulle wurden 99 Menschen — Männer und Frauen — gehenkt, und die SS-Aktion war bald als Unternehmen Blut und Asche bekannt." Dieser Bericht vermittelt den Eindruck einer Dorfidylle, in die eine SS-Aktion grausam zerstörend eingegriffen hat. Doch die Darstellung entspricht in mehrfacher Hinsicht nicht der Wahrheit.

Bei den Ereignissen in Tulle handelt es sich nicht um die Beteiligung an einer Partisanenaktion, sondern sie ergaben sich aus einer ganz anderen Lage: Die Division befand sich nach Beginn der westalliierten Invasion (6. 6. 1944) auf dem Marsch von Südfrankreich an die Invasionsfront. Mit Beginn der Invasion hatte sich die Partisanenaktivität beträchtlich gesteigert, im Rücken der deutschen Front flammte der Kampf in bedrohlichem Umfange auf. Die Stadt Tulle — kein kleines Dörfchen — war von den Partisanen in Besitz genommen worden. Die Aufklärungsabteilung der Division „Das Reich", deren Vormarschstraße dadurch blockiert war, konnte sie erst nach hartem Kampf zurückerobern. Sie verlor dabei 9 Tote und 30 Verwundete. Wegen dieser Opfer wurden jedoch keine Vergeltungsmaßnahmen getroffen. Als die deutsche Angriffsspitze am Morgen des 9. 6. 1944 in das Ortsinnere vordrang, fand sie vor einer Schule, die einer Einheit des III. Bataillons des Sicherungsregiments 95 (Heer) als Unterkunft gedient hatte, 52 getötete deutsche Soldaten vor. Weitere 10 Leichen deutscher Soldaten lagen an einer anderen Stelle. Die Toten wiesen schwere Verstümmelungen auf, und es erwies sich, daß viele nicht durch Erschießen, sondern auf andere Weise ums Leben gebracht worden waren. Nach den an Ort und Stelle getroffenen Feststellungen hatten sich die deutschen Soldaten den Partisanen ergeben und waren dann niedergemacht worden.

Wer sich in die Lage dieses Vormittags versetzt, wird nachempfinden, daß es nur zwei Möglichkeiten gab: entweder achselzuckend weiterzufahren oder Vergeltungsmaßnahmen anzuordnen. Diese Frage beantwortete sich nach klaren Befehlen:

37 a.a.O., S. 248.

planation does not carry much weight, when confronted with the way in which guilt is so often declared as if it had already been demonstrated.

In general, the question may be asked how regular troops ought to act and how they are forced to act when they face an enemy who does not wear any outer insignia for identification, and who may be disguised as a "harmless civilian" — or even as a nurse in uniform. The soldier is then faced by people, all of whom or none at all might be partisans. A horrible situation — for everyone concerned. This cannot be disregarded, particularly if one considers the actions of the 16th SS-Panzer-Grenadier-Division at the end of September in the area of Marzabotto. It might be added here that the commander of the Reconnaissance unit of this division, Walter Reeder, is still being held in Italian custody (Gaeta), i. e. more than 30 years after the end of the war.

The Waffen-SS is reproached with particular emphasis for two massacres in France: Oradour and Tulle.

Stein[37] reports that during the first months of 1944 the SS Division "Das Reich" aided the security troops stationed in Southern France in an action against French partisans. He goes on to say: "In the small village of Tulle alone, ninety-nine people — men and women — were hanged, and the SS operation soon became known as the "Blood and Ashes Action." The report gives the impression that this was an idyllic little village which an "SS action" destroyed in the most brutal fashion. However, in many ways, this description does not correspond to the truth.

What happened in Tulle did not occur because of a partisan action. The events which took place there were caused by a completely different situation. The division was on the march from the South of France to the Invasion Front, after the allied landing in Normandy (June 6th, 1944). Partisan activity had increased considerably with the commencement of the allied invasion; the rear of the German Front was threatened quite seriously by this activity. The town of Tulle — no little village — had been taken by the partisans. The Reconnaissance unit of the "Das Reich" Division, which found its way to the front blocked by the occupied town, was able to recapture it, but only after heavy fighting. Casualties were listed at nine dead and thirty wounded. No reprisal measures were taken, however, as a result of these losses. When the spearhead units of the German forces reached the center of the city on June 9th, 1944, they found fifty-two dead German soldiers in front of a school which had served as billets for a unit of the III. Bataillon of the 95th Security Regiment (Regular Army). The bodies of ten more German soldiers were found elsewhere. The dead men were badly mutilated and it was evident that many had not been killed by shooting but rather by other means. According to the facts which could be determined then and there, it was established that the soldiers had surrendered to the partisans and had then been killed.

A person who can put himself into the situation which prevailed on that morning will realize that there were only two possibilities open: either to shrug one's shoulders and keep on with the advance, or else order reprisal measures to be carried out. The orders which had been issued clearly stated what had to be done in such a case:

One June 8th, 1944, the Commander in the West, Field Marshal von Rundstedt, had announced to the troops: "The High Command of the Armed Forces has made the following decision: members of the French Resistance movement are to be treated as terrorists."

One the same day, the following order was issued by the LXVI. Reserve Army Corps, to which the SS-Division "Das Reich" was attached:

37 Stein, op. cit., p. 276.

Am 8. 6. 1944 hatte der Oberbefehlshaber West — Generalfeldmarschall von Rundstedt — der Truppe bekanntgegeben: „OKW hat entschieden: Angehörige der französischen Widerstandsbewegung sind als Freischärler zu behandeln." Am gleichen Tage hatte das LXVI. Reserve-Armeekorps, dem die SS-Division „Das Reich" unterstellt war, angeordnet:

„ . . . Rücksichtslose Härte in diesem kritischen Augenblick ist unerläßlich, um die Gefahr im Rücken der kämpfenden Truppe zu beseitigen und größere Blutopfer der Truppe und in der Zivilbevölkerung für die Zukunft zu verhüten."

Um jedes Mißverständnis zu vermeiden: dies war der Befehl eines Armeekorps des Heeres, kein „SS-Befehl". Schon am 3. 2. 1944 hatte der damalige Oberbefehlshaber West befohlen:

„ . . . Bei der Beurteilung des Eingreifens tatkräftiger Truppenführer ist die Entschlossenheit und Schnelligkeit ihres Handelns unter allen Umständen an die erste Stelle zu setzen. Schwer bestraft werden muß der schlappe und unentschlossene Truppenführer, weil er dadurch die Sicherheit seiner unterstellten Truppe und den Respekt vor der deutschen Wehrmacht gefährdet. Zu scharfe Maßnahmen können angesichts der derzeitigen Lage kein Grund zur Bestrafung sein . . ."

Es könnte der Gedanke aufkommen und die Vermutung geäußert werden, die in diesem Kapitel zitierten Befehle seien Ausdruck deutscher Verhaltensweise. Zur Klarstellung sei deshalb auch der Artikel 358 d der amerikanischen Landkriegsregeln wiedergegeben:

„Allgemein dürfen Streitkräfte oder die Bevölkerung zu Recht angemessenen Repressalien unterworfen werden. Geiseln, die zu dem erklärten Zweck der Sicherung gegen rechtswidrige Handlungen seitens der feindlichen Streitkräfte oder Bevölkerung genommen worden sind oder in Gewahrsam gehalten werden, dürfen getötet werden, wenn die rechtswidrigen Handlungen trotzdem begangen werden."

Angesichts der in Tulle angetroffenen Lage ordnete der Ic der Division „Das Reich" Strafmaßnahmen an. Es wurden *keine* Geiseln genommen, wie immer wieder behauptet wird. Unrichtig ist auch, daß Frauen in die Maßnahmen einbezogen wurden, wie Stein behauptet. Da Grund zu der Annahme bestand, daß ein Teil der Partisanen nicht hatte entkommen können, vielmehr in der Stadt untergetaucht war, wurden mit dem Präfekten und dem Bürgermeister von Tulle alle Ortsfremden, die als Partisanen verdächtigt wurden, aus der Bevölkerung herausgesucht. Nachdem 21 von ihnen wegen jugendlichen Alters freigelassen worden waren, wurden 99 Personen exekutiert.

Ein furchtbares Geschehen, furchtbar aber auch das, was voraufgegangen und deshalb Anlaß war. Wer Tulle ein Verbrechen der Waffen-SS nennt, sollte so fair sein, dabei auch zu berichten, wie es dazu kam. Er sollte auch ein Wort zur Rechtslage sagen. Ein Verbrechen auf deutscher Seite könnte nur dann behauptet werden, wenn der Standpunkt vertreten wird, das Massaker an 62 deutschen Soldaten sei eine ordnungsgemäße Kampfhandlung und ein kriegsrechtlich einwandfreies Handeln gewesen. Wer dies sagt, kommt nicht umhin hinzuzufügen, die französischen Partisanen hätten als *reguläre* Kämpfer im Einklang mit dem Kriegsrecht (Haager Landkriegsordnung) gekämpft. Nur unter dieser Voraussetzung läßt sich das deutsche Vorgehen als rechtswidrig qualifizieren. Letztlich werden sich zwei entgegengesetzte Rechtsstandpunkte gegenüberstehen; denn aus deutscher Sicht war die Tötung von Angehörigen der eigenen Streitkräfte rechtswidrig und dem Tatbestand nach Mord.

"It is necessary, in this critical time, to remove the danger in the rear of the fighting forces and to this end one must be ruthless and hard. This will also help to prevent greater sacrifices in the future among both the troops and the civilian population."

It should be pointed out for the sake of clarity that this was an order issued by an Army Corps; it was not an "SS order."
Already on February 3rd, 1944, the High Command on the Western Front had ordered:

". . . In any event, the decisiveness and speed with which zealous officers act is to be accorded prime importance when any judgment is to be passed on these officers. The lax and hesitant officer must be severely punished, because he endangers the troops entrusted to him; his behaviour also decreases the respect which is to be accorded the German Wehrmacht. In view of the present situation, very severe measures cannot be considered justification for punishment . . ."

The thought might occur to some that the orders cited in this chapter are representative of German mentality. Thus, for the sake of clarity, it might be appropriate to quote Article 358 d of the American Rules for Ground Warfare:

"In general, the armed forces or the civilian population may be subjected to legal reprisals. Hostages who have been captured or detained in custody for the declared purpose of serving as an insurance against illegal actions on the part of the enemy forces or population, may be killed if the illegal actions are nonetheless committed."

As a result of the situation encountered in Tulle, the 1st General Staff Officer of the "Das Reich" Division ordered reprisal measures to be carried out. *No* hostages were taken, as has been repeatedly maintained. It is also untrue that women were included in the reprisals, as Stein has claimed. Since there was reason to believe that some of the partisans could not have got out of the city, but were rather hiding within its confines, all non-inhabitants of the town who were suspected of being partisans were sought out from the population with the aid of the prefect and the mayor. After 21 of them were set free because of their age, 99 Persons were executed.

A frightful event, but what had preceded it and what brought it about was just as frightful. Anyone who claims that Tulle was a crime committed by the Waffen-SS should be fair enough to report what brought the whole business about. He should also say a few words on the subject of justice. It can only be asserted that the Germans committed a crime in Tulle if the view is taken that the massacre of 62 German soldiers was a regular battle action completely in accordance with the rules of war. The person who maintains this would have to add that the French partisans had fought as *regular* soldiers in accordance with the rules of war (Hague Convention). Only under these conditions can the German action be considered unlawful. In the final analysis, two completely opposed views of the law will clash; for the Germans considered the killing of members of its armed forces by partisans unlawful, and, according to the facts, murder.
The "case of Oradour" occurred in the midst of the conflict subsequent to the allied invasion. It, too, can be described as a reaction to an attack carried out by the French Resistance movement. In this case, however, a company leader of the "Das Reich" Division committed an excess which obliges one to share in the grief and sympathy for the victims. Nonetheless, it should be remembered that Oradour involved *one* company, whereas the "Das Reich" Division contained about 70 companies altogether.

Auch der „Fall Oradour“ steht inmitten des Kriegsgeschehens nach Beginn der Invasion, auch er kennzeichnet sich als eine Reaktion auf eine Aktion der französischen Widerstandsbewegung. Hier ist jedoch ein Kompanieführer der Division „Das Reich“ in einen Exzeß verfallen, der zu Bedauern und Mitgefühl für die Opfer verpflichtet. Es möge aber bedacht werden: In Oradour war *eine* Kompanie, die Division „Das Reich“ umfaßte jedoch rund 70 Kompanien!

Der Scheinwerfer

„Wo viel Licht ist, da ist auch viel Schatten“, sagt ein deutsches Sprichwort. Es muß auch für die Waffen-SS gelten. Ihre ehemaligen Angehörigen wenden sich nicht gegen die Anwendung dieser Weisheit auf sie, wohl aber dagegen, daß der Schatten überschwärzt, das Licht jedoch gebrochen und zum faden Schein gemacht wird. Es steht außer Zweifel, daß dies von vielen mit voller Absicht und methodisch betrieben wird. Schwerwiegende Nachteile für ungezählte ehemalige Soldaten dieser Truppe in Gestalt rechtlicher Schlechterstellungen, beruflicher Entwicklungs- und Aufstiegsbeschränkungen — z. B. in der Bundeswehr —, Chancenungleichheiten bis hin zur Diffamierung im privaten Bereich sind die Folgen gewesen. Es mag sein, daß diese Wirkungen nicht im vollen Umfange gewollt waren, von vielen sind sie jedoch in Kauf genommen oder grob fahrlässig verursacht worden.

Ausschlaggebend dafür war und ist nicht zuletzt, daß viele Abhandlungen und Untersuchungen sich allein mit der Waffen-SS befassen und der Scheinwerfer sich nur auf sie richtet. Deshalb sind andere nicht in ein gleich grelles Licht gerückt worden. Eine Ringsum-Ausleuchtung würde jedoch die Relationen aufzeigen und erhellen, daß anderwärts beim „Licht“ ebenfalls „Schatten“ sind. In Deutschland stößt dieser Gedanke auf Ablehnung, häufig sogar auf zornige Entgegnung, weil dies — so sagt man — zu einer unzulässigen Schuldaufrechnung führe. Diese Reaktion ist unverständlich; denn eine Betrachtung aller Schattenseiten hüben wie drüben braucht durchaus nicht zu einem „Ausgleich der Konten“ und zu einem „Null-Saldo“ zu führen. Sie würde indes deutlich machen, daß die Herausstellung des einen und die Ausklammerung oder Nichtbeachtung des anderen zu so ungleicher Belastung der Waagschalen führt, daß das historische Wägen in Inobjektivität und Unrecht endet.

Gegen die Soldaten der Waffen-SS ist auch vorgebracht worden, ihre Leistungen im Kriege seien auf „wilden Fanatismus“ zurückzuführen. Vielfach wurden sie negativer „Neigungen“ bezichtigt, oder ihre „Mentalität“ wurde ins Zwielicht gerückt. Bei einem so gezeichneten Menschenbild lagen Befürchtungen für ihr künftiges Verhalten nahe, und es fragt sich, ob sie sich bestätigt haben. Mit anderen Worten: Ist von den ehemaligen Soldaten der Waffen-SS nach dem Kriege eine Gefahr für Staat und Gesellschaft ausgegangen?

Auch darauf sollte der Scheinwerfer gerichtet werden. Denn die Wahrheit ist: Eine solche Gefahr ist von ihnen zu keiner Zeit ausgegangen! Kein Pistolenschuß ist von ihnen abgefeuert, keine Handgranate geworfen worden. Das haben Menschen anderer Mentalität und politischer Neigungen getan, sie nicht.

Sie haben sich in die Tafeln der Kriegsgeschichte eingemeißelt — wie Heinz Höhne es formuliert hat —, und sie haben im Frieden fest auf dem Boden der Wirklichkeit gestanden und die Pflichten eines Staatsbürgers treu und gewissenhaft erfüllt. Auch das gehört dazu — zu ihrem Bild.

In the spotlight

There is a German saying that “where there is much light, there are also many shadows.“ This also applies to the Waffen-SS. Its former members do not dispute the fact that this saying also holds true for them, but they do protest against the tendency to accentuate and overstate the “darker side,“ while at the same time playing down and belittling the “brighter side.“ There can be no doubt that this is done quite intentionally and methodically by many people. The consequences for innumerable soldiers of the Waffen-SS have been manifold: judicial iniquities, serious disadvantages in professional advancement and development — for example, in the Bundeswehr — discrimination to the point of defamation in the private sphere. It may be that these ramifications were not originally intended to the extent in which they have occurred, but they have been accepted by many or have been caused through carelessness.

In many respects, the element which has been decisive for this tendency and which remains so today is the fact that many works deal only with the Waffen-SS and cast the spotlight upon it alone. In this way, others are not caught in such a dazzling light. A complete illumination would show the actual state of affairs, and would illustrate that in other places, as well, there are to be found shadows as well as light. In Germany, such a suggestion is met with resistance and very often even occasions an angry rebuff, because some claim that this would lead to an inadmissible balance of guilt. This reaction is incomprehensible, for a consideration of the darker sides of all participants would not have to necessarily lead to a “balancing of accounts,“ or a “no-debit.“ It would make clear, however, that to emphasize one thing and exclude and ignore another tends to load the scale of justice unevenly and that the weighing of historical events is invalidated by the lack of objectivity and by injustice.

It has also been maintained that the achievements of the soldiers of the Waffen-SS are to be attributed to “wild fanaticism.“ They are often accused of negative “tendencies,“ or their “mentality“ is cast into an unfavourable light. As a consequence of this image, fears were expressed regarding their future behaviour (i. e. after the war), and it may be asked whether or not these fears were confirmed. In other words, has a danger to the state and society emanated from the ranks of the former of the Waffen-SS in the post-war period?

The spotlight should also be cast upon this subject. For the truth is: such a danger has never emanated from them at any time! Not one shot has been fired by them, no veteran of the Waffen-SS has thrown a hand-grenade in the post-war society. But this *has* been done by people with a different mentality and who adhere to other political theories. The men of the Waffen-SS have not engaged in such actions.

They have made their mark in the annals of the history of warfare, as Heinz Hoehne has maintained, and in peacetime they have remained firmly within the sphere of reality and have fulfilled their duties as citizens loyally and conscientiously. This, too, is part of their image!

Text of the oath

I swear to you Adolf Hitler as Fuehrer and Chancellor of the German Reich, loyalty and courage. I vow you and to the superiors appointed by you, obedience unto death, so help me God.

When everyone is disloyal, we will stay true,
So that there is always a standard-bearer for you on earth
You comrades of our youth, reflections of a better age,
Who ordained us to manly virtuousness and a patriot's death.

Never leave our sides; always be close to us,
True as the German oaks, as the moon and sunshine.
One day, our brothers will see clearly again,
And they will return to the fold in loyalty and love.

You stars with your peaceful downward gaze,
are our witnesses,
When all our brothers are silent and trust in false idols.
We do not wish to break our word nor turn into rogues,
We want to preach about and speak of the holy
German empire.

Text: Max von Schenkendorf, 1814

Vereidigung der SS-Verfügungstruppe

The SS Verfuegungs Troop take the oath

Wortlaut der Eidesformel

"Ich schwöre Dir, Adolf Hitler, als Führer und Kanzler des Reiches, Treue und Tapferkeit. Ich gelobe Dir und den von Dir bestimmten Vorgesetzten Gehorsam bis in den Tod, so wahr mir Gott helfe."

Wenn alle untreu werden

Wollt nimmer von uns weichen, uns immer nahe sein, treu wie die deutschen Eichen, wie Mond und Sonnenschein! Einst wird es wieder helle in aller Brüder Sinn, sie kehren zu der Quelle in Lieb und Treue hin.

Ihr Sterne seid uns Zeugen, die ruhig niederschaun, wenn alle Brüder schweigen und falschen Götzen traun. Wir woll'n das Wort nicht brechen, nicht Buben werden gleich, woll'n predigen und sprechen vom heil'gen deutschen Reich!

Worte: Max von Schenkendorf, 1814

1. Mai 1936 Lustgarten Berlin

May 1 1936 Lustgarten Berlin

Haupteingang der Kaserne der Leibstandarte SS „Adolf Hitler“ in Berlin-Lichterfelde-West — frühere Hauptkadettenanstalt

The main entrance of the barracks of the regiment Leibstandarte SS "Adolf Hitler" in Lichterfelde-West, Berlin. It was previously the main academy for military cadets.

Doppelposten der Leibstandarte vor dem Eingang der Reichskanzlei in Berlin in der Voßstraße

Double sentries of the Leibstandarte Regiment in front of the entrance to the Reichs Chancellery in Voss St., Berlin.

Wachablösung

Relieving the guard

Eingangstor zur Kaserne der SS-Standarte „Deutschland“ in München-Freimann

The entrance gate of the barracks of the regiment SS Standarte "Deutschland" in Freimann, Munich

Wache an den Ehrentempeln in München

Sentries on duty at the Temple of Honour in Munich

Haupttor der Kaserne der SS-Standarte „Germania" in Hamburg

The main gate of the barracks of the regiment "Germania" in Hamburg

Irgendwann durchschritt das Tor ein jeder zum erstenmal, hier hindurch wurde „eingezogen" und die Linie vom Zivil- zum Soldatenleben überschritten. Hier hatte der Tag durch den Zapfenstreich oder der Urlaub seinen Endpunkt. Hier geschah der Ausmarsch ohne oder mit Wiederkehr. Hier war mehr als ein Ablaufpunkt. Alle haben auf Posten gestanden, viele ihre „Lilli Marlen" erwartet und beim Ausmarsch oft genug ein letztes Mal gegrüßt. Jugendzeit vergoldet in der Erinnerung alles — auch diese großen Passierstellen der alten Soldaten.

At some time, each one of them walked through this gate for the first time. It was through here that each one came when called up for service and here that each one crossed the line from a civilian's life to that of a soldier. Here the day ended with the military tattoo, or leave of absence expired. From here they marched out, to return or never to return. It was more than just an entry and exit point. Each one had done sentry duty here. Many had waited for their "Lily Marlene" here, and often enough when marching out, bid her farewell for the last time. The time of one's youth seems golden in one's memory. And in this way old soldiers think back upon these great gates.

1. Kompanie „Germania" auf dem Marsch zum Truppenübungsplatz Munster-Lager 1937

The 1st Company of the regiment "Germania" marching to the training grounds of Munster-Lager in 1937

. . . und immer wieder auf Truppenübungsplätzen, deren Namen allen alten Soldaten bekannt sind: Regiment „Germania“. Vorbeimarsch auf dem Truppenübungsplatz Sennelager 1937

. . . again and again on the training grounds, the names of which are known to every old soldier. A march-past by the regiment "Germania" on the training grounds of Sennelager in 1937

MG-Stellung am Waldrand

A machine-gun position on the edge of a wood

Bespannte Maschinengewehr-Kompanie auf dem Truppenübungsplatz Döberitz 1939

A company with horse-drawn machine guns on the Doeberitz training grounds in 1939

1. Zug der 3. Kompanie „Germania“ mit Untersturmführer Krause (gefallen) 1935

1st Platoon of 3rd Company of the regiment "Germania" in 1935 with Untersturmfuehrer Krause who fell in action

Gepäckmarschmeisterschaften in Dresden 1937:
Das Ellwanger Bataillon IV./SS-„Deutschland“ marschiert, als bisher größte Mannschaft, nach einem Gepäckmarsch von 25 km in der hervorragenden Zeit von 3 h 35 min 55 sec in der Ilgenkampfbahn in Dresden durchs Ziel

The pack march championships in Dresden in 1937. The 4th Battalion from Ellwangen of the SS "Deutschland" Regiment, so far the largest contingent, marches past the winning post in the Ilgen stadium, Dresden, after a pack march of 25 kilometres in the outstanding time of 3 hours, 35 minutes and 55 seconds.

Vormachen ist alles!
Die Ausbildung entsprach den modernen Forderungen

You must show them how to do it!
The content of their training was dictated by modern requirements

„Jeder Soldat mußte ein Leichtathlet werden. Er mußte ebenso schnell laufen wie blitzschnell weit und hoch springen, weit werfen und schnell und ausdauernd marschieren können." (General Steiner in „Armee der Geächteten")

Every soldier had to become a light athlete. He had to run like lightning, be a high- and long jumper, throw a long way and be able to march swiftly and tirelessly (General Steiner in "The Outlaw Army")

Sportarena der Junkerschule Bad Tölz
und die Frontansicht mit Haupttor

The sports arena of the Junker school (i.e. for SS Officer trainees) in Bad Toelz
and a view of its front with the main gate

Pioniergerätekammer

Engineers' stores

Spinde ohne Schlösser!
Achtung vor dem Eigentum; Vertrauen zum Kameraden. Diese Grundsätze hielten später bis in den vordersten Graben. Die Truppe war stolz darauf. Hier hatte ihr Korpsgeist eine seiner Wurzeln.

Lockers without locks! Respect for private property; trust in one's comrades. These principles held good later in the most advanced front line trenches. The troops were proud of this. Here was one of the roots of their "esprit de corps".

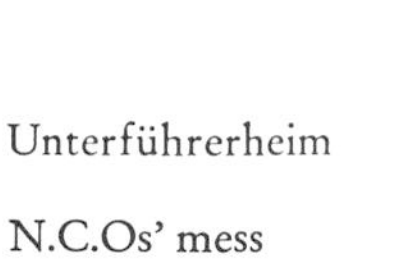

Unterführerheim

N.C.Os' mess

Übernahme des Schlosses
in Braunschweig
für die SS-Junkerschule
durch den ersten Kommandeur,
SS-Standartenführer
Paul Hausser,
im Juni 1935

The castle in Brunswick
is taken over for the SS
Junker school by the first
commander,
SS Standartenfuehrer
Paul Hausser, in June 1935

Absolventen der Junkerschulen (Kriegsschulen) werden Adolf Hitler in der Reichskanzlei vorgestellt

Graduates of the Junker schools (military academies) are presented to Adolf Hitler in the Reichs Chancellery

Parade des Regimentes „Deutschland“ — an der Spitze der Kommandeur SS-Standartenführer Felix Steiner

A parade of the "Deutschland“ Regiment — at the head, the commander, SS-Standartenführer Felix Steiner

„Ritter ohne Groll“

Knights bearing no ill-will

Ein Sprung, den der Achte skeptisch betrachtet

A leap which the eight man regards sceptically

Eid und Treue
ernst genommen

They take their oath
and their loyalty
seriously

Kasernentor in Unna

Barrack gates in Unna

51

Nachrichtenabteilung feiert Weihnachten in Unna

The Signals Battalion celebrates Christmas in Unna

Trompeterkorps
der Nachrichtenabteilung

The trumpet corps
of the Signals Battalion

Stallappell

Roll-call in the stables

8./SS „Deutschland"
auf dem Truppenübungsplatz
Königsbrück 1935

The 8th Battalion
of the SS "Deutschland"
Regiment in the Koenigsbrueck
training area, 1935

Ehrenwache
„Feldherrnhalle“ München
Ablösung der Posten

Changing the guard of honour
at the Feldherrn Hall in Munich
(a memorial to past generals
of the Bavarian army)

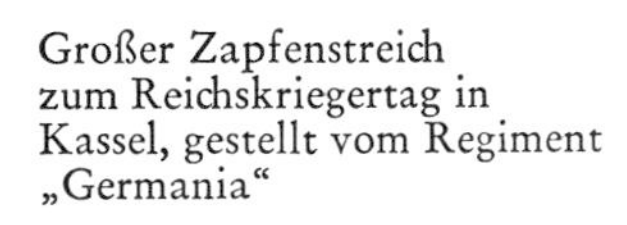

Großer Zapfenstreich
zum Reichskriegertag in
Kassel, gestellt vom Regiment
„Germania“

The SS "Germania" Regiment
performs a military tattoo
in Kassel on Reichskrieger
day (when military units
from all parts of the Reich
met together)

Wachkompanie
des Rgt. „Leibstandarte“
auf dem Obersalzberg

A guard company of the
Leibstandarte Regiment
on the Obersalzberg
mountain
(Hitler's mountain H.Q.)

5. Kompanie „Germania“
auf dem Truppenübungs-
platz Sennelager 1937

The 5th Company
of the SS "Germania"
Regiment on the
training grounds
of Sennelager in 1937

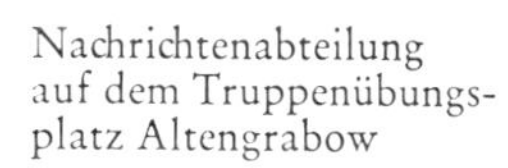

Nachrichtenabteilung
auf dem Truppenübungs-
platz Altengrabow

The Signals Battalion
on the Altengrabow
training grounds

II. Bataillon „Germania“
kehrt vom Manöver zurück.

Vorbeimarsch in Zug-
kolonnen in Arolsen

The 2nd Battalion
of the SS "Germania"
Regiment returns
from manoeuvres

A march-past in columns
by platoon in Arolsen

Unterkünfte der SS-Verfügungstruppe

The Quarters of the SS Verfuegungs Troop

Ellwangen/Jagst

Wolterdingen

Dresden

Radolfzell

Schönbrunn bei Wien

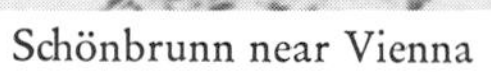

Schönbrunn near Vienna

Arolsen

Vorbeimarsch der Leibstandarte vor Adolf Hitler in Berlin

A march-past by the Leibstandarte in front of Adolf Hitler in Berlin

Ehrenkompanie des Regiments „Germania“ in Hamburg

A company of the "Germania“ Regiment is guard of honour in Hamburg

II./„Germania"
Marsch durch Kassel
Reichskriegertag

The 2nd Battalion of the "Germania" Regiment marches through Kassel on Reichskrieger day

Kranzniederlegung anläßlich des Mussolini-Besuchs (1937)
Ehrenkompanie unter Hauptsturmführer Rohde (gefallen)
1./SS-„Deutschland"

Laying of a wreath on the occasion of Mussolini's visit in 1937. The guard of honour under Hauptsturmfuehrer Rohde (killed in action) was from the 1st Battalion of the SS "Deutschland" Regiment.

Hauptsturmführer Karl Ullrich, Chef 3. Kp./Pionierbataillon Dresden
Fahnenbegleiter SS-Untersturmführer Bunse (†) und Blank (†)

Hauptsturmfuehrer Karl Ullrich, commander of the 3rd Company of the Pioneer Battalion, carrying the colours in Dresden, accompanied by Untersturmfuehrer Bunse (†) and Blank (†).

Der Präsentiergriff

Presenting arms

Eine Zigarettenlänge

Just time for a cigarette!

Der Ausgehanzug

The walking-out uniform

Repräsentation
und Protokoll

Representative
and protocol duties

Doppelposten
vor dem Arbeitszimmer
Adolf Hitlers

Double sentries
outside Hitler's study

Einmarsch in das Sudetenland, September 1938

Marching into the Sudetenland, September 1938

Die Leibstandarte auf dem Wenzelsplatz in Prag, März 1939

The Leibstandarte in Wenceslas Square, Prague, in March 1939

Heimwehr Danzig

Danzig Home Guard

Befehl des Führers und Reichskanzlers vom 19. 8. 1939 an das Oberkommando der Wehrmacht:
„Die Truppenteile der SS-Verfügungstruppe werden mit sofortiger Wirkung dem Oberbefehlshaber des Heeres unterstellt. Ihre Verwendung regelt der Oberbefehlshaber des Heeres nach den von mir gegebenen Weisungen."
Dieser Befehl galt bis zum Kriegsende.

On 19. 8. 1939 the Fuehrer and Reichs Chancellor issued the following order to the Supreme Command of the Armed Forces: "With immediate effect, units of the SS Verfuegungs Troop are placed under the command of the Commander in Chief of the Army. The Commander in Chief shall direct how they shall be employed in accordance with instructions given by me."
This order prevailed until the end of the war.

POLENFELDZUG 1939

Im Polenfeldzug erhielt die Waffen-SS ihre Feuertaufe. Es ist immer ein mißlich Ding, eine junge Truppe zum ersten Male an den Feind zu führen; es bedarf besonderer Einsicht und Erfahrung der Führer. Wo sie gefehlt hat, gab es kritische Lagen. Sie wurden aber überall überwunden.

Im Sommer 1939 wurde die Masse der Verfügungstruppen auf dem Seewege nach Ostpreußen überführt, wo unter Generalleutnant Kempf (Heer) eine gemischte Panzerdivision aufgestellt wurde. Dazu gehörten von der Waffen-SS das Regiment „Deutschland", die Aufklärungsabteilung, das Artillerieregiment, die Nachrichtenabteilung sowie behelfsmäßige Nachschubverbände; das Heer stellte den Divisionsstab, das Panzerregiment 7 und ein Pionierbataillon.

Die Aufstellung des Artillerieregiments war gerade unter Hansen abgeschlossen. Ohne die Unterstützung der Artillerieinspektion des Heeres und der Artillerieschule wäre es so schnell nicht gelungen. Das Regiment hat seine Aufgaben im Polenfeldzug gelöst.

An einen Krieg dachte zunächst niemand, da die 25jährige Wiederkehr des Tages von Tannenberg bevorstand.

Eine Auseinandersetzung mit Polen schien vielen unvermeidlich, wenn sie auch auf friedlichem Wege erhofft wurde.

So kam der Einmarsch am 1. September 1939 — zunächst um eine Woche verschoben — überraschend. Er erfolgte konzentrisch aus Schlesien — hier lag der Schwerpunkt der Heeresgruppe von Rundstedt — und aus Ostpreußen. Während die äußersten Flügel aus Oberschlesien und Ostpreußen (14. und 3. Armee) weitausholend den Ring schließen sollten, stießen die 10. und 8. Armee aus Schlesien im Verein mit der 4. aus Pommern zur Vernichtung der polnischen Kräfte auf Warschau vor.

Auf dem rechten Flügel war das Regiment „Germania" bei der 14. Armee eingesetzt. Es besetzte das polnische Industrierevier und stieß bis in den Raum von Lemberg vor. Hier kam es zu schweren Kämpfen, die zu ernsten Krisen führten. (Bataillonskommandeur Köppen gefallen.) Es zeigte sich hier besonders, daß einzelne Regimenter ohne eigenen Divisionsverband im Rahmen fremder Truppenteile meist Aufgaben bekamen, die sie nicht oder nur schwer lösen konnten, da die Mittel der Unterstützung fehlten.

Die SS-Leibstandarte „Adolf Hitler" trat in der 10. Armee (v. Reichenau) aus Schlesien über Kreuzburg-Pitschen in nordöstlicher Richtung an.

Nach Gefechten an der Grenze und bei Pabjanice wirkte sie an der Schließung des Kessels von Kutno mit und kämpfte an der Bzura, wohin die abgeschnittenen polnischen Kräfte aus dem Raume Posen nach Süden gegen die Flanke der Deutschen einen verzweifelten Angriff richteten. Anschließend stieß das Regiment gegen Warschau vor und sperrte die Festung Modlin auf dem Südufer der Weichsel.

Hier war auch das SS-Pionierbataillon eingesetzt, das von Tschenstochau aus angetreten war und später eine Brücke über die Weichsel bei Opatowka schlug.

Die gemischte „Panzerdivision Kempf" mit der Masse der SS-Verfügungstruppe drang in der Heeresgruppe v. Bock, 3. Armee v. Küchler, in die feindliche Bunkerstellung bei Mlawa ein, wurde dann herausgezogen und hinter dem erfolgreichen Stoß der Panzer Guderians über Neidenburg angesetzt. Sie

THE POLISH CAMPAIGN OF 1939

The Waffen SS received its baptism of fire in the Polish Campaign. It is always critical, leading young troops against the enemy for the first time. It needs special understanding and experience on the part of the commander. Where these were lacking, crises arose. But everywhere they were overcome.

In the summer of 1939, the main body of the Verfuegungs Troop were transported by sea to East Prussia, where a mixed (Army and SS) Panzer armoured division was drawn up under Lieutenant-General Kempf of the Army. The Waffen SS contributed the "Deutschland" Regiment, the Reconnaissance Battalion, the Artillery Regiment and the Signals Battalion as well as some auxiliary supply troops. The Army provided the divisional staff, the Panzer Regiment 7 and an Engineers Battalion.

Hansen (of the Waffen SS) directly supervised the formation of the Artillery Regiment. Without the support of the Army's artillery supervisors and the artillery schools, this would not have been completed so quickly. The regiment functioned well in the Polish Campaign.

At first, nobody thought that war was in the offing, since the 25th anniversary of the Day of Tannenberg was at hand (when the Germans under Hindenburg defeated the Russians at Tannenberg in Poland).

A dispute with Poland seemed inevitable but it was hoped that it could be handled peacefully.

So the march on Poland on September 1, 1939 — at first postponed for a week — came as a surprise. It started from concentric points in Silesia where the main concentration of von Rundstedt's Army Group was — and in East Prussia. While the 14th and 3rd Armies, the outer flanks, had the job of completing an encirclement with wide sweeps out of East Prussia and Upper Silesia, the 10th and 8th Armies advanced on Warsaw from Silesia in conjunction with the 4th Army advancing from Pomerania with the purpose of destroying the Polish forces.

The "Germania" Regiment went into action as part of the 14th Army on the right flank. It occupied the industrial zone of Poland and advanced into the Lemberg area where there was heavy fighting, producing some serious crises. (The Battalion Commander Koepp was killed.) Here it became obvious that individual regiments which were incorporated into other units and unsupported by their own division, were on the whole unable to carry out the assignments they received or could carry them out only with difficulty because they did not have the necessary back-up facilities.

The Leibstandarte SS "Adolf Hitler" Regiment as part of von Reichenau's 10th Army, advanced from Silesia in a north-easterly direction over Kreuzberg and Pitchen.

After fighting on the frontier and at Pabianice, it helped to close the cauldron of Kutno and then fought on the River Bzura where the isolated Polish forces in the Posen area, were launching a desperate attack against the German flank. Afterwards the Regiment advanced on Warsaw and cut off the fortress of Modlin on the south bank of the River Weichsel.

The SS Engineers Battalion which had arrived from Tschenstochau, was also engaged here and later built a bridge over the River Weichsel at Opatowka.

The mixed Panzerdivision "Kempf" containing the mass of the SS Verfuegungs Troop, was part of von Bock's Army Group in von Kuechler's 3rd Army. It broke through the enemy bunker position at Mlawa, was then withdrawn and sent into action in the wake of the successful thrust by Guderian's tanks through Neidenburg.

stieß kämpfend über Praschnitz vor, überschritt den Narew bei Roshan, den Bug bei Brok und erreichte über Zelechow den Raum ostwärts der Weichselfestung Deblin. Die Kämpfe waren, meist mit offener Flanke, schwer und nicht ohne Krisen. Zum Schluß kämpfte die Division gegen durchgebrochene Feindkräfte mit Front nach zwei Seiten, der Divisionsstab dicht hinter der vordersten Linie.

Die obere Führung befürchtete einen Durchbruch der polnischen Kräfte aus dem Festungsraum Modlin—Warschau nach Norden. Da hier die eigenen Kräfte schwach waren, wurde die Division zurückgeholt und zum Angriff auf Modlin angesetzt. Die Festung wurde mit ihren Außenforts im Sturm genommen.

Nach knapp drei Wochen war die große Vernichtungsschlacht an der Weichsel geschlagen.

Nach der polnischen Kapitulation wurde die Division nach Neidenburg zurückgeführt, wo sie aufgelöst wurde, um die Bildung einer eigenen SS-Division zu ermöglichen.

Der Einsatz des 1938 neu aufgestellten Regiments „Der Führer“ erfolgte an der Oberrheinfront Breisach—Freiburg im Westwall.

Die Totenkopfverbände führten eine örtliche Aktion im Ascher-Zipfel durch und stellten die Heimwehr Danzig auf.

(Aus: Paul Hausser, „Waffen-SS im Einsatz“)

They made a fighting advance through Praschnitz, crossed the River Narew at Roshan and the River Bug at Brok and reached the area to the east of the fortress of Deblin on the River Weichsel by way of Zelechow. They were hard battles, fought mostly with an open flank and not without crises points. At the end, the Division was fighting against the enemy who had broken through, on two fronts, with the Divisional Headquarters close behind the front line.

The High Command feared a breakthrough of enemy forces northwards out of the defensively held Modlin-Warsaw area. As their own forces were weak here, the Division was brought back and sent in to attack Modlin. The fortress with its outlying forts was taken by storm.

After just three weeks, the great battle of attrition on the River Weichsel was over.

After the Polish capitulation the Division was taken back to Neidenburg where it was dissolved in order to make possible the formation of a proper SS division.

In 1938, the newly formed "Der Fuehrer" Regiment was given the task of manning the West Wall on the upper Rhine front from Breisach to Freiburg (the defensive fortifications along Germany's western frontier).

The Totenkopf units carried out a local action in Ascher-Zipfel and set up the Home Guard force of Danzig.

(From: Paul Hausser, "Waffen-SS im Einsatz")
("Waffen SS in Operation")

Leibstandarte im Kampf in Socharzow

The Leibstandarte fighting in Socharzow

67

Mit vereinten Kräften durch die Furt

A combined effort to cross the ford

3,7-cm-Panzerabwehr der „Heimwehr Danzig“

The Danzig Home Guard with a 3.7 cm anti-tank gun

Anerkennung nach dem „Feldzug der 18 Tage“ durch Adolf Hitler

Recognition of their achievement by Adolf Hitler after "The 18 Day Campaign"

HOLLAND — FRANKREICH

Auseinandersetzung im Westen 1940

Sie begann am 10. Mai 1940 mit der deutschen Offensive der Heeresgruppe v. Bock — hier zwei Divisionen der Waffen-SS — durch Holland und Belgien und der Heeresgruppe v. Rundstedt südlich davon mit dem Durchbruch und Vorstoß nördlich der Somme bis zur Küste.

Die rechte Flügelarmee, die 18., bei der sich die Leibstandarte SS „Adolf Hitler" und die SS-Verfügungsdivision befanden, war besonders schwach. Trotzdem löste aber ihr Vorstoß durch Holland und Belgien den vorbereiteten alliierten Plan aus, mit dem französisch-englischen starken Nordflügel aus Flandern dem Gegner entgegenzumarschieren. Er verhalf damit dem deutschen Hauptstoß zum Erfolg. Zur Wegnahme Rotterdams und der langen Waalbrücke bei Moerdyk wurden Fallschirmjäger und Luftlandeeinheiten unter General Student eingesetzt.

Die Bereitstellung der Leibstandarte SS „Adolf Hitler" erfolgte westlich Osnabrück um Rheine. Der Vormarsch vollzog sich am 10. Mai 1940 in mehreren Kolonnen südlich der Ijssel-See bis Zwolle—Barneveld—Arnheim und wurde dann südlich des Waals über Herzogenbusch—Moerdyk fortgesetzt. Zusammen mit den Fallschirmjägern nahm die Leibstandarte SS „Adolf Hitler" Rotterdam und stieß bis Amsterdam—Den Haag vor. Sie wurde dann herausgezogen, über die Maas und Valenciennes der 6. Armee und dann der Panzergruppe v. Kleist nachgeführt. Sie stieß bis zum 22. Mai über Arras—Boulogne zum Meere vor.

Beim Angriff auf die auf Dünkirchen ausweichenden englisch-französischen Kräfte griff sie — dem Panzerkorps Guderian unterstellt — am 24. Mai von Westen an, nahm Watten und schränkte den feindlichen Brückenkopf nach heftigen Kämpfen um Esquelbek—Warmhout ein, nachdem das Anhalten der Panzerverbände an der Aa durch die Oberste Führung endlich widerrufen war. Bei diesen Kämpfen am 25. Mai entging Sepp Dietrich nur mit Mühe der Gefahr, bei einer persönlichen Erkundung in Feindeshand zu fallen.

Nach kurzer Ruhe im Raum Calais wurde das Regiment über Cambrai zum Angriff der 6. Armee über die Somme bei Peronne bereitgestellt. Es kam zu Kämpfen im Raume Ham—La Fère—Laon; die Marne wurde bei Château-Thierry, die Seine bei Provins gekreuzt. Anschließend Vorstoß über Sens—Auxerres—Nevers. Angriff auf Moulins südlich der Loire und weiteres Vorgehen über Clermont—Vichy—Roanne bis St. Etienne südwestlich von Lyon.

SS-Verfügungsdivision: Bereitstellung um Wesel

Eine Kampfgruppe, das verstärkte Regiment „Der Führer", war an das Generalkommando X abgegeben. Sie stürmte am Grebbeberg die stark verteidigte Grebbe-Linie und stieß bis Amsterdam—Harlem vor.

Die Masse der Division, im Rahmen des XXVI. Korps, trat hinter der 9. Panzerdivision (Heer) über die Maas auf Goch—Herzogenbusch—Breda südlich des Waals an. Zahlreiche Wasserläufe, deren Brücken zerstört waren, stellten Führung und Truppe vor schwierige Aufgaben. Zu Zusammenstößen mit Holländern und Franzosen — Teile der 7. französischen Armee, die aus dem Raum Dünkirchen über Antwerpen bis Breda vorstießen — kam es erst westlich Rysbergen. Teile der Division sicherten dann nördlich Antwerpen gegen diese Festung, während das verstärkte Regiment „Deutschland" bis

HOLLAND—FRANCE

Confrontation in the West 1940

It began on May 10, 1940 with the German offensive of von Bock's Army Group — containing 2 Waffen SS divisions — through Holland and Belgium: and to the south of them, von Rundstedt's Army Group which broke through and advanced northward from the River Somme to the coast.

The right-wing army which was the 18th Army containing the Leibstandarte SS "Adolf Hitler" and the Verfuegungs Troop Division, was not at all strong. Nevertheless its advance through Holland and Belgium precipitated the Allies into committing the strong north flank of the French and English forces from Flanders against the enemy according to their already prepared plan, thus helping the main German thrust to success. To capture Rotterdam and the long bridge at Moerdyk over the River Waal, paratroops and glider units under General Student were used.

Preparatory to the above engagement, the Leibstandarte SS "Adolf Hitler" had been drawn up near Rheine west of Osnabrück. On May 10, 1940, it advanced in several columns along the south of the Zuider Sea through Zwolle, Barneveld and Arnhem and continued south of the River Waals over s'Hertogenbosch and Moerdyk. Together with the paratroops, the Leibstandarte SS "Adolf Hitler" took Rotterdam and pushed through to Amsterdam and The Hague. It was then brought back to the River Maas and then Valenciennes, attached to the 6th Army and then to von Kleist's Panzer Group. After this and up to May 22, it advanced through Arras and Boulogne to the sea.

It then became part of Guderian's Panzer Corps and on May 24, attacked from the west in the assault on the French and English forces who were withdrawing to Dunkirk. It captured Watten and contained the enemy bridgehead after heavy fighting around Esquelbeck and Warmhout, after the Supreme Command had finally reversed its order halting the tank units at the River Aa. During the fighting on May 25, Sepp Dietrich escaped falling into enemy hands only with difficulty, while on a personal reconnaissance.

After a short rest in the Calais area, the Regiment was reassembled near Cambrai to take part in the 6th Army's attack across the Somme at Peronne. There was fighting in the Ham, La Fère, and Laon area. The Marne was crossed at Chateau-Thierry, the Seine at Provins. It then pushed through Sens and Auxerres to Nevers. It attacked Moulins south of the Loire and pushed on over Clermont, Vichy and Roanne to St. Etienne, south-west of Lyon.

SS Verfuegungs Troop: Division forms up in the Wesel area

The "Der Fuehrer" Regiment was strengthened and put under the command of the X Corps Headquarters. At Grebbeberg, it stormed the strongly defended Grebbe Line and pushed through to Amsterdam and Harlem. The main body of the Division as part of the XXVI Corps, followed the 9th Armoured Division of the Army over the Maas to Goch, s'Hertogenbosch and Breda south of the River Waals. Numerous canals, the bridges of which had been destroyed, provided both the command and the troops with some difficult work. Its first encounter with the Dutch and the French, namely parts of the 7th French Army which had advanced from the Dunkirk area over Antwerp and Breda, took place west of Rysbergen. Part of the Division operated north of Antwerp to contain this enemy strongpoint, while the strengthened "Deutschland" Regiment pushed through to the North Sea and occupied

zur Nordsee vorstieß und Vlissingen besetzte. Diese Kämpfe waren schwer, da die Halbinsel Beverland als vorbereitetes Vorfeld der Festung Antwerpen mit ihren Überschwemmungen und Verminungen ein Vorgehen nur auf den wenigen dammartigen Straßen erlaubte. Der zwei Kilometer lange Damm zur Insel Walcheren durch das Wattenmeer konnte nur mit Stuka-Unterstützung bezwungen werden. Diese Kämpfe dauerten bis zum 17. Mai, obwohl Holland selbst schon am 14. Mai kapituliert hatte. Nach den Erinnerungen Churchills hat hierbei das französische XVI. Korps schwer gelitten.

Unmittelbar anschließend wurde die Division herausgelöst und über Huy—Givet—Hirson durch Belgien nach Flandern zur 4. Armee und dann zur Panzergruppe v. Kleist in anstrengenden Nachtmärschen verlegt und am 21. Mai zur Abwehr der englisch-französischen Durchbruchsversuche aus der Gegend Arras nach Süden beschleunigt herangezogen.

Beim weiteren Vorstoß nach Norden übernahm die Division den Schutz der rechten Flanke gegen die aus Belgien nach Westen den Durchbruch versuchenden Feindkräfte. Nach Unterstellung unter das XXXXI. Panzerkorps, Reinhardt, kam es zu schweren Kämpfen vom 23. bis 25. Mai an der Lys und am La Bassé-Kanal bei Estre, Aire und St. Venant. Eine besonders harte Aufgabe war der Kampf um den Wald von Nieppe vom 27. bis 29. Mai, besetzt durch zäh kämpfende Engländer, die alle Übergänge über die zahlreichen Gräben des Waldes durch Panzer gesperrt hatten. Dies führte zu harten Nahkämpfen.

Das Zusammendrängen der von Ost und Süd zur Küste vorstoßenden deutschen Kräfte veranlaßte das Herauslösen der Division im Raum Hazebrouck—Cassel.

Nach kurzer Ruhepause erfolgte der Aufmarsch südostwärts Arras zum Angriff über die Weygand-Linie gegen die Reste der französischen Armee, die südlich des großen Durchbruchskeils stehengeblieben waren. Die Division trat zur 6. Armee, v. Reichenau, zunächst zum XVI. Korps, dem auch das Artillerieregiment zur Vorbereitung des Einbruchs unterstellt wurde. Der Angriff erfolgte am 5. Juni, die Division in der zweiten Welle. Nach Überschreiten der Somme stieß die Division in der Nacht dicht an der offenen feindlichen Flanke vorbei tief in den Rücken des Gegners. Es kam zu Kämpfen gegen diesen Feindflügel und später an der Avre bei Guerbigny. Der Durchbruch der Panzergruppe Guderian weiter östlich in der Champagne veranlaßt das Herauslösen der Division zum Einsatz im Verbande des XVI. Panzerkorps, v. Wietersheim, Panzergruppe v. Kleist — zum Vormarsch über Soissons, über die Marne und Seine auf Troyes. Südlich davon kam es am 16. Juni zu den letzten schweren Kämpfen gegen die vor dem Angriff der südlichen Heeresgruppe v. Leeb aus der Maginot-Linie nach Westen ausbrechenden Franzosen. Trotz vorübergehender Krisen stieg die Gefangenenzahl auf über 30 000. Der Vorstoß endete bei Le Creusot.

Am 21. Juni marschierte die Division, gefolgt von der SS-Totenkopfdivision, über Orléans—Tours—Poitier—Angoulême—Bordeaux bis zur spanischen Grenze (27. Juni). (Letzter Tagesmarsch 380 Kilometer.) Die Reste der französischen Armee wurden entwaffnet.

Nach Abschluß der Kapitulation übernahm die Division die Sicherung an der Biskaya und an der Demarkationslinie. Nach wenigen Tagen Erholung wurde die Division wieder nach Holland verlegt, Ende des Jahres in den Raum Vésoul.

Die SS-Totenkopfdivision wurde um Köln bereitgestellt und stieß hinter der 6., dann der 4. Armee längs der Maas durch Belgien über Megières—Le Cateau—Cambrai auf Arras vor, wo die Abwehr feindlicher Panzerangriffe am 21. Mai 1940

Flushing. The fighting here was hard, since the Beverland peninsular which formed the approaches to the strongpoint of Antwerp, had been defensively prepared by means of flooding and minefields and this made advance possible only along the few dyke roads. The 2 kilometre long dyke to the island of Walcheren through the mud flats was only captured with the help of Stuka dive-bomber support. These battles lasted up to May 17, although Holland itself had already capitulated on May 14. The French XVI Corps suffered heavily here, according to Churchill's Memoirs.

Directly after this, the Division was withdrawn and brought by tiring night marches through Belgium over Huy, Givet and Hirson to Flanders. It was attached to the 4th Army and then to von Kleist's Panzer Group and hurriedly sent southwards on May 21 to counter attempts by the French and English to break out of the area around Arras.

Then it turned northwards and took over the protection of the right flank against enemy forces which were trying to break out of Belgium westwards. It then came under Reinhardt's XXXXI Panzer Corps and was involved in some heavy fighting from May 23 to May 25 on the River Lys and La Bassée Canal at Estre, Aire and St. Venant. A particularly hard task was the battle for the Nieppe wood, from May 27 to May 29, which was occupied by English troops fighting tenaciously, who had blocked every crossing-point over the numerous ditches in the wood with their tanks. This led to hard close-combat fighting.

The increasing concentration of German forces advancing towards the coast from the south and the east, allowed the Division to disengage in the Hazebrouck and Cassel area.

After a short rest, it marched south-east of Arras over the Weygand Line to attack the remainder of the French army which had come to a standstill to the south of the large wedge-shaped break-out. The Division was attached to von Reichenau's 6th Army, at first to the XVI Corps which also had the Artillery Regiment under its command in preparation for the attack. The attack took place on June 5. The Division went in the second wave. After crossing the Somme, the Division broke through the open opposing flank during the night and thrust deep into the rear of the enemy. A battle developed with this enemy flank and later there was fighting on the River Avre at Guerbigny. The breakthrough of Guderian's Panzer Group farther east in the Champagne, allowed the Division to disengage so that it could go into action as part of the XIV Panzer Corps under von Wietersheim in von Kleist's Panzer Group. It marched through Soissons and over the Marne and Seine to Troyes. South of this point, the last heavy fighting occurred on June 16 against the French who were breaking out of the Maginot Line westwards in face of the attack by von Leeb's Army Group from the south. In spite of some temporary crises, over 30,000 prisoners were captured. The attack finished at Le Creusot.

Starting on June 21, the Division, followed by the SS "Totenkopf" Division, marched via Orléans, Tours, Poitier, Angoulême and Bordeaux reaching the Spanish frontier on June 27. The last day's march was 380 kilometres. The remains of the French Army were disarmed.

After the capitulation was concluded, the Division took over the defence of the Bay of Biscay and the demarcation line of Vichy France. After a few days of rest, the Division was returned to Holland, again finishing the year near Vésoul.

The SS "Totenkopf" Division formed up in the Cologne area and advanced following the 6th and then the 4th Army along the River Maas through Belgium over Megières, Le Cateau and Cambrai to Arras where it repulsed an enemy tank attack on May 21, 1940, which resulted in some serious fighting and crisis situations. The thrust to the sea, to encircle the English and French forces, led to

ernste Kämpfe und Krisen auslöste. Der Vorstoß zum Meere zur Einkesselung der englisch-französischen Kräfte führte zur Abwehr und Angriff am La Bassé-Kanal und Béthune, dann bei Armentières und Bailleul unter dem XVI. Panzerkorps im Rahmen der Schlacht von Dünkirchen.

Nach kurzem Einsatz im Küstenschutz um Gravelines wurde die Division zum Kampf um die Weygand-Linie im Raum Péronne herangezogen. Die Kämpfe unter dem XIV. Panzerkorps dehnten sich bis zur Seine und Loire aus, die Verfolgung bis nördlich Lyon. Anschließend Verschiebung hinter der SS-Verfügungsdivision zum Küstenschutz von der Garonne bis zur spanischen Grenze und Sicherung an der Demarkationslinie.

Die Polizeidivision wurde von der Oberrheinfront auf Paris vorgezogen. Auch sie kam zu einem Gefechtseinsatz.

(Aus: Paul Hausser, „Die Waffen-SS im Einsatz")

Karte: Westlicher Kriegsschauplatz im Anhang

some defensive fighting and then an attack at La Bassée Canal and Béthune, followed by a similar attack at Armentières and Bailleul, where it was under the command of the XVI Panzer Corps for the Battle of Dunkirk.

After a short stretch of coastal defence around Gravelines, the Division was withdrawn to be sent into battle on the Weygand Line in the Peronne area. It was under the command of XIV Panzer Corps. Fighting extended as far as the Seine and the Loire, and the enemy was pursued to just north of Lyon. After this, the Division was sent to join the SS Verfuegungs Troop Division, guarding the coast from Garonne to the Spanish border and also the Vichy demarcation line.

The Polizei Division was moved from the Upper Rhine front to Paris. It too engaged in active operations.

(From: Paul Hausser, "Waffen-SS im Einsatz")
("Waffen SS in Operation")

Map: The western theatre of war in the Appendix

„Wo wir sind,
da ist immer vorne . . ."
so singt die Kompanie
nicht nur . . .

"Wherever we are,
it is always up the
front . . ."
and the company
does not just
sing this . . .

Panzerjäger begleiten
die vordersten Teile
und brechen Widerstand,
wo immer er auftritt

Anti-tank troops
accompany the forward
units and smash
resistance whenever
it occurs.

Seit Tagen
dem Gegner
auf den Fersen

For days,
on the enemy's
heels.

Schnelle Kradschützen
der Aufklärungs-
Abteilungen

Fast motorcycle troops
of the reconnaissance
battalion

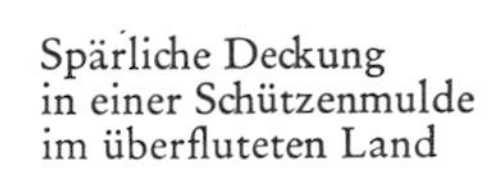

Spärliche Deckung
in einer Schützenmulde
im überfluteten Land

Slight protection in a slit
trench in flooded
countryside

Getarnt in aufmerksamer
Bereitschaft

Camouflaged
and in watchful
readiness

Deckung
hinter erbeutetem Panzer

Cover behind
a captured tank

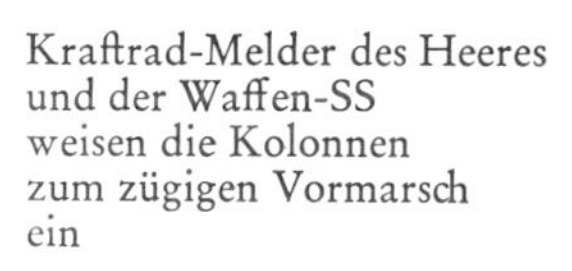

Kraftrad-Melder des Heeres
und der Waffen-SS
weisen die Kolonnen
zum zügigen Vormarsch
ein

Dispatch riders of the
Army and the Waffen SS
direct the uninterrupted
forward march of the
columns

Woher kommt das Feuer?

Where did the firing come from?

Adjutant gefallen

The adjutant killed

Durchkämmen; Grenadiere mit Gasplane, die nie gebraucht wurde

Combing the houses; grenadiers with anti-gas coveralls which were never used

Die ersten im Ort

The first ones in the village

„Ich hat einen Kameraden . . .“

“I had a comrade . . .“

Pioniere werden eingewiesen

Engineers are briefed

Bataillonsgefechtsstand mit SS-Sturmbannführer Dr. Wim Brandt (gef.)

Battalion H.Q. with SS Sturmbannführer Dr. Wim Brandt (killed in action)

Munitionsschütze

Ammunition soldier

mit „Kragen“

with “collar“

Sie konnten auch behutsam sein

They could also be gentle

Vorbei an notgelandeter Ju 52, die Fallschirmjäger abgesetzt hatte, rollt die Leibstandarte, um die vorausgeworfenen Soldaten der Luftwaffe wieder aufzunehmen

A Junkers 52, which has offloaded paratroops, has made a forced landing. The Leibstandarte rolls by on its way to pick up the airborne soldiers who have just been dropped.

5. Kompanie der Leibstandarte in Rotterdam

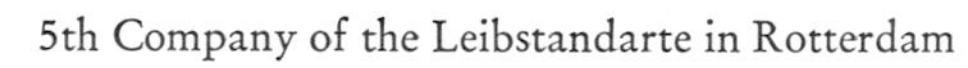

5th Company of the Leibstandarte in Rotterdam

Pioniere der Totenkopfdivision beim Bau einer Behelfsbrücke

Engineers of the "Totenkopf" Division build an emergency bridge

Deckung unter dem abgeschossenen Feindflugzeug

Taking cover under an enemy aeroplane which has been shot down

Ein Verwundeter des Regiments „Germania“

A casualty from the “Germania“ Regiment

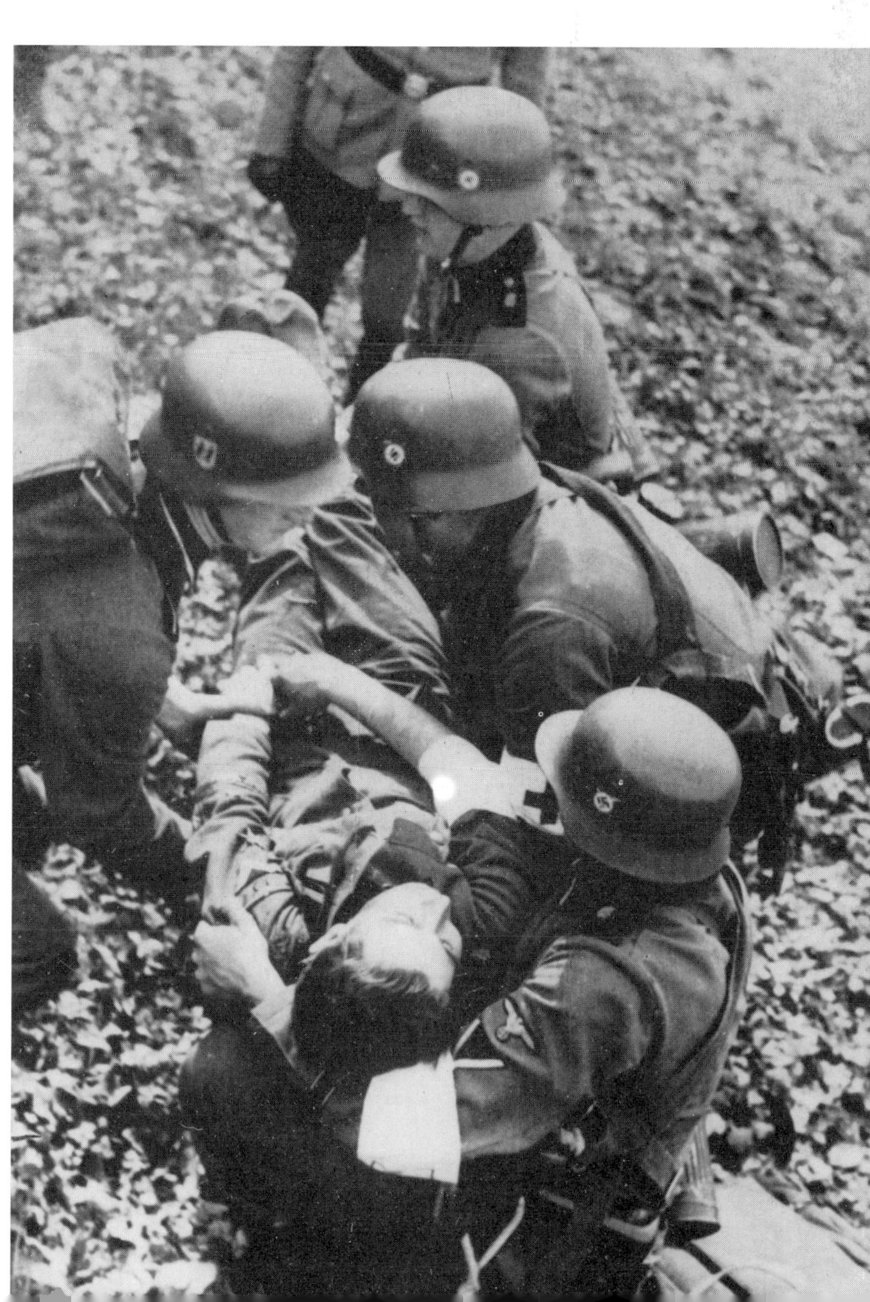

Ein Verwundeter der Leibstandarte wird geborgen

A casualty from the Leibstandarte is brought to safety

Wort- und Bildberichter der Kriegsberichter-Kompanie begleiten die Truppe

Photographers and reporters of the War Correspondents Company accompany the troops

Männer der Totenkopfdivision fahren sichernd durch eine Ortschaft . . .

Arms at the alert, men of the "Totenkopf" Division drive watchfully through a village

. . . und greifen nach Widerstand an

and attack when they meet resistance

Höchste Wachsamkeit auch bei den Männern der SS-V-Division (Verfügungstruppe), der späteren Division „Das Reich“

The height of watchfulness on the part of the men of the SS V-Division (the Verfuegungs Troop) later the "Das Reich" Division

„Der Westfeldzug 1940 war ein Markstein in der Entwicklung der Waffen-SS. Zum ersten Male fochten SS-Truppen in Divisionsstärke unter dem Befehl ihrer eigenen Offiziere und sicherten durch ihre Leistungen der Waffen-SS einen dauernden Platz als de facto viertem Wehrmachtsteil. Viele weitere Feldzüge sollten für die Waffen-SS folgen, ihre glorreichsten Jahre lagen noch vor ihr; aber in Holland und Frankreich begann die Waffen-SS im Mai und Juni 1940 sich jenes Ansehen zu erwerben, das sie in späteren Jahren zur Hoffnung ihres Führers und zum Schrecken ihrer Feinde machen sollte.“

(Stein, S. 55, 1. Abs.)

The 1940 Campaign in the West was a milestone in the development of the Waffen SS. For the first time, SS troops of divisional strength fought under the command of their own officers and, through what they achieved, secured themselves a permanent place as the fourth branch of the Armed Services. Many further campaigns followed for the Waffen SS. Their most glorious still lay before them. But in Holland and France in May and June 1940, the Waffen SS began to gain that esteem that was, in later years, going to make them the hope of their Fuehrer and the terror of their enemies.

(Stein, Page 55, Paragraph 1)

Infanterie der „Totenkopf"-Division

Infantry of the "Totenkopf" Division

und Flaksicherung der Moerdijk-Brücke

and anti-aircraft defence by the Moerdyk bridge

12 000 Brote täglich backt die Feldbäckereikompanie

The Field Bakery Company baked 12.000 loaves every day

Zum Brot gehört die Wurst, aber vorher prüft der Veterinär

German sausage to go with bread, but the veterinary surgeon checks it first

Entfernungsmesser für schwere Infanteriewaffen

A range-finder for the heavy-infantry guns

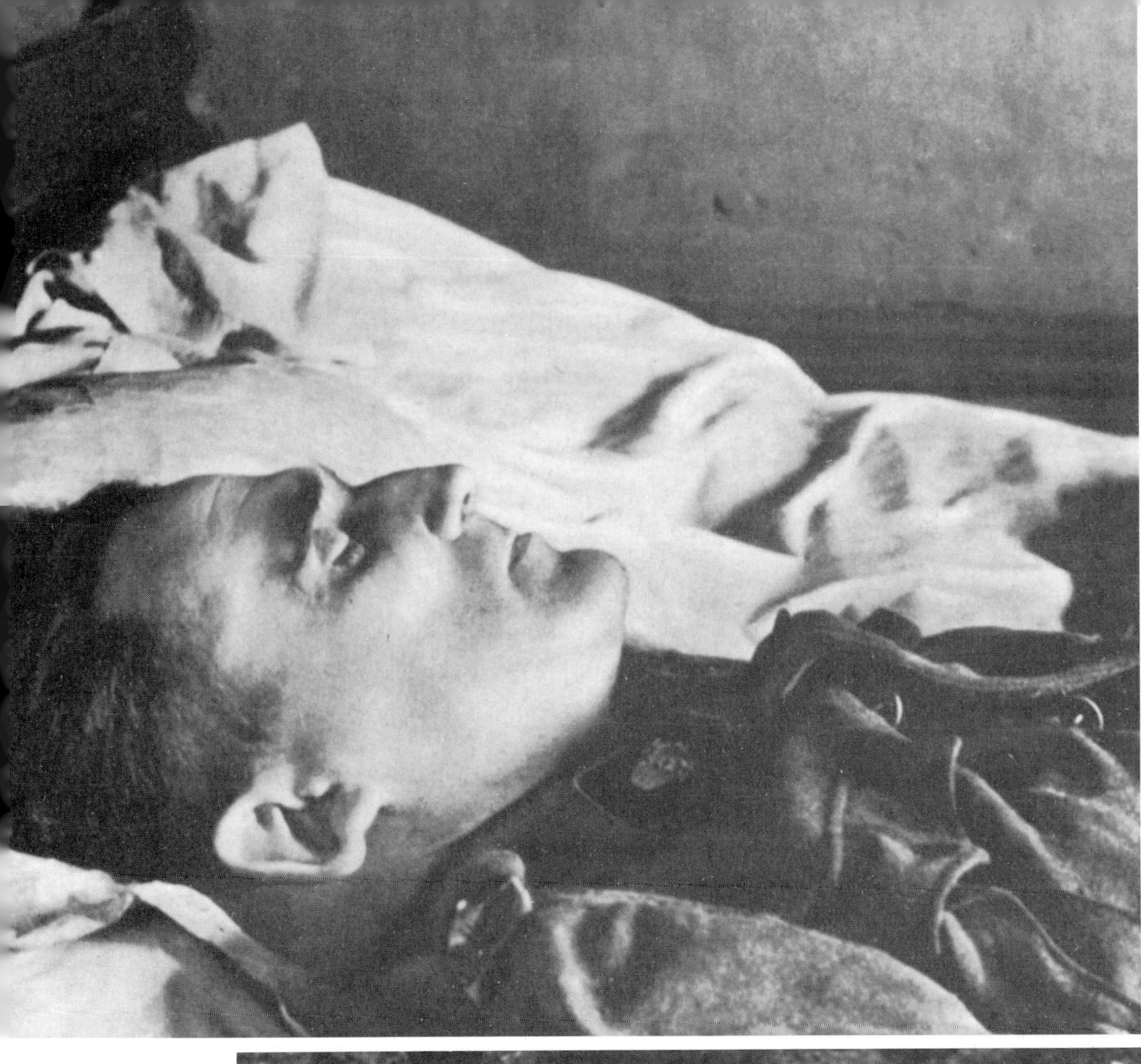

Standartenführer Hans-Friedemann Götze, Regimentskommandeur in der „Totenkopf"-Division, gefallen am 27. 5. 1940 bei Le Paradies, aufgebahrt in einem französischen Bauernhaus

Standartenfuehrer Hans Friedemann Goetze, Regimental Commander of the "Totenkopf" Division, was killed on May 27, 1940, near Le Paradies and is here laid out in a French farmhouse

Auch hier kommt der Truppenarzt zu spät — sie blieben für England

The doctor came to late here too. They died for England.

Wenn einer von uns müde wird,
der andere für ihn wacht —
Wenn einer von uns zweifeln will,
der andere gläubig lacht —
Wenn einer von uns fallen sollt,
der andere steht für zwei —
Denn jedem Kämpfer gibt ein Gott
den Kameraden bei.

Herybert Menzel (gefallen)

(Wandspruch in einer Kaserne
der SS-Verfügungstruppe)

If one of us becomes tired
The other watches for him —
If one of us has doubts,
The other laughs reassuringly —
If one of us should fall,
The other takes the place of two —
For God gives every warrior
A comrade.

Herybert Menzel (killed in action)

(Inscription on the wall in a barracks
of the SS Verfuegungs Troop)

Schotten auf dem Weg in die Gefangenschaft

Scots on their way to internment

Auf dem Marktplatz in Châtellerault gibt ein SS-Sturmmann vom Regiment „Germania“ Benzin an französische Flüchtlinge

An SS Sturmmann of the "Germania" Regiment gives a French refugee some petrol in the market-place of Châtellerault

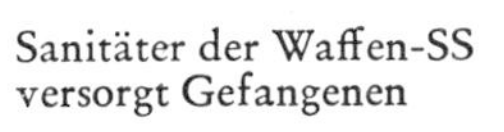

Sanitäter der Waffen-SS versorgt Gefangenen

A Waffen SS medical orderly attends to a prisoner

Diese dicken Brocken sind Kriegsbeute

These massive bits and pieces are captured booty

Pioniere der Waffen-SS

Waffen SS engineers

Soldaten lieben Tiere, besonders wenn sie verängstigt ihren Schutz suchen . . . beim Kradmelder

Soldiers love animals, especially when they are scared and seek the protection of the dispatch rider

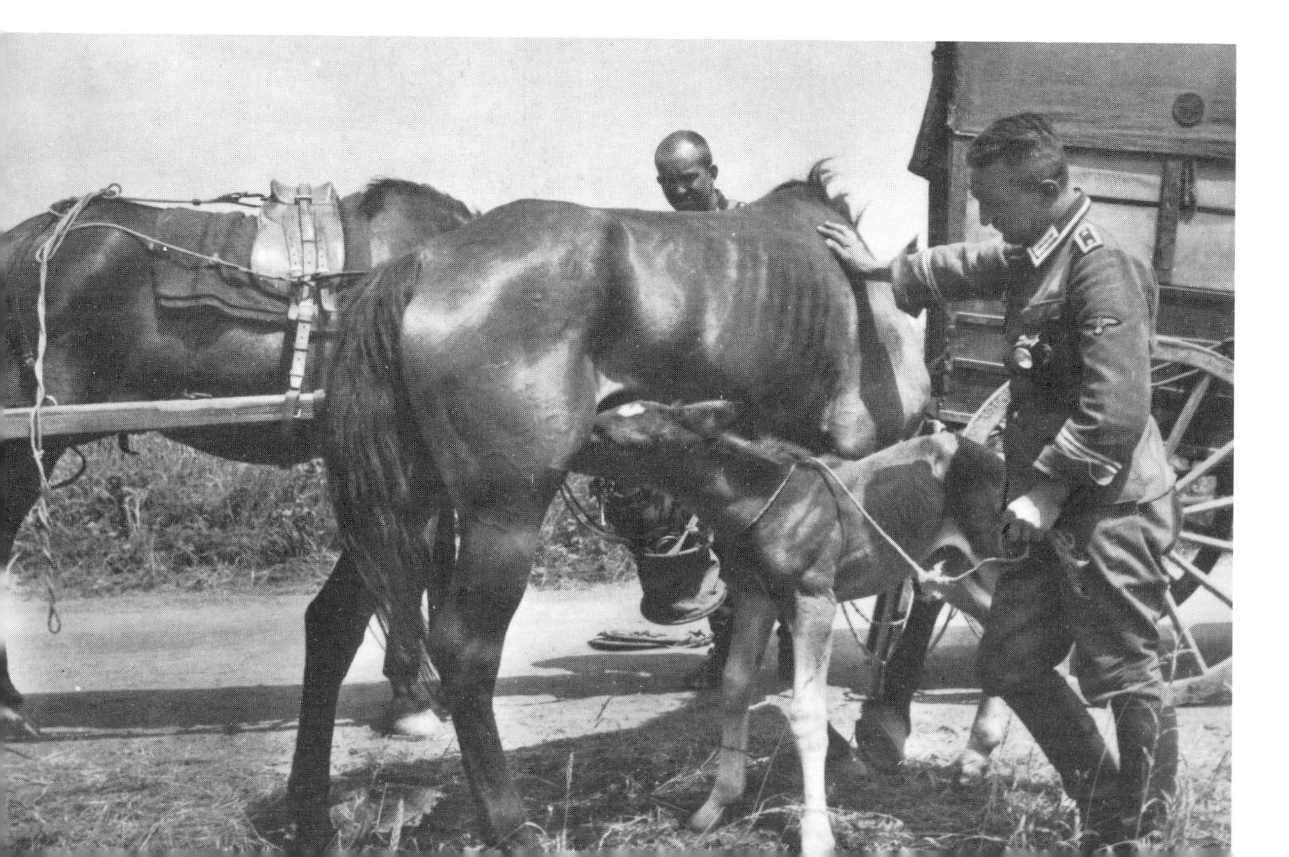

oder beim Hauptfeldwebel der SS-Polizei-Division

or of the NCO from the SS Polizei Division

Abgeschossener französischer Panzer an der Vormarschstraße der Leibstandarte

A knocked-out French tank along the Leibstandarte's line of advance

„Bei der Verfolgung britischer Truppen im Raum Dünkirchen erhielt die Leibstandarte den Befehl, den Aa-Kanal trotz schwersten Widerstandes des Feindes zu überqueren und die Stadt Watten einzunehmen. Am Nachmittag des 24. Mai 1940 traf jedoch aus dem Führerhauptquartier eine Gegenorder ein: Kanal nicht überqueren. Dietrich mißachtete den Führerbefehl — ein paar Stunden später stand er am anderen Ufer. Mit mächtigen Sprüngen setzte Dietrichs Infanterie-Regiment in einem späteren Stadium des Feldzuges dem fliehenden Gegner nach. Als Vorhut der Panzergruppe des Generalobersten von Kleist stürzte sich die LAH nach Südfrankreich, um die französischen Truppen zu hindern, an der Loire eine Widerstandslinie aufzubauen. In einem weit ausholenden Südvorstoß drang das Regiment bis nach St. Etienne und ließ das Groß der deutschen Verbände weit hinter sich. Auch die anderen SS-Verbände erzielten Erfolge. Das Regiment ‚Der Führer' durchstieß die Grebbe-Linie, die VT-Division jagte den Gegner bis an die spanische Grenze, während die Totenkopfdivision den Übergang über die Seine erzwang und Brückenköpfe an der Loire erkämpfte."

Höhne: „Der Orden unter dem Totenkopf", S. 481/482

"During the pursuit of the British forces towards Dunkirk the Leibstandarte was ordered to cross the heavily defended Aa Canal and seize the town of Watten. On the afternoon of 24 May 1940, however, the Fuehrer's Headquarters countermanded the crossing. Dietrich simply disregarded Hitler's order and a few hours later his troops were over the canal. At a later stage of the campaign the Leibstandarte headed the beaten enemy; as advance guard to Colonel-General von Kleist's Panzer Group it stormed southwards to prevent the French from forming a line of resistance along the Loire. In a wide southward sweep the regiment reached St. Etienne, leaving the main body of the German army far behind. The other formations were equally successful; the 'Der Fuehrer' Regiment forced the Grebbe line in Holland; the Verfuegungstruppe Division chased the enemy right up to the Spanish frontier; the 'Totenkopf' Division seized a crossing over the Seine and bridgeheads over the Loire."

(From: Heinz Hoehne, "The Order of the Death's Head", p. 481/482)

Männer der Waffen-SS
betteten französische Soldaten
zur letzten Ruhe ...

Men of the Waffen SS,
laid French soldiers
in their final resting-place

Three unknown
French soldiers lie here.
(killed in action May 1940)

Two French soldiers
lie here

. . . und ehrten ihre Väter aus dem 1. Weltkrieg

. . . and honoured their fathers of the First World War

Schwere Artillerie an der Kanalküste

Heavy artillery on the Channel coast

Bataillonsgefechtsstand III./„Leibstandarte“ nördlich St. Etienne

Battalion H.Q. of 3rd Battalion of the Leibstandarte, north of St. Etienne

Die Werkstattkompanie

The maintenance company

Vorbereitungen zum Unternehmen „Seelöwe" am Ärmelkanal und am Atlantik

Preparations for Operation "Sealion" in the English Channel and the Atlantic

Gehorsam und standhaft

Obedient and resolute

„Leibstandarte"

Das in Metz verliehene neue Feldzeichen

The new colours of the Leibstandarte granted in Metz

Schnell wie die Windhunde — Zäh wie Leder — Hart wie Kruppstahl . . .

Swift as a greyhound — tough as leather — hard as Krupp steel . . .

Schwere Küstenartillerie, besetzt von Männern der Totenkopfdivision

Men of the "Totenkopf" Division operating heavy artillery on the coast

Parade des
Regiments „Germania“
in Apeldoorn

The “Germania“
Regiment parades
in Appeldoorn

Fahne
Freikorps DANMARK

The colours of the Freikorps DANMARK

Vereidigung I. Bataillon SS-Freiwilligen-Legion Norwegen

The 1st Battalion of the SS Norwegian Volunteer Legion taking the oath of allegiance

Freiwillige für Deutschland:
Norweger, Dänen, Niederländer, Flandern, melden sich zur Waffen-SS

Volunteers for Germany:
Norwegians, Danes, Dutch, Flemings apply to join the Waffen SS

Europäische Freiwillige:

European volunteers

Norweger und Däne

Norwegian and Dane

Flame und Niederländer

Fleming and Dutchman

◄ Text des Plakates: Gleiches Blut kämpft gemeinsam gegen den gleichen Feind

Words on the poster: Men of the same blood fight together against their common enemy.

Kriegsnahe Übungen bereiten auf die folgenden Einsätze vor

Realistic battle-training prepares them for the coming action

Schieß- und Fahrausbildung

Shooting and driving training

13

Übungen von Teilen des Regiments „Deutschland"

Units of the "Deutschland" Regiment on exercises

Leichtes Infanteriegeschütz
Light-infantry gun

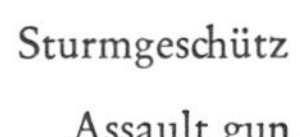

Sturmgeschütz
Assault gun

Zärtlicher Abschied für lange Zeit . . .

A sweet farewell for a long time

Noch eine Frage?

Got another question?

Leichte und ernste Musik ist bei Soldaten stets geschätzt

Both light and serious music are always appreciated by soldiers

Truppenübungsplatz: am leichten Maschinengewehr und Wache am Tor

In the training area: using a light machine-gun and on guard at the gate

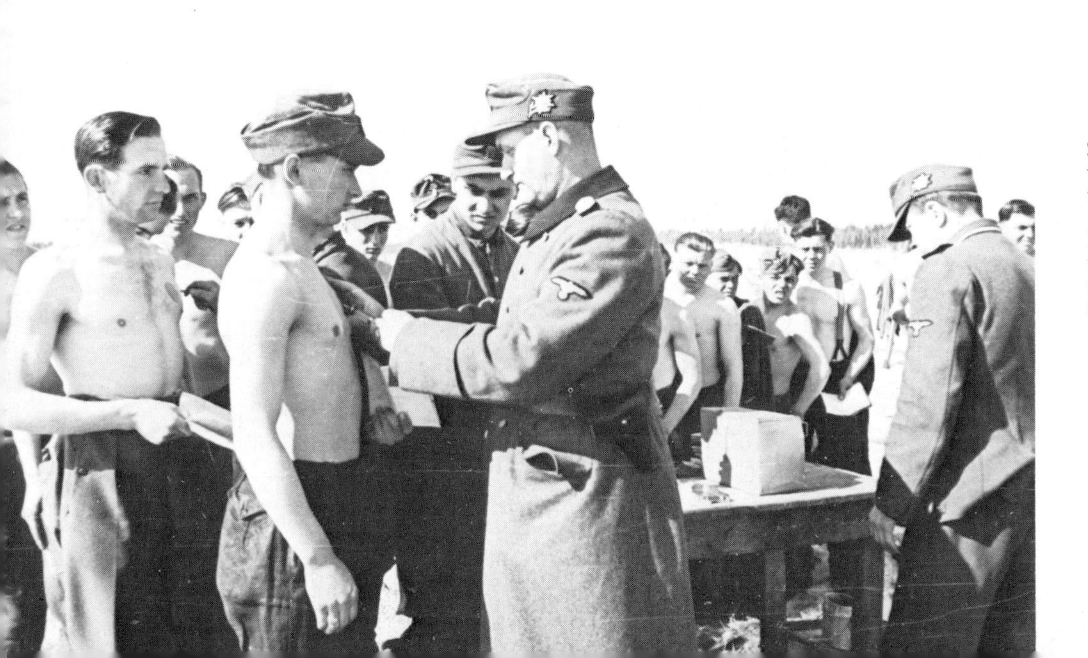

Stabsarzt impft im freien Feld vierfach gegen Typhus, Paratyphus, Cholera und Pocken.

In open field medical officer vaccinates fourfold against typhoid fever, paratyphoid fever, cholera and smallpox.

Und schon rollen sie wieder — wohin? — das ahnen die Soldaten nur, sie wissen es nie

They are off again. Where to? They can only guess. They never know for sure

Schlaf- und Speisewagen gibt es nicht —
aber „Fernschnellzüge“ sind es immerhin

There are no restaurant- and sleeping cars,
but they are still long-distance
express trains

DER KAMPF AUF DEM BALKAN 1941

Der unglückselige Entschluß Mussolinis zum Kriege gegen Griechenland und seine Mißerfolge zwangen die deutsche Leitung zur militärischen Unterstützung. Dazu gehörte die Leibstandarte SS „Adolf Hitler", die Mitte Februar 1941 von Metz nach Rumänien befördert wurde, im Raum um Sofia — nach dem Beitritt Bulgariens zum Dreimächtepakt — bis Anfang April wartete, dann in das südliche Jugoslawien im Rahmen der 12. Armee einrückte. Hier hatte sich die politische Lage plötzlich geändert. Die kürzlichen Vereinbarungen mit dem Deutschen Reich wurden durch einen Staatsstreich ungültig. Jugoslawien trat zu unseren Gegnern über. Der Aufmarsch dagegen wurde improvisiert. Am 6. April 1941 überschritt die Leibstandarte SS „Adolf Hitler" — unter S. Dietrich — die Grenze bei Küstendil und marschierte über Skoplje auf Monastir. Hier, am Klidipaß und Klisurapaß an der griechischen Grenze, kam es zu schweren Kämpfen. Während Teile die Sicherung gegen Albanien übernahmen, konnte der Rest im Raume Joanina wesentliche griechische Kräfte entwaffnen. Der weitere Vorstoß führte nach Süden. Über den Golf von Korinth wurde nach dem Peloponnes bei Patras übergesetzt, im Süden das Mittelländische Meer und über den Isthmus Athen Ende April erreicht.

Nach der Ruhepause um Larissa wurde der Rückmarsch über Skoplje—Nisch—Belgrad nach Brod angetreten. Hier erfolgte Verladung nach Brünn Anfang Juni. Ein besonders interessanter Feldzug für die Leibstandarte SS „Adolf Hitler" hatte seinen Abschluß gefunden.

An dem Feldzug gegen Jugoslawien nahm auch die Division „Das Reich" teil. Sie wurde plötzlich ohne Vorbereitung und bei völlig unzureichender Vorbereitung der Heimatbehörden für den Betriebsstoffnachschub von Vésoul durch die Burgundische Pforte über den vereisten Schwarzwald durch Süddeutschland—Wien—Budapest—Arad nach Temesvar in Rumänien in Marsch gesetzt. Hier trat sie mit dem Regiment „Großdeutschland" des Heeres unter das Generalkommando Reinhardt. Dieser Gewaltmarsch war unerfreulich, aber lehrreich.

Die Operationen gegen die Landeshauptstadt Belgrad waren mit Schwerpunkt südlich der Drau und der Donau angesetzt; nördlich der Flüsse nur mit dem Panzerkorps Reinhardt zur Säuberung des Banats und der Batschka. Ein Erreichen Belgrads von nördlich der Donau her schien aussichtslos. Trotzdem gelang es aber einem Stoßtrupp unter Klingenberg, Kradschützenbataillon, in einem aufgetriebenen Motorboot nach manchen Gefahren Belgrad zu betreten und vom Bürgermeister die Übergabe der Stadt zu erzwingen. Spähtrupps der Heeresgruppe südlich der Donau werden die Festung wohl gleichzeitig oder eher erreicht haben. Die Übergabe erfolgte jedoch an Klingenberg. (Ritterkreuz; als Divisionskommandeur gefallen 1945 im Westen.) Den weiteren Einsatz wartete die Division im Raume Gmunden, südwestlich Linz, ab.

(Aus: Paul Hausser, „Waffen-SS im Einsatz")

Karte: Balkan-Feldzug im Anhang

FIGHTING IN THE BALKANS 1941

Mussolini's unhappy decision to wage war on Greece and his lack of success forced the German High Command into giving him military support. This was the job of the Leibstandarte SS "Adolf Hitler" which was transported from Metz to Rumania in the middle of February 1941, waited until the beginning of April in the area around Sofia, after Bulgaria had entered the Three Power Alliance, and then, as part of the 12th Army, marched into South Yugoslavia. Here the political situation had suddenly changed. The recent alliance with the German Reich was invalidated by a coup d'état. Yugoslavia went over to our enemies. The march against her was carried out after makeshift preparations. On April 6, 1941, the Leibstandarte SS "Adolf Hitler" under Sepp Dietrich crossed over the frontier at Kuestendil and marched over Skopje to Monastir. Heavy fighting occurred on the Greek frontier at the Klidi and Klisura passes. While part of the troops operated defensively against Albania, the rest were able to disarm a considerable number of Greek forces around Yanina. Then it continued its advance southwards. It crossed the Gulf of Corinth to the Peleponnese at Patras and, at the end of April, reached the Mediterranean Sea in the south and then Athens by way of the Isthmus.

After resting at Larissa, it set off on its march back via Skopje, Nish and Belgrade, to Brod. Here at the beginning of June, it entrained for Bruenn. This completed a particularly interesting campaign for the Leibstandarte SS "Adolf Hitler".

The "Das Reich" Division also took part in the Yugoslavian campaign. It was suddenly moved from Vésoul through the Burgundian Gate, through South Germany by way of the iced-up Black Forest, via Vienna, Budapest and Arad to Temesvar in Rumania. It could make no preparations for the march and the home authorities made completely inadequate arrangements for its supplies of fuel. Here, it came under Reinhardt's command together with the "Grossdeutschland" Regiment from the Army. This forced march was unpleasant but instructive.

The operation against Belgrade, the capital city, started with the main troop concentration south of the rivers Drau and Danube. Only Reinhardt's Panzer Corps was employed north of the rivers for mopping up in the Banat and Batschka provinces. It seemed hopeless to try and reach Belgrade from north of the Danube. Nevertheless an assault party under Klingenberg of the motorcycle battalion, got hold of a motor boat and after a hazardous journey, managed to enter Belgrade and force the mayor to hand over the city. Reconnaissance troops of the Army Group, south of the Danube, reached this strong point probably at the same time, if not earlier. However, the city was handed over to Klingenberg. (He was awarded the Knight's Cross. He became a divisional commander and was killed in the West in 1945.) Subsequently the Division went to the Gmunden area, south-west of Linz, where it waited for further operations.

(From: Paul Hausser, "Waffen-SS im Einsatz")
("Waffen SS in Operation")

Map of the Balkan Campaign in the Appendix

Leichter Panzerspähwagen
bei Beobachtungshalt

A light armoured
scout-car stops to observe

Schweres Maschinengewehr
unter blühenden Bäumen

A heavy machine
gun under some trees
in blossom

Serbischer Gefangener
wird befragt

A Serbian prisoner
is questioned

Schnelle Kradschützen und Panzerspähwagen der Leibstandarte an der Spitze in Griechenland

Fast motorcycles and scout-cars up ahead in Greece

Überwindung einer Straßensprengung am Klissuorapaß — Schnelligkeit spart Blut auf beiden Seiten

Getting across where the road has been blown-up. Speed saves bloodshed on both sides

Schwere Artillerie der „Leibstandarte" hilft, die Pässe zu bezwingen (Klidipaß 12. 4. 1941 – Klissuorapaß 14. 4. 1941)

Heavy artillery helps force the passes (The Klidi Pass on April 12, 1941, and the Klisura Pass on April 14, 1941)

Pioniere sprengen Hindernisse und öffnen den Weg nach vorn

Engineers blow up obstacles to open up the way forward

„Stukateure“ vor Kastoria im Zusammenwirken mit der vorstoßenden Leibstandarte

Stukas, cooperating with the advancing Leibstandarte, decorate the skies over Kastoria

Griechische Gardetruppen, die Evzonen —
mit weißer Fahne —
Feindschaft wurde nicht empfunden

The Evzone — the Greek Guards —
with a white flag.
They showed no emnity

Sepp Dietrich mit griechischen Generalen — Kapitulation der griechischen Epirus-Armee ohne Demütigung

Sepp Dietrich with Greek generals — the Greek Epirus Army capitulates but without humiliation.

Was soll man zu der „Lage“ sagen?

How would you describe this “position”?

Verwegener Übergang über den Golf von Patras zur Eroberung des Peleponnes

A daring crossing over the Gulf of Patras in order to take the Peloponnese

Griechische Bevölkerung ohne Scheu

These Greek people feel no anxiety

Zusammentreffen mit den Fallschirmjägern am Isthmus von Korinth

Meeting the paratroops on the Isthmus of Corinth

DER KRIEG GEGEN SOWJETRUSSLAND

Der Frontsoldat konnte die weitere Entwicklung nicht voraussehen. Über im Gang befindliche Verhandlungen mit Sowjetrußland wurden absichtlich tendenziöse Nachrichten in die Welt gesetzt. An einem frühzeitigen Aufmarsch gegen den Osten waren Divisionen der Waffen-SS nicht beteiligt. Erst kurz vor dem Ausbruch der Feindseligkeiten wurden sie nach dem Osten abgerufen.

Die Divisionen Leibstandarte SS „Adolf Hitler“ und „Wiking“ stießen zur Heeresgruppe Süd (v. Rundstedt), „Das Reich“ zur Heeresgruppe Mitte (v. Bock), Totenkopfdivision und Polizeidivision zur Heeresgruppe Nord (v. Leeb).

Der Angriff begann am 22. Juni 1941.

Es ist schwer, aufgrund der unzureichenden Unterlagen objektiv über diesen Einsatz zu berichten, um so mehr, da auch für den Verlauf im großen meist nur das Gedächtnis zur Verfügung steht. Einzelheiten über Gliederung und Aufgaben der Heeresgruppen fehlen noch.

Die Divisionen Leibstandarte SS „Adolf Hitler“ und „Wiking“ wurden hintereinander westlich des oberen Bug um Tomaszew und südlich Cholm bereitgestellt und unterstanden der Panzergruppe 1 v. Kleist.

Die Kämpfe dieser Panzergruppe zeigten eine besondere Wendigkeit. Ihr Einsatz führte sie auf Kiew, dann durch Rechtsschwenkung zur Einkreisung der Kräfte Budjonnys westlich des Dnjepr. Die Masse — ohne die beiden SS-Divisionen — drehte dann von Mitte August bis 23. September 1941 zur großen Kesselschlacht um Kiew nach Norden ein, wo sie Guderian die Hand reichten. Während dieser Zeit stieß der Rest der Panzergruppe — Leibstandarte SS „Adolf Hitler“ und „Wiking“ — weiter nach Osten auf den Dnjepr zwischen Cherson und Dnjepropetrowsk vor. Dann vereinigte sich die Panzergruppe wieder, wandte sich nach Osten und verlegte dem Gegner nördlich des Asowschen Meeres den Weg. Ihr weiteres Ziel war Rostow.

Später setzte eine ähnliche Entwicklung wie im mittleren Abschnitt ein: Abwehr von Gegenstößen, Absetzen und Verteidigung am Mius.

Die Leibstandarte SS „Adolf Hitler“ überschritt am 27. Juni 1941 die Grenze bei Sokol und stieß bis Mitte Juli über Lusk —Rowno—Shitomir bis Kiew vor. Gefechte um Dubno und Ulika, Durchbruch durch die Stalinlinie (am Goryk-Slucz-Abschnitt), bei Nowo-Miropol und Kämpfe an der Rollbahn bei Sokolowka und Sicherung vor Kiew. Nach diesen Grenzschlachten bog die Division über Berditschew nach Süden ab, um den Kessel von Uman bei Nowo-Archangelsk Anfang August zu schließen und dann nach Kämpfen bei Sasselje, Nowo-Danzig die Stadt Cherson zu besetzen und am Dnjepr zu sichern. Nach vierzehntägiger Ruhezeit bei Dobrinetz wurde der Dnjepr bei Berislaw überschritten.

Beim Vorstoß auf Pereskop an der Landbrücke zur Halbinsel Krim säuberten Teile den Raum südlich Cherson, während andere um den Tatarengraben kämpften.

Zwischen dem Asowschen Meere und dem unteren Dnjepr wechselten Verfolgungskämpfe mit Abwehr feindlicher Gegenangriffe. Sie führten in der „Schlacht am Asowschen Meer“ bis Mariupol, in den „Verfolgungskämpfen gegen den Donez“ am 17. Oktober 1941 zur Einnahme von Taganrog. Rostow wurde am 21. November 1941 genommen, aber schon am 28. November 1941 ohne Feinddruck geräumt, weil bei der nördlich angelehnten 60. Infanteriedivision (mot.) ein großer Einbruch gelungen war und die Gefahr einer Einschließung

WAR AGAINST SOVIET RUSSIA

The soldier at the front could not anticipate subsequent developments. Deliberately tendentious reports were broadcast of the negotiations with Soviet Russia which were going on. The Waffen SS Divisions did not prepare extra early to march against the East. They were ordered eastwards only shortly before the outbreak of hostilities.

The Leibstandarte SS "Adolf Hitler“ and "Wiking“ Divisions went to von Rundstedt's Army Group South, the "Das Reich“ Division to von Bock's Army Group Centre, the "Totenkopf“ and Polizei Divisions to von Leeb's Army Group North.

The offensive began on June 22, 1941. Because of inadequate documentation, it is difficult to give an objective report of this campaign, all the more so because one has to resort mainly to one's memory when describing its overall development. Details of the organisation and objectives of the Army Groups are still missing.

The Leibstandarte SS "Adolf Hitler“ and "Wiking“ Divisions were drawn up one behind the other, west of the upper reaches of the River Bug around Tomaszev and south of Kholm and were under the command of von Kleist's Panzer Group 1.

This Panzer Group in action proved to have great flexibility. It advanced on Kiev, then right-wheeled and encircled Budjenny's forces west of the Dnieper. Then the main force — without the two SS Divisions — turned northwards for the great battle of the Kiev cauldron from the middle of August to September 23, 1941, where they met up with Guderian. During this time, the rest of the Panzer Group — the Leibstandarte and "Wiking“ — advanced eastwards to the Dnieper between Kherson and Dniepropetrovsk. Here the whole Panzer Group joined up again, turned eastwards and blocked the enemy's path north of the Sea of Azov. It subsequently aimed for Rostov.

The later development of the campaign was similar to that in the central sector, i. e. counter-attacks, disengaging and defensive positions on the River Mius.

On June 27, 1941, the Leibstandarte crossed the Russian frontier at Sokol and advanced until the middle of July over Lusk, Rovno and Zhitomir to Kiev. Fighting broke out around Dubno and Ulika. The Division broke through the Stalin Line in the Goryk-Slucz sector at Novo-Miropol. There was more fighting directly on its line of advance at Sokolovka and then it took up a defensive position to contain Kiev. After these battles in the frontier zone, the Division turned south over Berditchev, in order to close the Uman cauldron at Novo-Archangelsk at the beginning of August. Then after fighting at Sasselje and Novo Danzig, it took the town of Kherson and took up a defensive position on the River Dnieper. After a fourteen-day rest at Dobrinetz, it crossed the Dnieper at Berislav.

It advanced on Pereskop on the neck of the Crimean Peninsular. Then part of the Division mopped up in the area south of Kherson while the other part attacked the old Tartar earthwork fortifications defending the Crimea.

It then engaged in pursuit of the enemy interchanged with defence against enemy counter attacks, between the Sea of Azov and the lower Dnieper. The "Battle of the Sea of Azov“ brought it to to Mariupol and in the "River Donez Rearguard Action“ on October 17, 1941, it took Taganrog. It took Rostov on November 21 but withdrew from there on November 28 although under no enemy pressure, because the northerly position of the 60th Infantry Di-

drohte. Diese weit vorspringende Spitze mußte daher aufgegeben werden. Bis Anfang Dezember wurde ostwärts des Mius gekämpft, dann bis Anfang Juni 1942 die Stellungen an diesem Abschnitt gehalten. Nach einem Monat Küstenschutz erfolgte Anfang Juli 1942 von Stalino aus der Abtransport nach Frankreich, wo die Division bis Ende des Jahres im Raume nordwestlich von Paris als Panzerdivision aufgefrischt wurde.

Die Division „Wiking" war am 11. November 1940 auf dem Truppenübungsplatz Heuberg unter Steiner aus dem Regiment „Germania" und durch weitere Abgaben aufgestellt. Sie bestand neben „Germania" aus den Regimentern „Nordland" und „Westland" und setzte sich bis zu 50 Prozent aus Holländern, Dänen, Norwegern und Finnen zusammen. Sie war die erste Truppe mit europäischen Freiwilligen.

Nach Bereitstellung für den Angriff im Osten im Raume wie die Leibstandarte SS „Adolf Hitler" trat sie am 29. Juni 1941 über Rawa Ruska an. In der „Grenzschlacht in Galizien" stieß sie über Tarnopol vor, durchbrach die Stalin-Linie bei Satanow und gelangte bis Proskurow. Im Raume südöstlich Shitomir kam es zu Gefechten bei Skwira und Bialacerkiew, beiderseits des Ross.

In den „Verfolgungskämpfen bis Dnjepropetrowsk" kämpfte die Division bei Smele, am Dnjepr bei Tschigirin und nahm am 25. August 1941 Dnjepropetrowsk. Über einen Monat dauerten hier die Abwehrkämpfe am Brückenkopf. Er wurde Ende September 1941 geöffnet, wobei die Kampfgruppe Stolz (Phleps), auf dem nördlichen Ufer vorgehend, wesentliche Hilfe leistete. In der „Schlacht am Asowschen Meer" und in den „Verfolgungskämpfen gegen den Donez" war die Division nördlich der Leibstandarte SS „Adolf Hitler" eingesetzt: Kämpfe im Raum Ignatiefka—Marienfeld, Übergang über die Krynka, den Mius, Abwehr feindlicher Gegenangriffe bei Birjutschi und Darjewka. Die Lage zwang am 18. November 1941 zum Absetzen und zum hinhaltenden Widerstand ostwärts des Mius (Tusloff) und zur Abwehr am Mius vom 1. Dezember 1941 bis 21. Juli 1942. Während dieser Zeit wurden mehrfach Teile der Division zur Abwehr an kritischen Stellen der Front der Heeresgruppe, besonders westlich und nördlich Stalino, eingesetzt.

Die Heeresgruppe Mitte sollte unter Feldmarschall v. Bock die russischen Kräfte nördlich der Pripjet-Sümpfe noch westlich der Landbrücke bei Orscha zwischen Dnjepr und Düna vernichten und mit dem rechten Flügel bis Roslawl—Jelnja—Smolensk vorstoßen. Bei ihr lag der Schwerpunkt. Ihre Panzerkräfte führten rechts Guderian und links Hoth. Die ersteren bestanden aus drei Panzerkorps, dabei das XXXXVI. Panzerkorps v. Vietinghoff in zweiter Welle, mit der 10. Panzerdivision (Schaal) der SS-Division „Das Reich" und dem Regiment „Großdeutschland". Die Totenkopfdivision wurde im Juni 1941 um Marienburg versammelt, trat in der Panzergruppe 4 (?) am 21. Juni von Insterburg auf Kaunas an, hatte Gefechte zwischen Njemen und Düna, die sich nach Übergang über diesen Fluß ostwärts fortsetzten. Am 6. Juli durchbrach die Division die Stalin-Linie an der alten russischen Reichsgrenze, drehte nach Norden auf Opotschka kämpfend ein und stieß südwestlich des Ilmensees bis ostwärts Porchow vor. Die Division wurde dann nördlich des Schelonflusses, der in den Ilmensee fließt, angesetzt, stieß über Szoltzy unter dem LVI. Panzerkorps nach Norden vor, wurde dann aber zurückgeholt, da an der Lowat durch einen russischen Vorstoß eine schwere Krise eingetreten war. Sie überschritt wieder den Schelon nach Süden, um sich zum Durchbruch am Poliszt-Abschnitt bereitzustellen. Dies führte zur Schlacht an der Lowat und Pola und zum Vorstoß über Demjansk nach Norden bis Lushno. Stärkste feindliche Gegenangriffe von Südosten und Nordosten führten hier im Waldai-Gebirge zur Abwehrschlacht bis 7. Januar 1942, anschließend bis 8. Februar zur Abwehr des

vision (motorized) had suffered a large breakthrough and the danger of encirclement threatened. So this extended forward penetration had to be given up. Up to beginning of December, there was fighting east of the River Mius and the positions in this sector were held until the beginning of June 1942. After a month of coastal defence, the Division entrained at Stalino, at the beginning of July, for France, where it remained in the area north-west of Paris until the end of the year, while being brought up to Panzer Division strength.

The "Wiking" Division was formed under Steiner on November 11, 1940, from the "Germania" Regiment and various other troops released for the purpose. Besides "Germania", it contained the "Nordland" and "Westland" Regiments and consisted of up to fifty per cent Dutchmen, Danes, Norwegians and Finns. It was the first troop with European volunteers.

After making preparation for an eastern offensive in the same area as the Leibstandarte SS "Adolf Hitler", it started off at Rava Ruska. In the "Battle of the Galician Frontier", it advanced over Tarnopol, broke through the Stalin Line at Satanov and reached Proskurov. In the area south-east of Zhitomir, there was fighting at Skvira and Bialacerkiev on both sides of the River Ross.

In the "Dniepropetrovsk Rearguard Action," the Division fought at Smele, at Chigirin on the River Dnieper and captured Dniepropetrovsk on August 25, 1941. The Dnieper bridgehead resisted for over a month. It was opened up at the end of September 1941. This was greatly helped by the Stolz assault unit under Phleps, which advanced along the north bank. In the "Battle of the Sea of Azov" and in the "Donez Rearguard Action," the Division engaged battle north of the Leibstandarte. It fought in the Ignatiefka—Marienfeld area, crossed the rivers Krinka and Mius and fought off enemy counter-attacks at Biryutschi and Daryevka. But on November 18, 1941, the situation caused it to disengage, fight a delaying action east of the River Mius in the Tusloff sector and to take a defensive position on the Mius from December 1, 1941 to July 21, 1942. During this time, several parts of the Division were sent to defend critical points on the Army Group's front, especially to the west and north of Stalino.

The Army Group Centre under Fieldmarshall von Bock had to destroy the Russian forces north of the Pripet marshes and also west of the strip of land between the rivers Dnieper and Duna, and, with its right wing, advance through Roslavl, Yelna and Smolensk. This was the main thrust. Guderian commanded the armour on the right and Hoth the armour on the left. The former consisted of three Panzer Corps with the XXXXVI Panzer Corps of von Vietinghoff in the second wave and also the 10th Panzer Division under Schaal, the SS "Das Reich" Division and the "Grossdeutschland" Regiment. The "Totenkopf" Division formed up in Marienburg in June 1941, moved possibly as part of Panzer Group 4 (?) on June 21 from Insterburg to Kaunas, fought battles between the rivers Niemen and Duna which continued after crossing the latter river. On Juli 6, the Division broke through the Stalin Line along the old (pre 1939) Russian frontier, turned northward while fighting to Opotchka and advanced south west of Lake Ilmen to the area east of Porchov. The Division was then sent north of the River Schelon which flows into Lake Ilmen. It pushed northward through Szoltzy under the command of the LVI Panzer Corps but was then brought back because a critical situation had arisen on the River Lovat caused by a Russian advance. It crossed the River Schelon again southward, in order to prepare for a break-through in the Poliszt sector. This led to a battle on the rivers Lovat and Pola and an advance northwards over Demiansk to Lushno. Very strong enemy counter-attacks here, from the north- and south-east, engaged it in a defensive battle up to January 7, 1942 in the Waldai mountains. Then, up to February 8, it had to restrain enemy break-throughs

feindlichen Durchbruchs südlich der Waldai-Höhen bis Ostaschkow und nördlich bei Staraja Russa und als Folge hiervon zur Verteidigung des Kessels von Demjansk bis zum 30. Juni 1942, in dem zwei Korps sich tapfer hielten.

Es sei an dieser Stelle des Kriegsschauplatzes in Finnland gedacht.

Im März 1940 wurde in Pommern eine motorisierte Brigade aus den Totenkopfregimentern 6 und 7 mit Artillerie und Pionieren aufgestellt. Sie wurde nach Norwegen befördert, übernahm den Küstenschutz im Raume Stavanger—Oslo bis zum April 1941 und erreichte dann mit Bahn- und Seetransport, der Verluste kostete, die Gegend Kirkenes im äußersten Norden Norwegens. Hier lag das Totenkopfregiment 9 seit Sommer 1940.

Die Brigade marschierte auf der nordfinnischen Eismeerstraße nach Süden bis Rowaniemi und ostwärts. Nach Umbildung zur Kampfgruppe Nord wurde sie dem XXXVI. Korps unterstellt. Die Ausbildung war noch nicht abgeschlossen. Die geplanten Operationen richteten sich gegen die Murmanskbahn, den Stalinkanal und den Hafen Murmansk und bezweckten eine erhebliche Frontverkürzung.

Die Kriegserfahrungen bewiesen, daß der Krieg im hohen Norden ein Spezialkrieg war, der für Führung, Bewaffnung, Ausrüstung, Bekleidung, Ausbildung, klimatische Anpassung, Ernährung, Unterkunft, Nachschub und Nachrichtenwesen besonderer Vorbereitung bedurfte.

Die in der Polarkreisgegend fast zwanzig Stunden dauernde Nacht im Winter und der fast dreiundzwanzigstündige Tag im Sommer, die Eigenart des Geländes und die klimatischen Verhältnisse beeinflußten die Truppenführung. Im äußersten Norden Arktischarakter, anschließend Tundra, weiter südlich dichte Waldzonen. Seen und Sümpfe wirken sich im Sommer und Winter taktisch entgegengesetzt aus.

Damit ist der Ansatz, die Unterstellung und der erste Einsatz der am 21. 6. 1941 bestehenden Divisionen der Waffen-SS dargestellt. Die weiteren Kämpfe und die starke Erweiterung auf schließlich 36 Divisionen sollen hier nicht geschildert werden.

(Aus: Paul Hausser, „Waffen-SS im Einsatz")

Karte: Östlicher Kriegsschauplatz im Anhang

south of the Waldai mountains to Ostaschkov, and in the north at Staraya Russa. As a consequence of this, it then had to defend the Demiansk cauldron until June 30. Here the II Corps fought very courageously.

We will now turn to the theatre of war in Finland.

In March 1940, a motorized brigade was formed in Pomerania from the Totenkopf Regiments 6 and 7 together with artillery and engineers. It was sent to Norway, took over coastal defence in the Stavanger—Oslo area until April 1941 and then travelled by train and ship, which cost some losses, to the Kirkenes area in northernmost Norway. The "Totenkopf" Regiment 9 had been here since the summer of 1940.

The brigade marched along the North Finnish Arctic Highway southwards to Rowaniemi, then eastwards. It was then reorganized as Assault Group North and put under XXXVI Corps. However their training was not yet complete. Operations planned were directed against the Murmansk railway, the Stalin Canal and Murmansk harbour, and aimed at a considerable shortening of the front line.

Battle experience showed that war in the far north is a special kind of war and requires special preparation in respect of the command, arms, equipment, clothing, training, acclimatization, provisions, accommodation, supplies and intelligence.

Strategy and tactics were affected by the almost twenty-hour-long winter nights and the almost twenty-three-hour-long summer days in the Arctic Circle, the characteristics of the land and the climatic conditions. In the far north, there were arctic conditions and tundra. Farther south, there were thick woodlands. The way in which lakes and marshes could be used tactically changed diametrically from summer to winter.

This has been a description of the Waffen SS divisions in existence on June 21, 1941, showing their first engagement, where they were engaged and under whose command. Their further battles and how they were expanded to 36 divisions will not be continued here.

(From: Paul Hausser, "Waffen-SS im Einsatz")
("Waffen SS in Operation")

Map: Eastern theatre of war in Appendix

133 Im Morgengrauen über die Beresina

Over the River Beresina at dawn

Der Befehl zum Angriff findet die sieben Divisionen der Waffen-SS im Osten („Barbarossa-Befehl“)

The seven Waffen SS divisions are in the east when the order comes to attack (“Operation Barbarossa“)

Hier Männer der Division „Das Reich“ in der Panzergruppe Guderian

These are men of the “Das Reich“ Division in Guderian’s Panzer Group

Feuer aus rechter Flanke

Fire coming from the right flank

Wegweiser der Division „Das Reich" neben abgeschossenem russischen Panzerspähwagen

Next to the knocked-out Russian armoured car, a direction indicator for the "Das Reich" Division

„Mochten die SS-Soldaten auch gelernt haben, besonders gläubige und kompromißlose Kämpfer für den Nationalsozialismus zu sein — in ihrer Mentalität unterschieden sie sich kaum von Amerikas Ledernacken und Frankreichs späteren Paras: Sie alle umhüllte ein Mythos der Härte und Mannhaftigkeit, sie alle elektrisierte das Bewußtsein, Mitglieder einer aristokratischen Minderheit zu sein, eines Sonderkollektivs mit eigenen Gesetzen und eigenen Loyalitäten."

(aus Höhne, „Der Orden unter dem Totenkopf", Seite 483)

"Though the SS soldiers had been schooled to be especially faithful and uncompromising fighters for National-Socialism, in their own eyes they were no different from the American 'Leathernecks' or later the French 'Paras' — surrounded by an aura of toughness and masculinity, inspired by a sense of belonging to an aristocratic minority, a closed community with its own rules and loyalties."

(From: Heinz Hoehne, "The Order of the Death's Head", page 483)

MG-Schütze — Träger des infanteristischen Feuerkampfes

The machine gunner — the backbone of the infantry's fire power in battle

Kradschützen der Division „Wiking" im Süden der Ostfront

Motorcycle infantry of the "Wiking" Division to the south of the Eastern Front

Abgesessene Kavallerie der Waffen-SS

Waffen SS cavalry dismounted

und vorstürmende Leibstandarte

and the Leibstandarte on the attack

Einheiten der Division „Das Reich“
an der Beresina

Units of the "Das Reich" Division
on the River Beresina

SS-Obersturmführer
Fritz Vogt (gefallen)
Aufklärungs-Abt.
Division „Das Reich“

SS Obersturmfuehrer
Fritz Vogt
(killed in action)
Reconnaissance Battalion
of the "Das Reich" Division

Das G stand 1941 für
„Panzergruppe Guderian“
und auch für
„stark und schnell“

The G stood for
"Panzergruppe Guderian"
in 1941.
It also stood for
"strong and swift"

Große Marschleistungen werden von der Infanterie verlangt

Great marching ability was demanded of the infantry

Gründliche Durchkämmung

A thorough search

Auch die Tragfläche einer sowjetischen Maschine wird Richtungsweiser für schnellen Vormarsch

Using the wing of a Soviet aircraft as a sign-post for their rapid advance

Bald kommen sie aus der Kampfzone. Für sie ist der Krieg zu Ende

They will soon be evacuated from the battlefield. For them, the war is over

Zivilbevölkerung durch den Verlauf der Fronten im Kampfgebiet — für Soldaten ein bedrückender Anblick

The front line changes and some of the civilian population is caught up in the battlezone. A depressing sight for the soldiers.

Gefangene sagen aus

Prisoners make statements

Sturmgeschütz an der Beresina „durchgefallen“ — die Brücke wurde gesprengt, als das Geschütz auf der Brücke war. Den Sturz von 8 Metern überlebte die Besatzung des Obersturmführers Telkamp

A mobile assault gun fell into the River Beresina after the bridge was blown up as the assault gun was on it. But Obersturmfuehrer Telekamp's crew survived the 8 metre drop

Sicherung bei Borodino

A defensive position at Borodino

Unterscharführer der Waffen-SS — Führer seiner Gruppe

The Unterscharfuehrer of the Waffen SS — the leader of his group

Oberführer Bittrich
(links) auf dem
Gefechtsstand des
Regiments „Deutschland“
Sommer 1941

Oberfuehrer Bittrich
(on the left) at the
Command H.Q.
of the “Deutschland“
Regiment
in the summer
of 1941

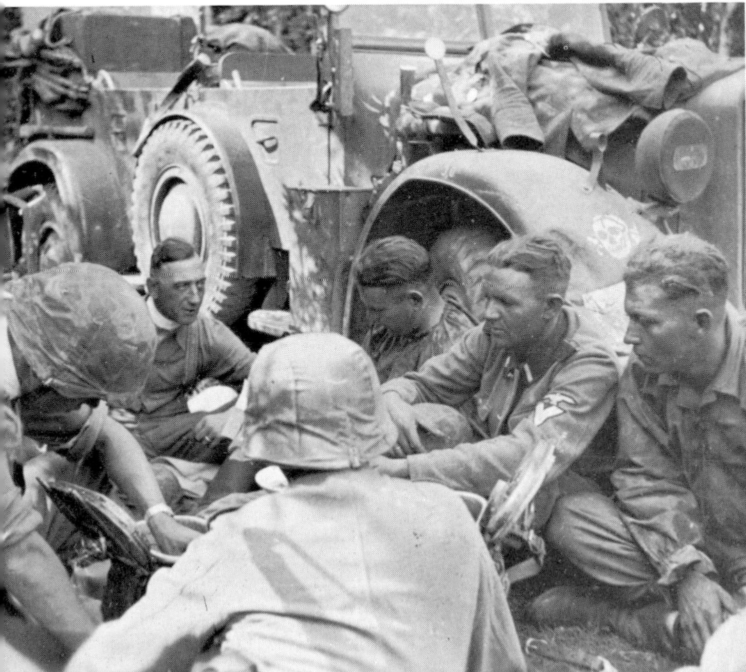

Sturmbannführer Bestmann mit Soldaten der Division „Totenkopf“

Sturmbannfuehrer Bestmann with soldiers of the “Totenkopf“ Division

Oberscharführer Gerth, Autor des Romans „Die Hungerkinder“

Oberscharfuehrer Gerth, author of the novel “Die Hungerkinder“
(“The Children of Hunger“)

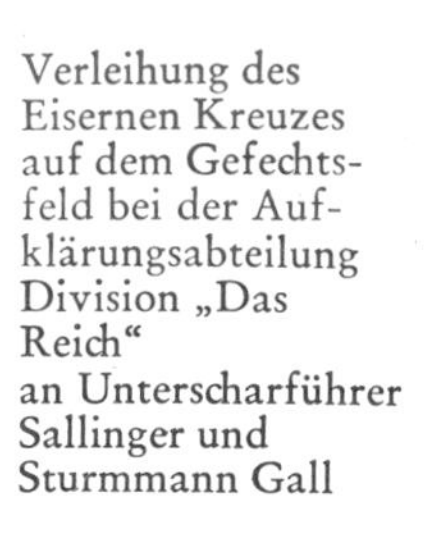

Iwanoro 25. 7. 41:

Verleihung des Eisernen Kreuzes auf dem Gefechtsfeld bei der Aufklärungsabteilung Division „Das Reich" an Unterscharführer Sallinger und Sturmmann Gall

Ivanoro July 25, 1941:

Unterscharfuehrer Sallinger and Sturmmann Gall from the Reconnaissance Battalion of the "Das Reich" Division, are awarded the Iron Cross on the battlefield

Achtrad-Panzerspähwagen auf Mine gelaufen

This eight wheeled armoured car ran over a mine

Abgeschossene
russische „Rata“

A shot-down Russian
“Rata“ aircraft

Spitze der Aufklärer „Das Reich“ bei Chominskij

Leading the forward reconnaissance of the “Das Reich“ Division
at Chominski

Kriegsbeute

Spoils of war

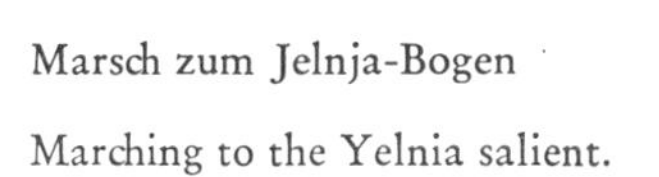

Marsch zum Jelnja-Bogen

Marching to the Yelnia salient.

Ehrensalve für einen gefallenen Funker des vorgeschobenen Beobachters der Artillerie (Division „Das Reich“)

A salvo fired in honour of a radio operator of the forward observers of the "Das Reich" Division artillery, who was killed in action

Gefechtsstand Regiment „Der Führer“. Zweiter von links SS-Brigadeführer und Generalmajor der Waffen-SS Keppler, und rechts von ihm Sturmbannführer Otto Kumm

Front line headquarters of the "Der Fuehrer" Regiment. Second from the left, SS Brigadefuehrer and Generalmajor of the Waffen SS, Keppler, and to his right, Sturmbannfuehrer Otto Kumm

Jeder betrachtet mit anderen Gedanken das verdiente Huhn

Each with his own thoughts as he looks at the well-deserved hen

Zeichen am Weg

The sign of the cross along the way

Kompaniefest der Leibstandarte in der Ukraine

A Leibstandarte company celebrates in the Ukraine

Der Wehrmachtbericht ist die wichtigste Informationsquelle

The Army news broadcast is the most important source of information

Verpflegung nach vorn

Supplies going forward

55 Stück Großvieh oder 120 Schweine verarbeitet eine Schlächtereikompanie

Every day, the butchery company turns 55 head of cattle or 120 pigs

für eine Division täglich zu Frischfleisch und Wurst

into fresh meat and sausage for a division

Infanteriegeschütze ganz vorn

An infantry gun right up at the front line

160

Kavallerie der Waffen-SS nach der Schlacht von Bialistok 1941
Waffen SS cavalry after the battle of Bialistok 1941

Dem weichenden Gegner nach

After the retreating enemy

„Stalin"-Orgel

A captured "Stalin Organ" (a Russian rocket launcher)

cm-Flak
ht in Stellung

2-cm
ıti-aircraft gun
manoeuvred
to position

Iashina
ei Juchnow
. 10. 1941

he village
f Mashina
ear Yuchnow,
ctober 7, 1941

Gefallener
der Leibstandarte

A soldier of the
Leibstandarte,
killed in action

Fernsprechvermittlung — Führungstruppen sorgen für Verbindungen

Making a telephone connection — the H.Q. troops have the job of looking after communications

Am MG 42

Firing an M.G. 42

163

Flußhindernisse werden mit Sturm- und Schlauchbooten überwunden

River obstructions are overcome by means of assault craft and rubber dinghies

Nordlicht

The Northern Lights

„Land der tausend Seen“

Land of the thousand lakes

Im hohen Norden kämpft jenseits des Polarkreises die 6. SS-Division „Nord“ in den tiefen Wäldern und zwischen Sümpfen und Seen Kareliens

Up in the far north, the 6th SS Division "Nord" fought on the further side of the Arctic Circle, deep in the woods and among the marshes and lakes of Karelia

Unter finnischer Führung an der Straße nach Kiestinki–Louhi.

Under Finnish command at the road to Kiestinki–Louhi.

Generalmajor Siilasvuo, Kommand. General III. finn. AK (2. von links), Generaloberst Dietl, Oberbefehlshaber 20. Gebirgsarmee (3. von links), SS-Brigadeführer und Gen.Maj. d. Waffen-SS Demelhuber, Kommandeur 6. SS-Gebirgsdivision „Nord“ General Palojärvi, Kommandeur finnische 6. Jägerdivision

Major-General Siilasvuo, Commander of the III Finnish Army Corps (2nd from left), Lieutenant-General Dietl, Commander-in-Chief of the 20th Mountain Army (3rd from left) SS Brigadefuehrer and Major-General of the Waffen SS, Demelhuber, Commander of the 6th SS Mountain Division "Nord" General Palojärvi, Commander of the Finnish 6th Rifle Division

Schweres Maschinengewehr in der grünen Hölle vor der Murmanbahn an der Straße nach Louhi, 1941

A heavy machine gun in the greeh hell of the forest on the road to Louhi, 1941, covering the Murmansk railway.

Karte:
Nördlicher Kriegsschauplatz im Anhang

Map of the northern theatre of war in Appendix

SS-Brigadeführer und Generalmajor der Waffen-SS, Kleinheisterkamp (gefallen), Kommandeur der Division „Nord" (erster von rechts) mit finnischem General und dem Ia der Division, Sturmbannführer Kunstmann (gefallen)

SS Brigadefuehrer and Major-General of the Waffen-SS, Kleinheisterkamp, (killed in action), Commander of the "Nord" Division (1st from the right) with a Finnish general and the Ia Staff Officer of the Division, Sturmbannfuehrer Kunstmann (killed in action).

General Siilasvuo, Kommandierender General des III. (finnischen) Armeekorps, dem die Division „Nord" unterstand

General Siilasvuo, Commander of the III Finnish Army Corps which had the "Nord" Division under its command

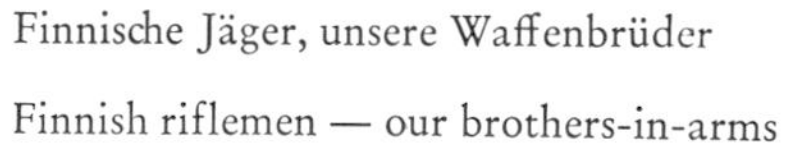

Finnische Jäger, unsere Waffenbrüder

Finnish riflemen — our brothers-in-arms

167 Ablösung im Urwald Kareliens

The relieving troops take over in the Karelian jungle

Finnische Freiwillige werden von General der Waffen-SS Steiner begrüßt.

Finnish volunteers are saluted by General of the Waffen-SS Steiner.

Und im Süden: Spitze der Aufklärungsabteilung „Division Wiking“

And in the south: At the head of the Reconnaissance Battalion of the "Wiking" Division

Aus russischem Hinterhalt zurückgekehrter Vortrupp berichtet

An advance guard returns from behind the enemy lines and reports

Panzerjäger im Kampf an der Rollbahn

Anti-tank troops fighting along their main advance path

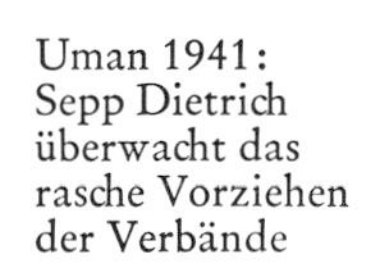

Uman 1941: Sepp Dietrich überwacht das rasche Vorziehen der Verbände

Uman 1941: Sepp Dietrich watches over the units' swift forward advance

Infanteriegeschütz nach vorn . .

Taking a field gun forward

Kommandeure zur Einweisung bei SS-Brigadeführer und Generalmajor der Waffen-SS Keppler

Commanding officers at briefing with SS Brigadefuehrer and Major-General of the Waffen SS, Keppler

SS-Gruppenführer und Generalleutnant der Waffen-SS Hausser erhält das Ritterkreuz
aus der Hand des Generals der Panzertruppen v. Vietinghoff-Scheel

SS Gruppenfuehrer and Generalleutnant of the Waffen SS, Hausser, receives the Knight's Cross
from the hand of the General of the Panzer Troops, von Vietinghoff-Scheel

Petersens Bilder berichten sachlich und ehrlich, ohne falsches Pathos und ohne Verkleinerung der Mühen, Leiden und Schmerzen des Krieges

(Kriegsberichter in der 5. SS-Panzerdivision „Wiking“)

Petersen’s pictures report factually and honestly without false pathos and without diminishing the troubles, suffering and pain of war
(A war correspondent with the 5th SS Panzer Division “Wiking“

Der Bildberichter und Maler
Professor Petersen mit dem
Zeichenstift in der vordersten Linie

The picture reporter
and artist Professor Petersen
with his pencil,
right up in the front line

Werfer
im Einsatz bei Uman

Mortars
in action at Uman

Die Gräber
der Gruppe
Förster

The graves
of the group led
by Foerster

Führungsstaffel
der Division
„Das Reich“
bei Jelnja —
Divisions-
kommandeur
Hausser
diktiert Befehl

H.Q. staff of the
"Das Reich"
Division
at Yelnia —
the Divisional
Commander
Hausser dictates
an order

Generalkommando
XXXXVI. Pz.-Korps

den 10. 8. 41

KORPS-TAGESBEFEHL

Nach einem der schweren Abwehrkämpfe an der Nordost-Front von Jelnja wurde die Gruppe Förster der 1. SS-Kradschützen-bataillon, die den Auftrag hatte, die linke Flanke der Komp. zu sichern, wie folgt aufgefunden:

Der Gruppenführer SS-Uschaf. Förster, mit der Hand an der Abreißschnur der letzten Handgranate — Kopfschuß. Schütze 1, SS-Rottf. Klaiber, das M.-G. noch in die Schulter eingezogen und einen Schuß im Lauf — Kopfschuß.

Schütze 2, SS-Sturmmann Buschner, Schütze 3, SS-Sturmmann Schyma — tot in den Schützenlöchern, Gewehr im Anschlag.

Der Solomelder, SS-Sturm. Oldeboerhuis, tot an seiner Maschine kniend, mit der Hand am Lenker, gefallen in dem Augenblick, als er die letzte Meldung überbringen sollte.

Der Fahrer, SS-Sturm. Schwenk, tot in seinem Schützenloch.

Vom Gegner sah man nur noch Tote, die auf Handgranatenwurf-weite im Halbkreis um die Stellung der Gruppe lagen.

Ein Beispiel für den Begriff „Verteidigung“.

In Ehrfurcht stehen wir vor solchem Heldentum.

Ich habe beantragt, daß diese Namen im Ehrenblatt des deutschen Heeres veröffentlicht werden.

Der Kommandierende General
gez. v. Vietinghoff-Scheel
General der Panzertruppen

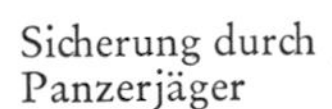

Sicherung durch Panzerjäger

An anti-tank gun gives cover

Corps Headquarters
XXXXVI Panzer Corps 10. 8. 41

ORDER OF THE DAY

After heavy defensive fighting on the north-east front of Yelnia, Foerster's group of the 1st SS Motorcycle Battalion which had the assignment of protecting the left flank of the company, was discovered as follows:

The group leader, SS Unterscharfuehrer Foerster with his hand on the release cord of his last grenade, had received a shot in the head. Soldier No. 1, SS Rottenfuehrer Klaiber, his M.G. still at his shoulder and a shell in the process of being fired, had received a shot in the head.

Soldier No. 2, Sturmann Buschner, Soldier No. 3, Sturmann Schyma, dead in foxholes with rifles in the firing position.

The dispatch rider, SS Sturmann Oldeboerhuis, was dead on his knees by his motorcycle, with his hand on the handlebars, killed in that moment as he sought to deliver the last dispatch.

The driver, SS Sturmann Schwenk, was dead in his foxhole.

Of the enemy, there were only dead men to be seen who lay in a semicircle around the group's position, a hand grenade's throwing distance away.

An example of what 'Defence' means.

We stand in respect and awe before such heroism.

I have applied for these names to be published in the Roll of Honour of the German Army.

General Officer Commanding
signed von Vietinghoff-Scheel
General of the Panzer Troops

Männer der Panzerdivision „Wiking“ mit Flammenwerfer

Men of the Panzer Division “Wiking“ with a flame thrower

„Der sowjetische Generalmajor Artemenko, Kommandierender General des XXVII. Armeekorps, sagte bei seiner Gefangennahme im Herbst 1941 aus, die SS-Division ‚Wiking‘ habe an Kampfkraft alles Dagewesene übertroffen; auf russischer Seite habe man aufgeatmet, als die Division durch Heeresdivisionen abgelöst worden sei.“

(Höhne, a.a.O., Seite 488)

“When taken prisoner in autumn 1941 the Russian Major-General Artemenko, commander of XXVII Army Corps, said that the SS Division ‘Wiking‘ had shown greater fortitude than any other formation on either side; the Russians had breathed a sigh of relief, he said, when the division was relieved by army units.“

(Hoehne, page 488)

177

Oft bis zur völligen Erschöpfung

Often carrying on to complete exhaustion

Ehrung der Gefallenen im Felde . . .
Honouring those who were killed in action
. . . und in der Heimat — Vorbeimarsch der „Leibstandarte“ am Volkstrauertag
And at home — a march-past by the Leibstandarte on Volkstrauertag
(a day of mourning for those who died in battle)

Finnische Soldaten als unsere Gäste auf dem Ehrenbreitstein bei Koblenz

Finnish soldiers as our guests visiting the Ehrenbreitstein fortress at Coblence

„Panzer"-Meyer am Grabe seines Fahrers

"Panzer" Meyer at the grave of his driver

In der Vorstadt von Mariupol kämpft die „Leibstandarte"
The Leibstandarte fights in the outskirts of Mariupol

Im Kampf um den Bahnhof

The railway station in the centre of fighting

Durch Rauch und Feuer
in die Stadt

Entering the town
through smoke and fire

Russischer Panzerzug durch 8,8-cm-Flak am 17. 10. 1941 bei Taganrog vernichtet

A Russian armoured train destroyed by 8.8 cm Flak on 17. 10. 1941 at Taganrog

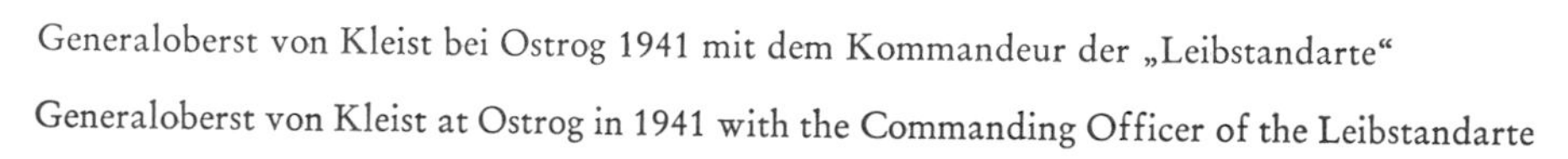

Generaloberst von Kleist bei Ostrog 1941 mit dem Kommandeur der „Leibstandarte"

Generaloberst von Kleist at Ostrog in 1941 with the Commanding Officer of the Leibstandarte

Es geht kaum noch vorwärts —

Moving forward is a real problem —

— der Winter ist da

— winter has come

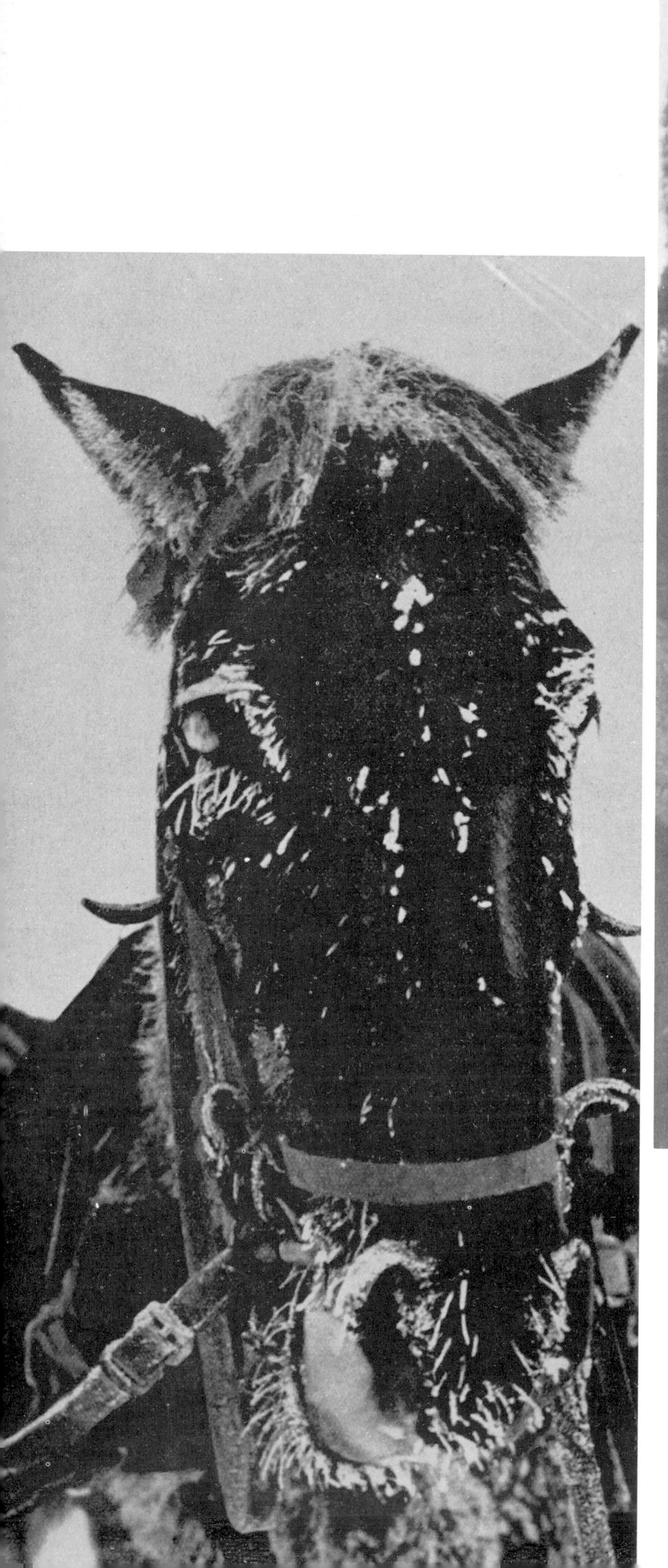

Der Frost quält sie alle . . .
They all suffer from frost

Die Pferde als
zuverlässige Helfer
wurden
besonders betreut

Horses are reliable helpers
and are specially well looked after

Schnell einen Schutz
gegen Kälte und vielfältige Gefahr

A protective shelter against the cold
and all kinds of dangers goes up quickly

Der Zugführer

The platoon leader

Spähtrupps
sind ständig unterwegs
um Überraschungen
auszuschließen
und eigene
Unternehmungen
vorzubereiten

Reconnaissance troops
are always in the field
to prevent the enemy
springing any
surprises and to prepare
the way for their own
sides' operations

Schweres Maschinengewehr 34
im Einsatz

A heavy machine gun 34
in operation

Stoßtrupp in Schneehemden

An assault party
in snow coveralls

Zugmaschine mit leichter Feldhaubitze ist steckengeblieben

A gun-tractor with a light field howitzer is stuck

Auf dem Marsch zur Ablösung

Relieving troops, on the march

Die Divisionen überstehen den Winter 1941—42 nur durch die Kunst der raschen Improvisation. Sie schaffen Transport- und Zugmittel im Rückgriff auf Schlitten und Maultier.
Die Bekleidung wird ohne Beachtung der „Bekleidungsvorschrift“ ergänzt

The divisions withstood the winters of 1941 and 1942 only because of their skill in speedy improvisation. For tractors and transport, they resorted to mules and sledges. They supplemented their clothing irrespective of the Dress Regulations.

Mit allen Mitteln werden im Schneesturm die Verbindungswege freigehalten, auch wenn die Arbeit hoffnungslos scheint

They use anything to keep the lines of communication clear in the snow-storm, even when the work seems hopeless

Nächst dem Winter war der T 34 die große Überraschung — die Panzer-Abwehrkanone 3,7 cm versagte — die Männer stellen „Panzer-Cocktail“ her, der Frontsoldat „muß sich zu helfen wissen“

Apart from the winter, the Russian T 34 tank was the big surprise. The 3.7 cm anti-tank gun could not do anything against it, so the men manufatured “Panzer Cocktails“. The front line soldier has to know how to help himself.

Granatwerfer im Iglu

A mortar in an igloo

Der härteste Winter seit 120 Jahren — und ein heroischer Widerstand

The hardest winter for 120 years — and heroic resistance

Jetzt geht es nicht weiter — es geht ums Überleben

No more advancing — survival is all that matters

Sicherung an der Moskwa 3. 12. 41 bei Shewnewo

Defensive operations on the River Moskwa at Shewnewo, December 3, 1941

192

Stellungen der Division „Das Reich“ westlich Moskau

The positions of the “Das Reich“ Division west of Moscow

Im Kessel von Demjansk . . .

In the Demiansk cauldron

Winter vor Leningrad bei der 4. SS-Pol.-Division

The 4th SS Polizei Division in front of Leningrad in winter

. . . mit der „Totenkopfdivision"

. . . and the "Totenkopf" Division

Vordere Linie — Division „Das Reich"

The front line — the "Das Reich" Division

Ablösung im Kessel von Demjansk

Taking over a position in the Demiansk cauldron

Scharfschütze mit Beobachter

Sniper with observer

Finnisches Freiwilligen-bataillon III./„Nordland“ im Schneesturm bei Stalino

The Finnish volunteer battalion III/“Nordland“ in a snow storm at Stalino

Soldaten der Panzergrenadier-division „Das Reich“ richten sich „häuslich“ ein

Soldiers of the Panzergrenadier Division “Das Reich“ make themselves at home

Trotzig kämpfen die Kompanien gegen den „General Winter“

The companies fight obstinately against “General Winter“

Mit Sprengmitteln und Minen gegen Eisstau an Brücken ...

Using explosives and mines against ice damming up rivers at bridges

... und gegen den gefährlichen Russenpanzer T 34

... and against the dangerous Russian T 34 tank

Winter 1941
Soldaten der Roten Armee ergeben sich

Winter 1941
Red Army soldiers give themselves up

Ritterkreuz für den niederländischen Sturmmann (Gefreiter) Gerardus Mooymann, der südlich des Ladogasees an einem Tage 13 Panzer abschoß

The Knigtht's Cross for the Dutch trooper Garardus Mooyman who knocked out 13 tanks on one day, south of the Ladoga Lake

Fast 50 Grad!

Almost 50° Centrigade below zero

Auf Ladestreifen setzt dieser Soldat
die Munition für seinen Karabiner

This soldier loads a bullet clip
for his carbine

Marsch im Schneesturm

Marching in a snow-storm

A 3.7 cm anti-tank gun on sledge
runners. The troops improvised,
and the enemy did too

„Vor Istra liegt in einer Flußschleife die Zitadelle der Stadt, sie beherrscht die westlichen Zugänge. Der SS ‚Reich' gelingt es, die Zitadelle überraschend zu nehmen. Die SS-Infanterieregimenter ‚Deutschland' und ‚Der Führer', unterstützt durch SS-Artillerieregiment ‚Das Reich', sind von Süden eingebrochen und sickern in die verschanzten Straßen ein. Hitlers und Stalins Garden schenken sich nichts. Die Sibirier müssen weichen. Istra, das Kernstück der letzten Moskauer Schutzstellung, wird genommen."
(Paul Carell, „Unternehmen Barbarossa", Seite 161)

"In front of Istra the citadel of the town lay in a bend of the river. It dominated the western approaches. The SS Division 'Das Reich' succeeded in taking the citadel by surprise. The SS infantry regiments 'Deutschland' and 'Der Fuehrer' broke in from the south and infiltrated the barricaded streets. Hitler's and Stalin's Guards did not give one another an inch. The Siberians had to fall back. Istra, the core of Moscow's last defensive position was taken."
(Paul Carell, "Unternehmen Barbarossa", page 161)

Kradmelder der Division „Das Reich" vor Istra — Dezember 1941

A dispatch rider of the "Das Reich" Division approaching Istra in December 1941

„Hände warmklopfen!"

"Clap your hands until they are warm!"

Kommandant des Sturmgeschützes informiert sich

The assault gun commander checks the situation

Vor Ordshonikidse am Kaukasus

Near Orzhonikidze in the Caucasus

In der „Schlammperiode“ versinken Stellungen, Straßen, Wege und Täler in Wasser und Morast im Frühjahr oder Herbst . . .

During the “mud season“ in spring or autumn, military positions, roads tracks and valleys sink beneath water and swamp

Der Straßenbau beschäftigt alle, nicht nur die Pioniere

Building roads is everybody's business, not just the engineers'

Im Kessel von Demjansk Anfang 1942

In the Demiansk cauldron at the beginning of 1942

Zwei „PS" vor zwanzig

Two horse-power in front of twenty

Die 8. SS-Kavalleriedivision „Florian Geyer“ auf dem Vormarsch

The 8th SS "Florian Geyer" Cavalry Division advancing

204

Na, dann „Prost“ — für beide

Cheers — to both of you!

Essenträger mit Thermoskübel

Bringing the food supplies
in Thermos containers

„Ohne Sattel“ —
die Pioniere

The Engineers —
“barebacked!“

Panzerboot auf dem Pripjet

An armoured boat on the River Pripet

Pferdeschwemme . . .

A horse pond

ein „Kriegskind"

A "war baby"

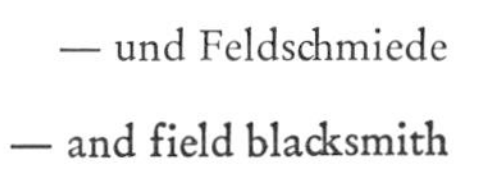

— und Feldschmiede

— and field blacksmith

4. Schwadron des 2. SS-Reiterregimentes

The 4th Squadron of the 2nd SS Mounted Regiment

Mittagsrast der Schwadron

A break at midday for the squadron

Auf Höhe 252 — bei Zdenac

On Hill 252 — near Zdenac

Neue Verbände rollen auf Bahnen und Straßen heran

New units roll on by road and rail

Sturmgeschütz III G mit verbreiterten Ketten

The III G assault gun with widened tank tracks

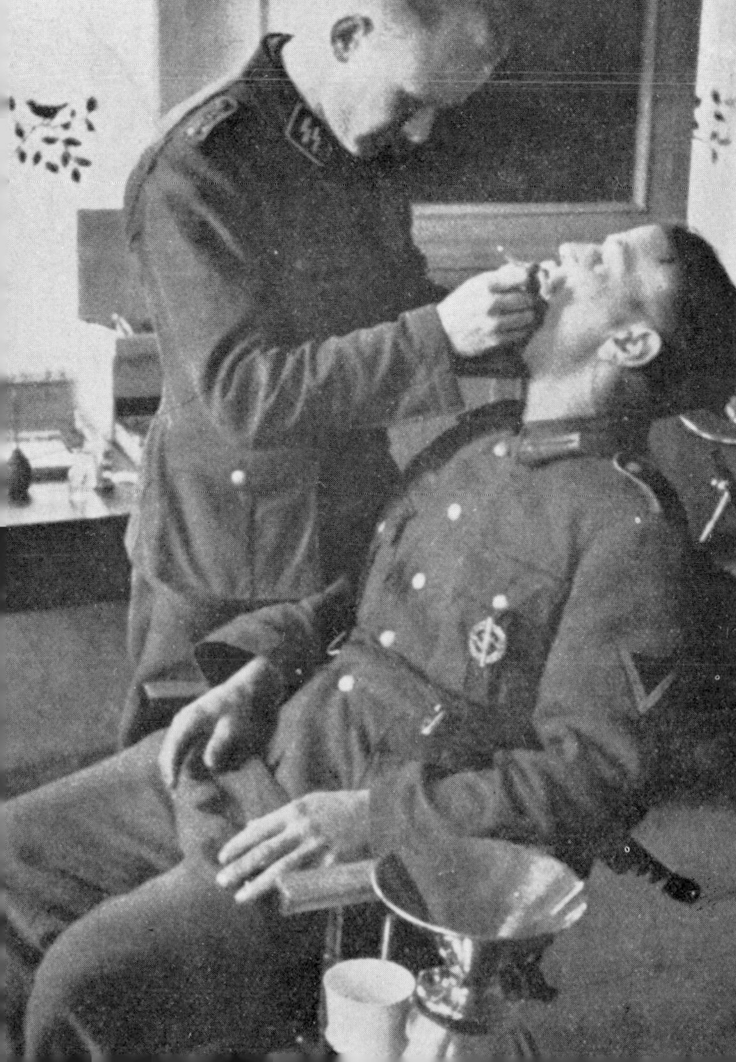

Bei Kamonica in Jugoslawien

Near Kamonica in Yugoslavia

Generaloberst Model auf dem Gefechtsstand der Division „Das Reich" im Gespräch mit Standartenführer Ostendorf, dem Ia

Generaloberst Model at the Command H.Q. of the "Das Reich" Division, talking with Standartenfuehrer Ostendorf, the Ia Staff Officer

SS-Brigadeführer und Generalmajor der Waffen-SS Felix Steiner, Kommandeur der Division „Wiking"

SS Brigadefuehrer and Major General of the Waffen SS, Felix Steiner, commander of the Division "Wiking"

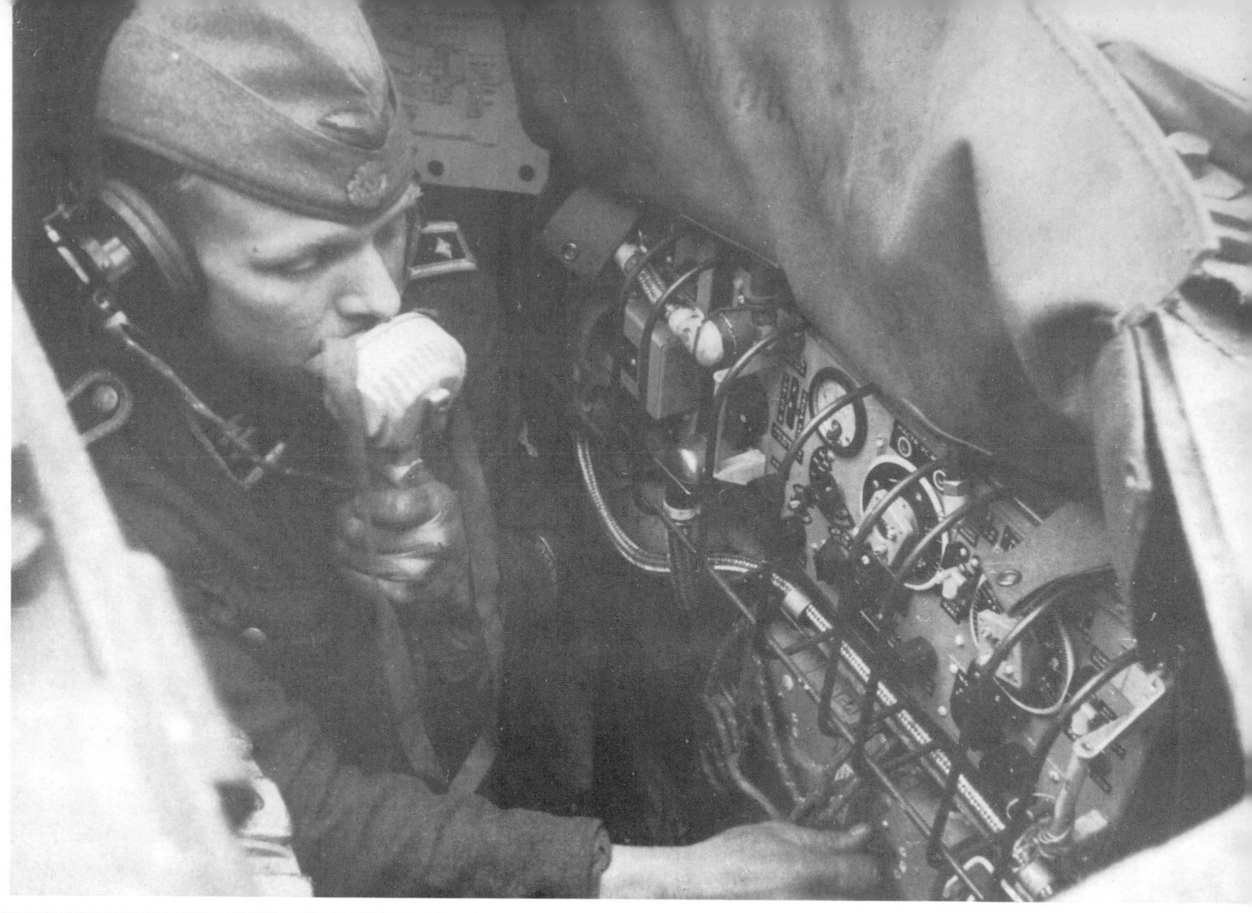

Funker und Fernsprecher sind unentbehrlich für die Truppenführung

Radio and telephone operators are indispensable to those in command

Divisionserkennungszeichen:

5. „Wiking“ 3. „Totenkopf“ 1. LAH 2. „Das Reich“

Badges of the divisions:

5th "Wiking" 3rd "Totenkopf" 1st "Leibstandarte" 2nd "Das Reich"

Einsatz gegen Partisanen

Operating against partisans

Mittlerer Granatwerfer 8 cm — Stativ, Rohr und Bodenplatte müssen getragen werden

A medium 8 cm mortar. The base plate, barrel and stand all have to be carried

„Eine neue Welt empfing den SS-Soldaten, grausam, unerbittlich und sternenweit entrückt den weltanschaulichen Parolen des Schwarzen Ordens. Im Glauben an ihren Führer und den Endsieg jagten die SS-Verbände durch Rußlands Steppen, Sümpfe und Wälder, Helden und Opfer eines schauerlichen Kapitels menschlicher Irrungen und Wahnideen. Schlag auf Schlag meißelten sich die Soldaten der Schutzstaffel in die Tafeln der Kriegsgeschichte ein. Ob am Südabschnitt, ob in der Mitte oder im Norden — wo immer sich der überraschte Feind zum Widerstand stellte, wo immer der Gegner zum Konterschlag ausholte und Lücken in die deutsche Angriffsfront riß, stets riefen die Befehle die SS-Verbände herbei. Wieder stürmten die SS-Divisionen als Angriffskeil den deutschen Armeen voran. Die Leibstandarte schlug einen Brükkenkopf über den Dnjepr, brach bei Perekop durch die sowjetischen Verteidigungsstellen vor der Krim und erstürmte Taganrog und Rostow. Die ‚Wiking' verfolgte den Gegner bis zum Asowschen Meer, während ‚Das Reich' die Schutzstellungen Moskaus südlich von Borodino durchbrach und der sowjetischen Metropole auf wenige Kilometer nahe kam. Als jedoch die Sowjets Ende 1941 zu den ersten großen Gegenstößen antraten, da wurde die Waffen-SS zu einem Inbegriff soldatischer Standhaftigkeit ohne Beispiel. Unter den Hammerschlägen sowjetischer Stalinorgeln, Panzer und Infanteriemassen härtete sich das Renommee der SS-Soldaten, die Feuerwehr des deutschen Ostheeres zu sein."

(Höhne, a.a.O., Seite 487)

Schwere Feldhaubitze im Feuerkampf

A heavy field howitzer being operated in battle

"The SS soldiers were living in another world, a cruel remorseless world, aeons removed from the ideological verbiage of the SS. Driven by belief in their Fuehrer and in the ultimate victory of Germany, the SS formations stormed through the steppes, marshes and forests of Russia, both heroes and victims of a ghastly chapter of human error and hallucination. They won for themselves a select place in the annals of war. Whether in the south, the centre or the north, wherever the enemy recovered sufficiently from his surprise to stand and fight, wherever he launched a counter-attack and tore gaps in the German attacking front, orders went out for the SS formations.

Once more the SS divisions spearheaded the German armies. The Leibstandarte seized a bridgehead over the Dnieper; it broke through the Soviet defences of the Crimea at Perekop and stormed Taganrog and Rostov. The 'Wiking' Division pursued the enemy to the shores of the Sea of Azov; 'Das Reich' broke through the Moscow defences south of Borodino and came within a few miles of the Soviet capital. Then, when the Soviets launched their first major counter-attack late in 1941, the Waffen SS provided an unparalleled example of tenacity. Hammered by 'Stalin organs', tanks and massed infantry, the SS more than justified their reputation as the eastern army's fire brigade."

(Hoehne, page 487)

217

Maschinengewehr-Stellungen und Panzerabwehr-Riegel sind niedergekämpft

Machine-gun and anti-tank positions are overpowered

Kompaniechefs des Heeres und der Waffen-SS bei der Einweisung
Company commanders of both the Army and the Waffen SS at the briefing

Die Zeit der großen Kesselschlachten
The time of the great cauldron battles

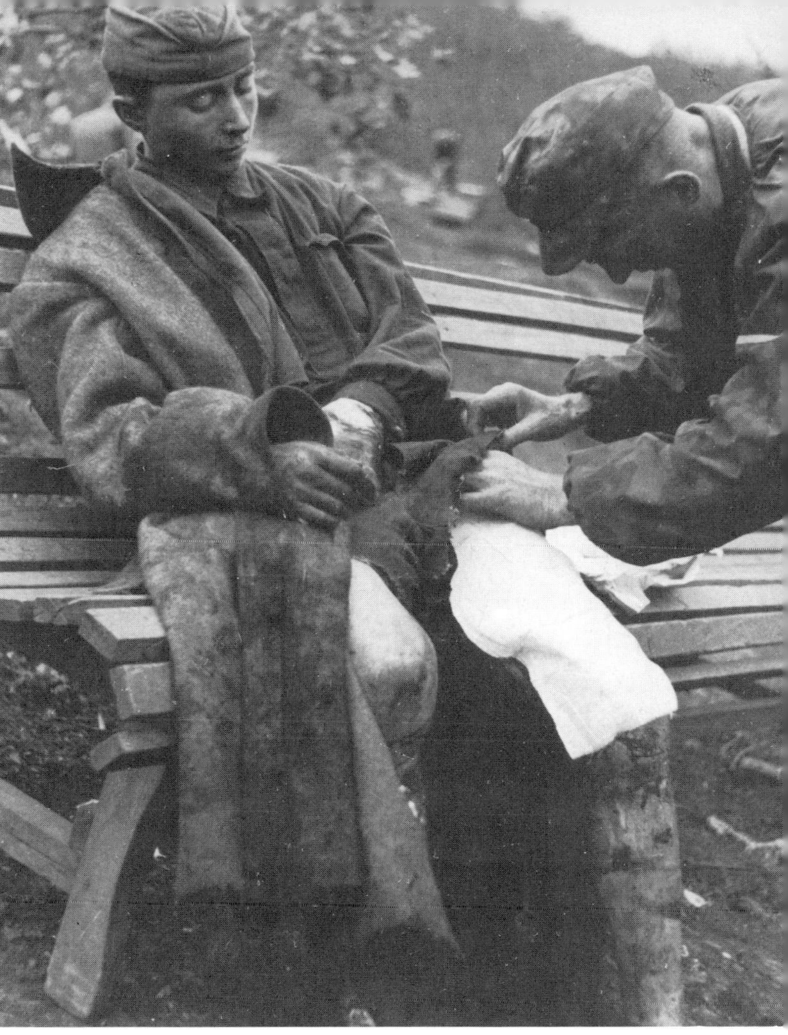

Gefangene hat die Kampftruppe nach Kriegsrecht behandelt

The fighting troops treated prisoners in accordance with their rights as soldiers

Rundum-Beobachtung vom Schützenpanzerwagen

Observation on all sides from an armoured car

Aufklärer per Fahrrad

Reconnaissance by bicycle

Spähtrupp unterwegs

A reconnaissance patrol in action

7,5-cm-Panzerabwehrkanone (Pak 40) mit 22 Abschüssen

A 7.5 cm anti-tank gun (Pak 40) with 22 hits to its credit

Frontsoldaten beider Seiten haben vieles gemeinsam

Front line soldiers of both sides have a lot in common

Teile der „Germania“ auf der Fahrt in den Balkanraum

Part of the “Germania“ Division on the way to the Balkans

„Prinz Eugen“ heißt die neuaufgestellte 7. SS-Freiwilligen-Gebirgsdivision

The newly formed 7th SS Volunteer Division of mountain troops was called “Prinz Eugen“

223

Die Bevölkerung ist freundlich

The civilian population is friendly

Hellmuth Becker (verwundet in der Mitte) später Divisionskommandeur 3. SS-Panzerdivision „Totenkopf“ (vermißt in Rußland)

Hellmuth Becker (wounded, in the centre) later divisional commander of the 3rd SS Panzer Division “Totenkopf”, (missing in Russia)

Max Simon, Kommandeur 1. Rgt. SS „Totenkopfdivision, später Divisionskommandeur 16. SS-Pz.-Grenadier-Division

Max Simon, commander of the 1st Regiment of the “Totenkopf“ Division, later divisional commander of the 16th SS Panzer Grenadier Division

Psychologische Kriegführung

Psychological warfare

Behelfsbrückenbau durch Flak-Artillerie der Waffen-SS gesichert

Building an emergency bridge, protected by the Waffen-SS anti-aircraft artillery

Die Nässe machte uns in der Mius-Stellung viel zu schaffen
The wet conditions in the Mius position give us a lot to do

und dann kam alles auf die „Leine“
and then everything is put on the line

wie hier „am Mius“ Frühjahr 1942
as here, ”on the Mius”, spring 1942

Brückensicherung durch 3,7-cm-Flak

A 3.7 cm anti-aircraft gun protects a bridge

Leichte 2-cm-Flak auf Selbstfahrlafette

A light 2 cm anti-aircraft gun on a self-propelled gun carriage

Schwimmwagen — die Antriebsschraube wird eingekuppelt

An amphibious vehicle — the propeller is engaged

Übung an der Atlantikküste — August 1942 (Ostendorf, Hausser, Keppler)

An exercise on the Atlantic coast in August 1942 (Ostendorf, Hausser, Keppler)

Panzerspähwagen der LAH

An armoured scout-car of the Leibstandarte

Die Feldpost schafft die Verbindung zur Heimat

The Field Post ensures a link with the homeland

Bilder aus einer
Tornisterschrift
der Waffen-SS

Pictures out of a magazine
for the Waffen SS soldier
in the front line

Und sollt er wiederkommen

Und sollt er wiederkommen einst,
was tu ich ihm dann kund?
— Daß Wartens viel gewesen ist,
bis hin zu dieser Stund.

Und wenn er fragt und weiterfragt
und kennt und kennt mich nicht?
— Dann hat er's schwer, dann sprich zu ihm,
wie eine Schwester spricht.

Und wenn er Ort und Aufenthalt
und alles wissen will?
— dann gib ihm meinen Ring aus Gold
und red nicht und sei still.

Und merkt er, daß sich nichts hier regt
und will von mir Bescheid?
— Die Lampe zeig ihm, die nicht brennt,
die Tür sperrangelweit . . .

Und fragt er, wie's in letzter Stund
um dich bestellt mocht sein?
— Ich hätt aus Angst gelächelt, sag,
ich wollt nicht, daß er wein . . .

Maurice Maeterlinck

And if he comes back again one day

And if he comes back again one day
What shall I tell him?
— That the waiting was long
Up to this hour.

And if he asks and asks again,
And does not understand me?
— Then he is finding it hard. Speak to him
As a sister would speak.

And if he wants to know the place, the time
And everything?
— Then give him my ring of gold
And say nothing but be silent.

And if he sees that there is no life here,
And asks me why?
— Then show him the lamp which does not burn,
And the wide open door . . .

And if he asks how it was
For you in the final hour?
— Say, from anxiety I smiled,
For I did not want him to weep.

Maurice Maeterlinck

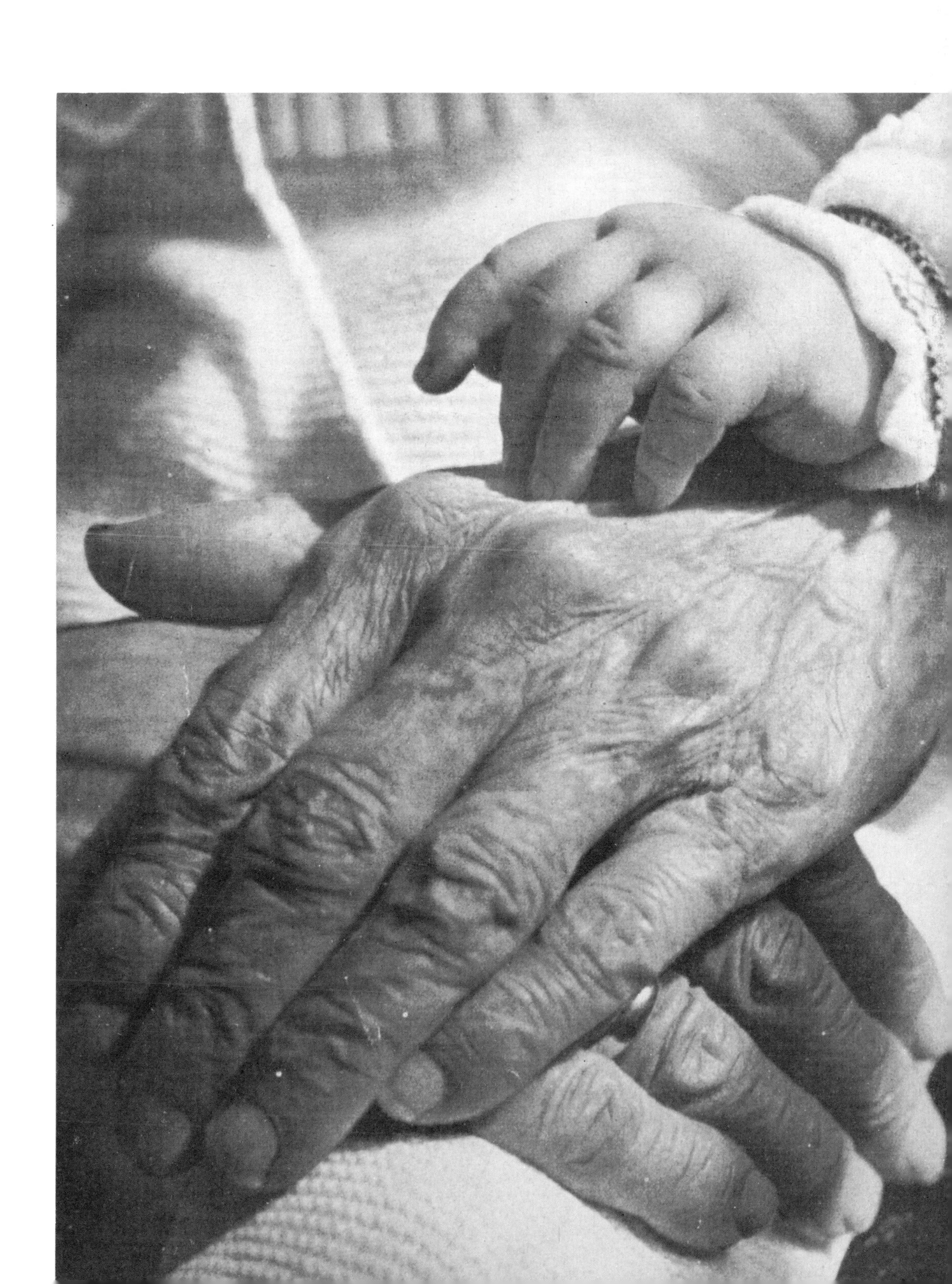

Oben:
M-Boot drückt Schlauchboote mit seinem kräftigen Außenbordmotor über den Strom

Above: The motor boat with its powerful outboard motor pushes the rubber dinghies across the river

Kurz vor dem Einsatz

Just before going into attack

Verwundeter der Kavalleriedivision „Florian Geyer“ wird vom Truppenarzt verbunden

A wounded man of the "Florain Geyer" Cavalry Division is bandageg by the troops' doctor

▶

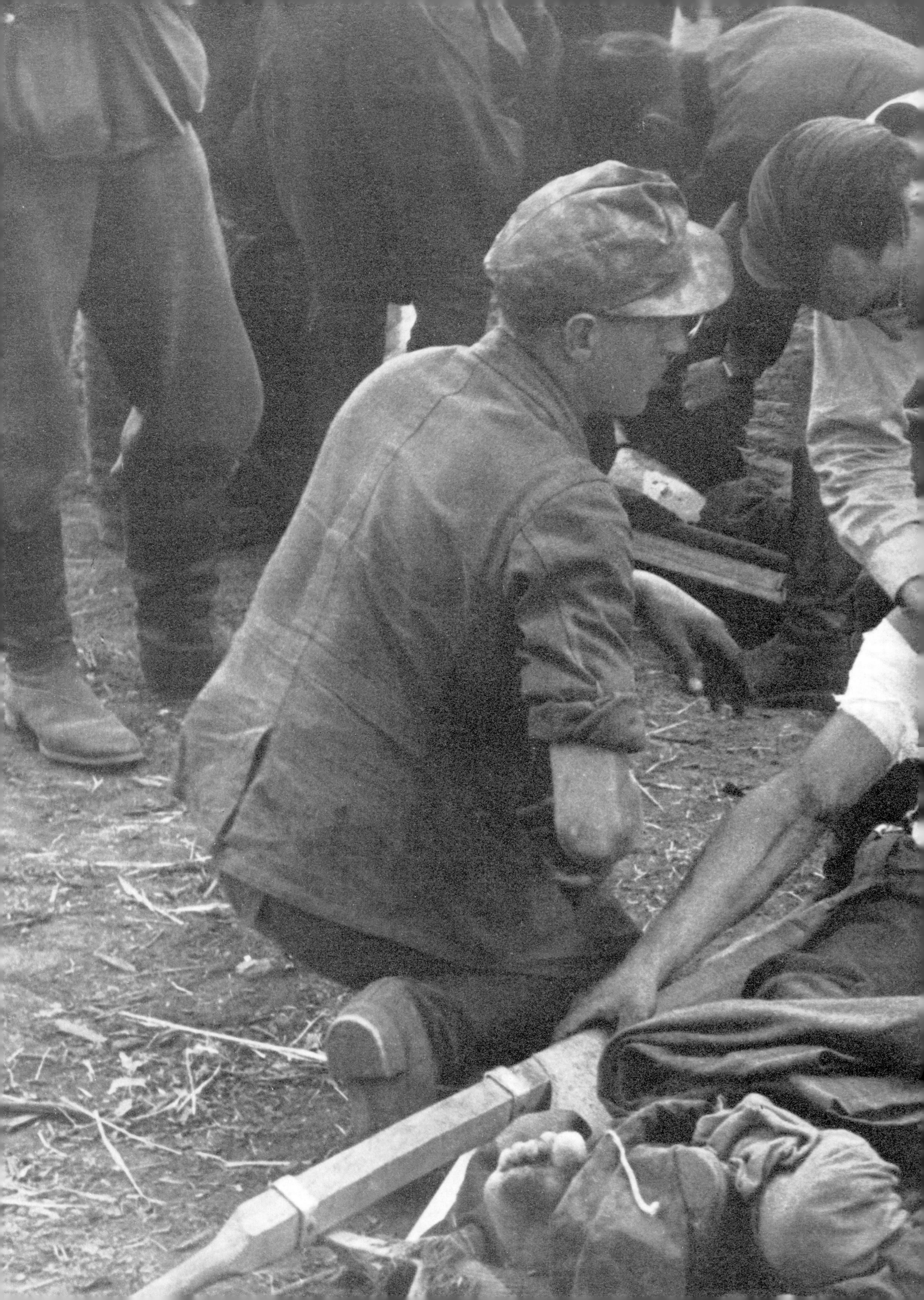

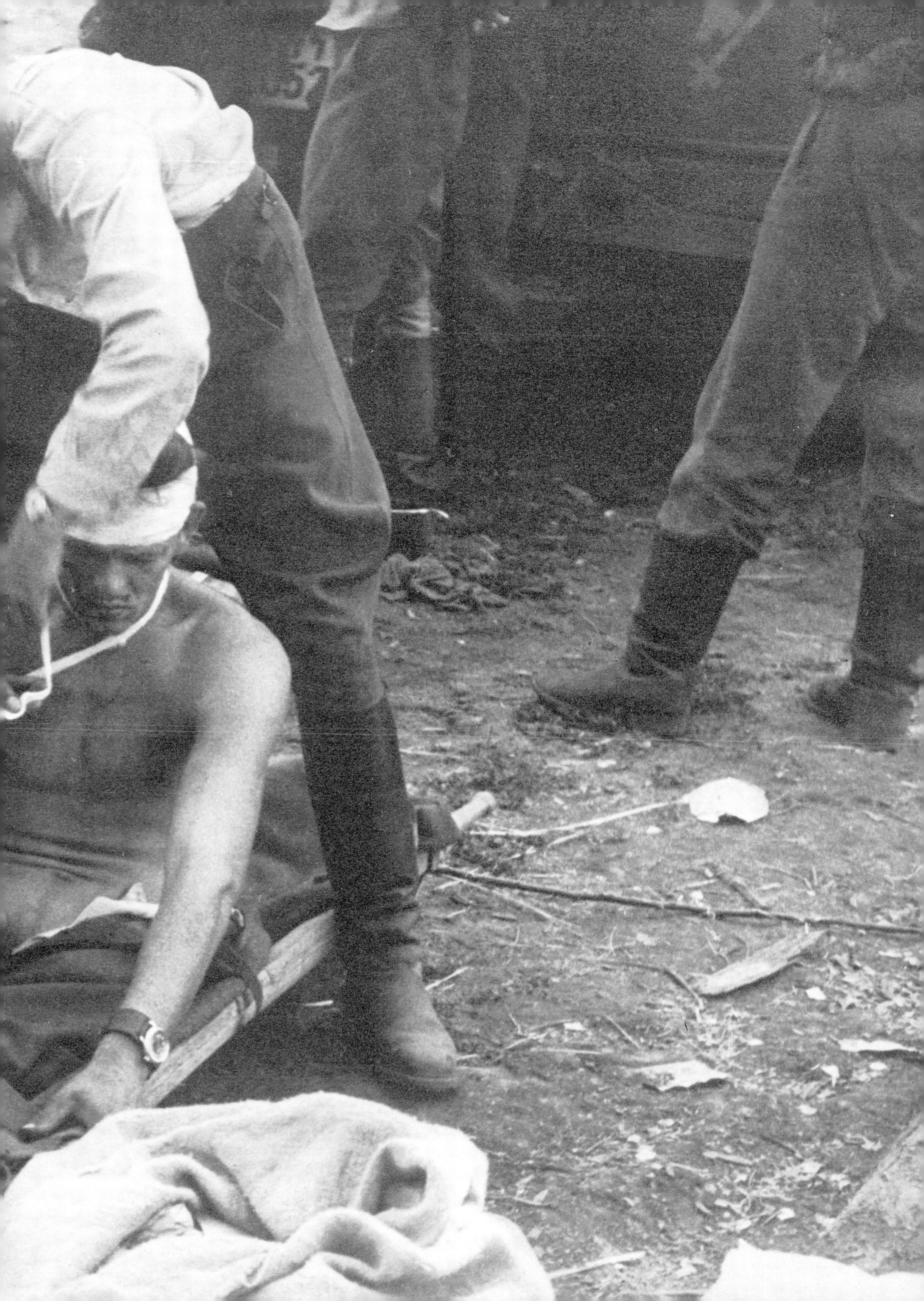

Partisanen,
versprengte
reguläre Truppen

Partisans, stragglers of
the regular troops

und gegnerische Luftwaffe

and the enemy air force

stören den ständigen Strom
des Nachschubs

disrupt the continuous
stream of supplies

. . . doch Menschen, Waffen und Gerät

but the men, guns and equipment

kommen auf den Lorenzügen oder Rungenwagen, im Landmarsch oder motorisiert, auf allen Wegen nach vorn

keep on coming forward along every route, in goods waggons, on flat waggons, using motor transport or pack animals

Jeder faßt zu, doch nur mühsam kommt die schnelle motorisierte Truppe vorwärts

Everyone gives a hand but it is still difficult for fast, motorized troops to make any headway

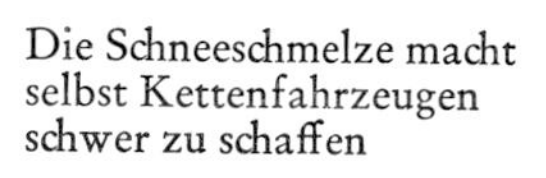
Die Schneeschmelze macht selbst Kettenfahrzeugen schwer zu schaffen

Even the tracked vehicles find it hard going during the thaw

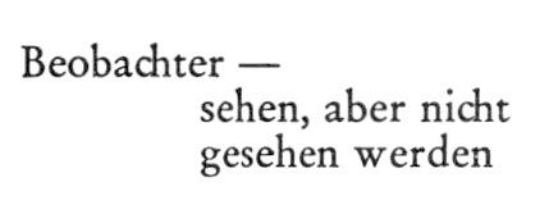

Beobachter —
sehen, aber nicht
gesehen werden

Observers —
they see but they
are not seen

Dezember 1942
vor dem Kaukasus

Approaching the
Caucasus in
December 1942

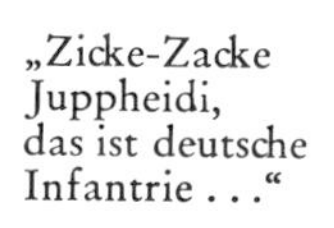

„Zicke-Zacke
Juppheidi,
das ist deutsche
Infantrie . . .“

“Zicke Zacke
Juppheidi.
That's the
German infantry.“

Schützenpanzerwagen

An armoured troop carrier

Kontraste
in „Pferdekräften“

Horse-power contrasted

„Panther“ und Schützen-
panzer kämpfen
zusammen

A "Panther" tank and an
armoured troop carrier
fighting in cooperation

Soldaten der 4. SS-Pol.-Division: Verwundetensammelstelle

An assembly point for wounded soldiers of the 4th SS Polizei Division

Raketenblindgänger wird in Augenschein genommen

Inspecting an unexploded rocket

Erbeutete russische Panzer vom Typ T 34 werden mit deutschem Kennzeichen zum Einsatz gebracht

Captured Russian T 34 tanks are sent into action with German markings

Aus dem ruhigen
Alltag
der Truppe

From the daily life
of the troop when
peaceful

Waffen und Geräte müssen immer wieder gefechtsbereit gemacht werden

Guns and equipment must continually be kept in a state of readiness for battle

Ein seltenes Gespann

A yoked team rarely seen

Meldungen — Skizzen — Feuerpläne — alle Arbeiten bei spärlichem Licht, tief eingegraben . . .

Reports — sketches — artillery fire plans — all work has to be done deep in a dugout by minimal light

Das Standkonzert

An open-air concert

Krankenkraftwagenzüge fahren die Verwundeten aus dem Frontgebi

Lines of ambulances transport the wounded away from the front line

Korpsärzte des Heeres und der Waffen-SS bei gemeinsamer „Visite“ im Feldlazarett

Corps doctors of both the Waffen SS and the Army in a joint visit to the field hospital

Schwere Fälle im Fieseler „Storch“ nach hinten

Überprüfung der Truppensanitäts-ausrüstung (T.S.A.)

Checking the medical equipment of the troo

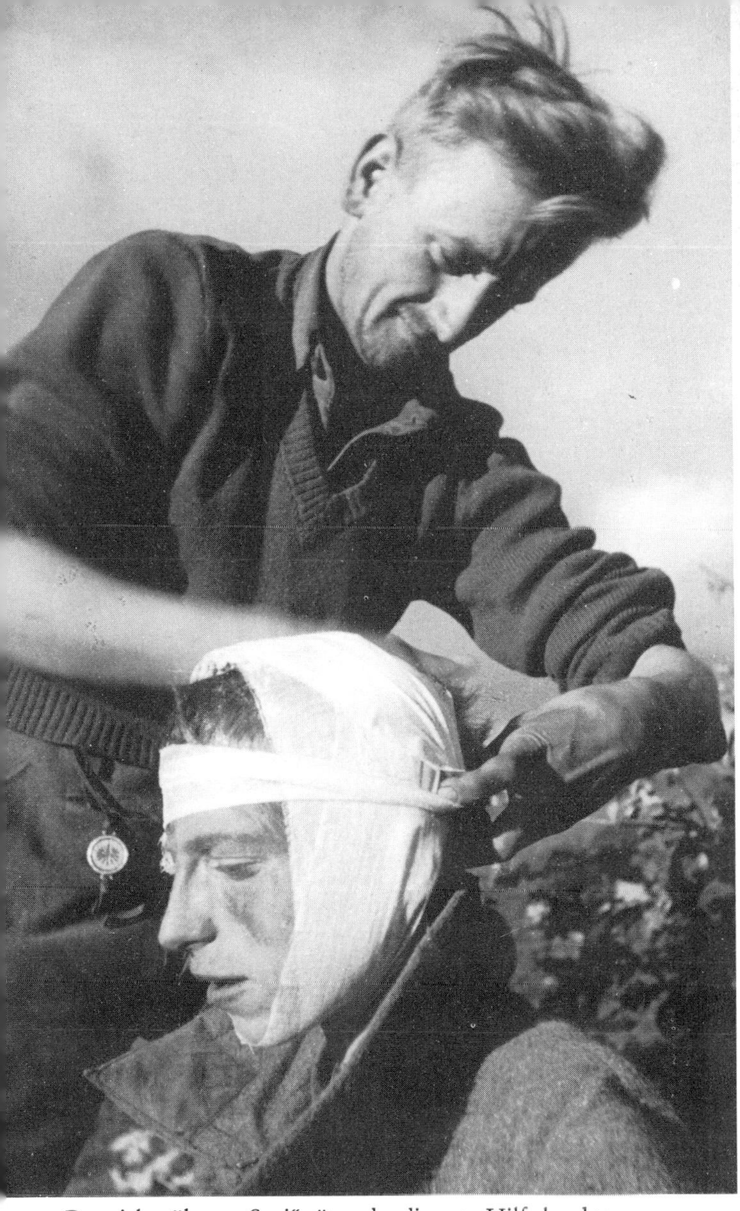

Der vielgerühmte „Sani"-täter, der die erste Hilfe brachte

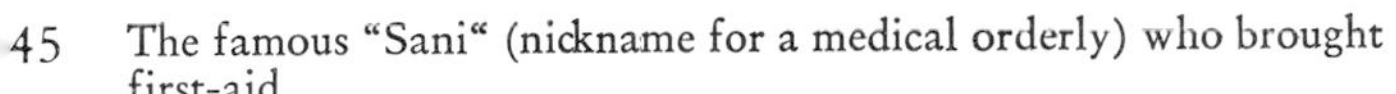

The famous "Sani" (nickname for a medical orderly) who brought first-aid

Der junge Truppenarzt

The young army doctor

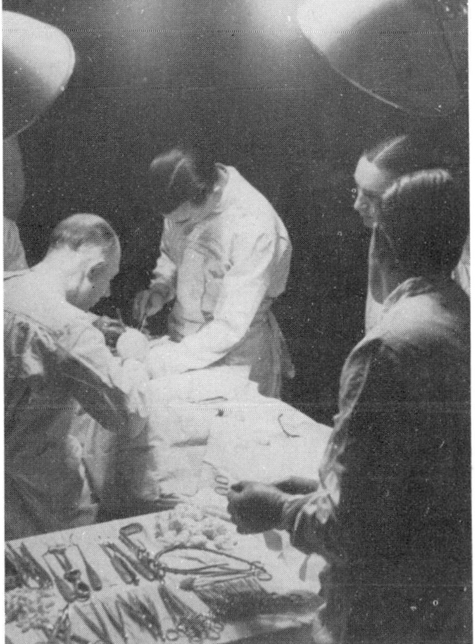

Die Chirurgen bei der schweren Arbeit im Feldlazarett der Sanitätskompanie

Surgeons performing their difficult work in the field hospital of a medical company

SS-Hauptsturmführer Dr. Buchsteiner — Truppenarzt — (gefallen) versorgt auch russische Zivilbevölkerung

Hauptsturmfuehrer Dr. Buchsteiner, an army doctor (killed in action), also attends the Russian civil population

Schwimmwagen (VW) der „Leibstandarte"

A Volkswagen amphibious vehicle of the Leibstandarte

... und des Kraftradschützen-Regiments „Langemarck"

... and of the motorcycle infantry "Langemarck" Regiment

Bei gemeinsamer Erkundung

A joint Waffen SS and Army reconnaissance

Schnell und feuerkräftig die Schützenpanzerwagen-Bataillone

The armoured troop carrier batallions are swift and strong in fire-power

Bei Tenginskaja wird die Laba durchwatet.
I. Bataillon „Nordland" stößt auf Maikop vor (9. 8. 1942)

The 1st Battalion of the Division "Nordland" advance on Maikop on 9. 8. 1942. At Tenginskaja, they wade through the River Laba.

Infanteriegeschütz unter dem Tarnnetz

An infantry field gun under a camouflage net

Bereitstellung zum Angriff

Getting ready to attack

Soldaten des Heeres und der Waffen-SS bergen gemeinsam einen Schwerverwundeten

Waffen SS and Army soldiers together rescue a badly wounded soldier

Sturmbannführer Tychsen,
Kommandeur
II. Abteilung
des Panzerregiments
der Division „Das Reich“,
gefallen in der Normandie

Sturmbannfuehrer Tychsen,
Commander of the 2nd Company of the Panzerregiment of the "Das Reich" Division, who fell in Normandy

„Ohm“-Krüger, Divisionskommandeur „Das Reich“, verleiht Untersturmführer Boska das Deutsche Kreuz in Gold. Trotz Verwundung ist er angetreten. Er wurde an diesem Tage auch im Ehrenblatt des Deutschen Heeres erwähnt und erhielt später das Ritterkreuz.

"Ohm" Krueger, Commander of the "Das Reich" Division, awards Untersturmfuehrer Boska, Section Commander, the German Cross in gold. He is present here although wounded. On this day he was mentioned too in the Roll of Honour of the German Army and he later received the Knight's Cross.

Kavalleriedivision „Florian Geyer“ — mit Tellerminen gegen Panzer vom Typ T 34

The “Florian Geyer“ Cavalry Division using anti-tank “Teller“ mines against the Russian T 34 tanks

... und im Einsatz bei Tag

Heavy artillery on the march

Schwere Artillerie auf dem Marsch

... and in action by day

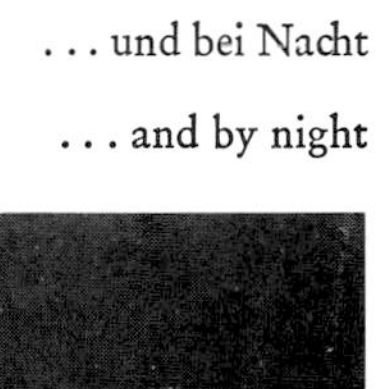

... und bei Nacht

... and by night

Flak-Kanoniere
der Sturmbrigade RFSS
auf Korsika
an der 8,8-cm-Kanone
und dem
Kommandogerät

Anti-aircraft gunners of the
RFSS Sturmbrigade on Corsica,
working the 8.8 cm gun and
the fire director

Ob 40° plus oder
minus — —
die stete
Kampfbereitschaft
war
selbstverständlich

Whether 40° above or below zero, they were always ready for battle. This was taken for granted.

Im Tropenanzug
unter Feigenbäumen

In tropical kit
beneath the fig trees

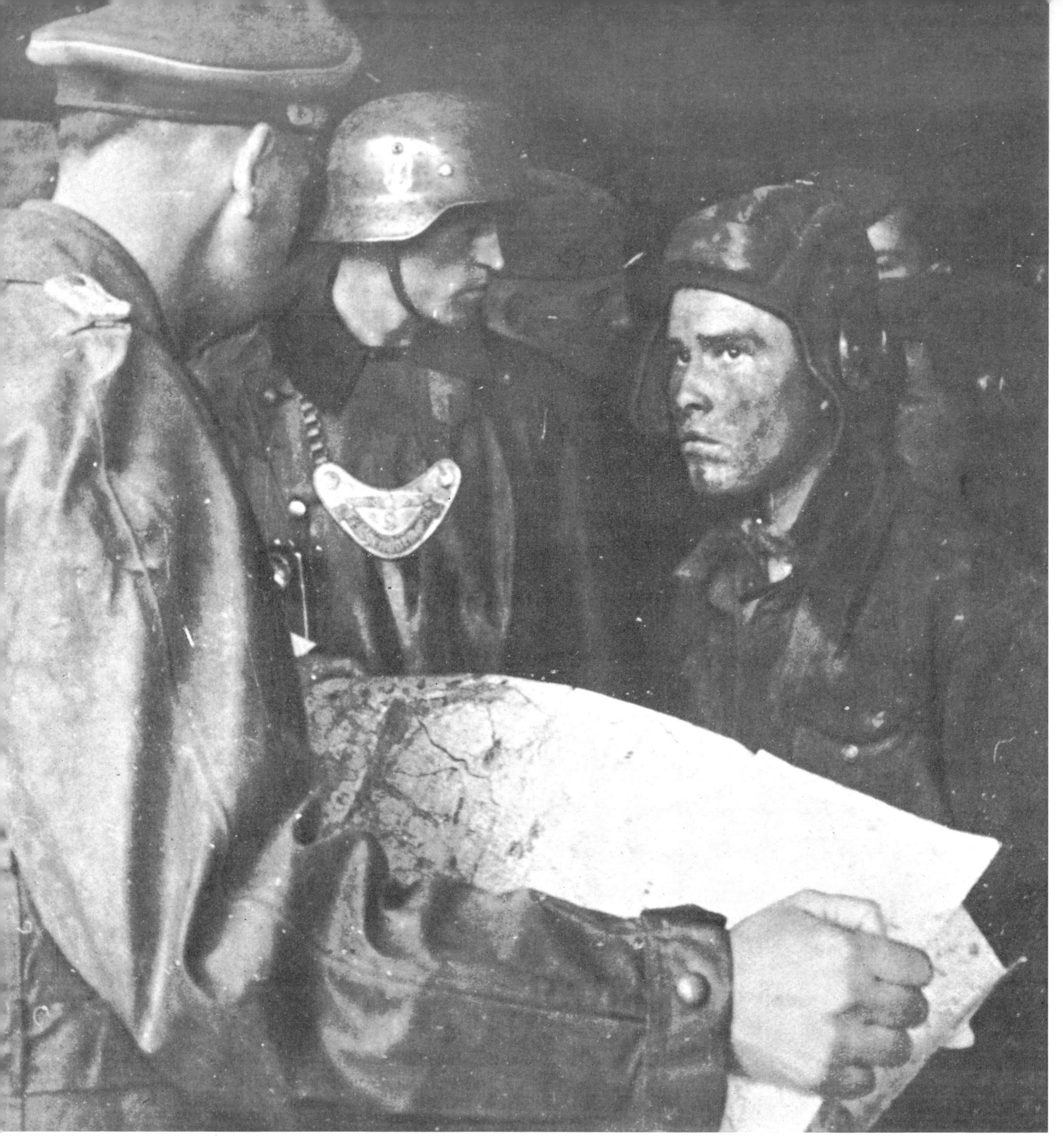

Russischer Panzerkommandant

A Russian tank commander

Kurze Verhöre Gefangener —

A quick questioning of prisoners —

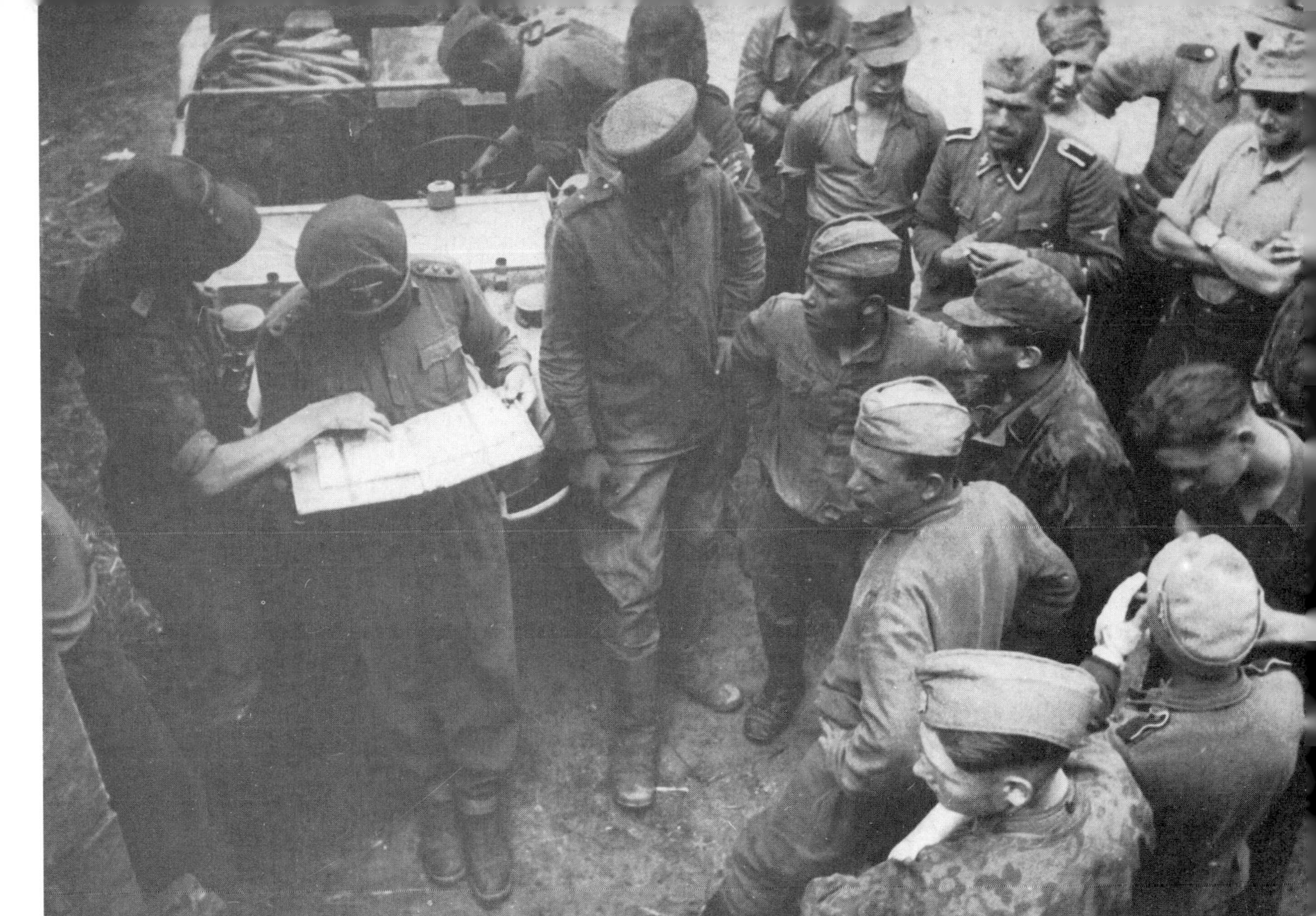

— inzwischen schnell den Halt nutzen für „eine Mütze voll“ Schlaf . . .

— meanwhile they are quick to make use of the break for a short nap

Über die Verbände der Waffen-SS urteilt Generalfeldmarschall Busch, Oberbefehlshaber der Heeresgruppe Mitte: „Immer siegreich im Angriff und in der Verteidigung“

Fieldmarshall General Busch, Commander in Chief of the Army Group Centre judged the Waffen SS units as follows: “Always victorious in attack and defence“.

... zu neuem Angriff

... into the attack again

Kurz
vor dem
Einsatz

Just before going into action

Alle Waffengattungen sind aufeinander angewiesen

There is interdependence between all arms

Granatwerfer

Mortars

Schweres Maschinengewehr

Heavy machine guns

und Funker

and radio transmitter

. . . doch die
Hauptlast
trägt die
Infanterie

. . . but the main
burden lies with
the infantry

Der Dienst am Kameraden

Helping their comrades

Am Scherenfernrohr der vorgeschobene Beobachter

The forward observer with a scissors periscope

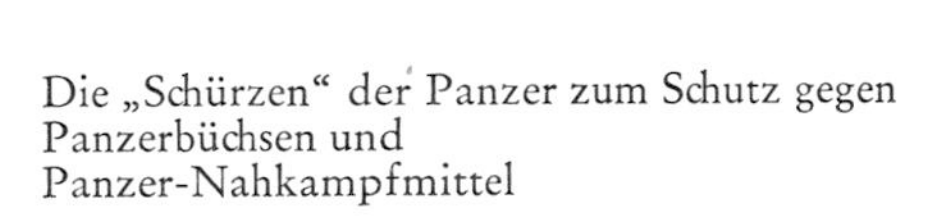

Die „Schürzen“ der Panzer zum Schutz gegen Panzerbüchsen und Panzer-Nahkampfmittel

The tanks' "skirts" were to protect them against anti-tank rifles and close range anti-tank weapons

Panzerjägerstellung mit 7,5-cm-Kanone

A 7.5 cm anti-tank gun in position

gut getarnt und gesichert

267

well camouflaged and defensively covered

zum 2000
Panzerabschuß

Spähtrupp im Sonnenblumenfeld

A reconnaissance patrol in a sunflower field

Artillerie verlegt das Feuer vor

The artillerie lifts its fire

„Ein ruheloser Marsch war unser Leben und wie der Winde Sausen, heimatfern, durchschritten wir die kriegbedeckte Erde.“ (Wallenstein)

“Our life was a restless march and like the rushing of the wind, — far from home, we made our way across the war-strewn earth.“ (Wallenstein)

Der Kommandeur der Division „Wiking", SS-Gruppenführer und Generalleutnant der Waffen-SS Gille, mit seinen Regiments- und Bataillonskommandeuren

The Commander of the "Wiking" Division, SS Gruppenfuehrer and Lieutenant General of the Waffen SS, Gille, with his regimental and battalion commanders

Erkennbar im Gefecht: als 2. Wagen des 2. Zuges der 2. Kompanie

Recognisable in battle. The 2nd vehicle of the 2nd platoon of the 2nd Company

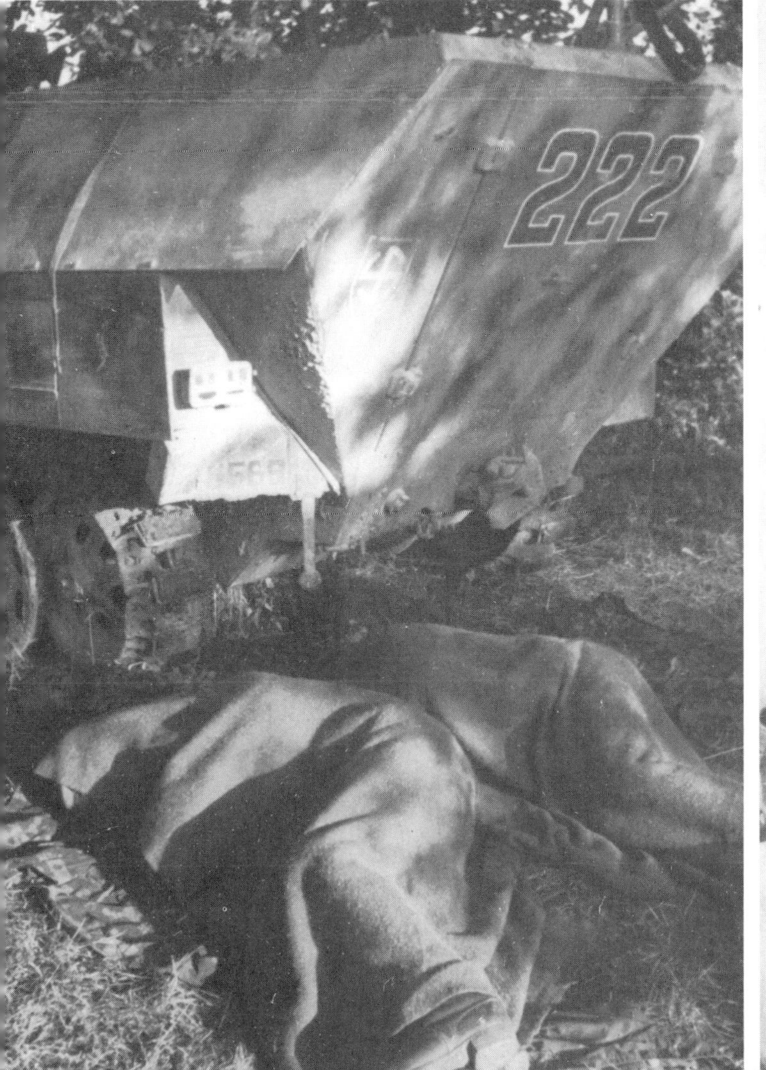

Russischer Panzerzug bei Agadir November 1942 außer Gefecht gesetzt

A Russian armoured train put out of action at Agadir, November 1942

Generaloberst Guderian bei den Männern der Waffen-SS

Generaloberst Guderian with men of the Waffen SS

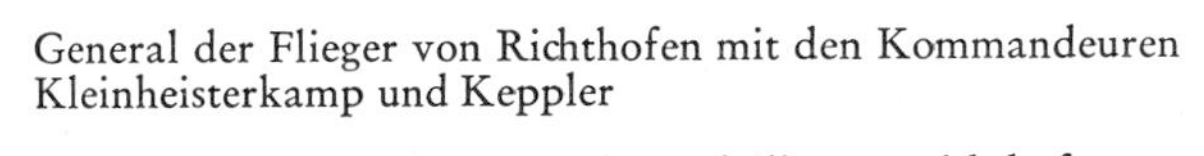

General der Flieger von Richthofen mit den Kommandeuren Kleinheisterkamp und Keppler

General der Flieger (Air Chief Marshall) von Richthofen with the Commanding Officers Kleinheisterkamp and Keppler

Kroaten in den Bergen

Croatians in the mountains

13. SS-Freiwilligen-Gebirgsdivision „Handschar“

The 13th SS “Handschar“ Volunteer Division of mountain troops

Der Großmufti von Jerusalem besucht die Truppe

The Grand Mufti of Jerusalem visits the troops

Französische Freiwillige bildeten die 33. Waffen-Grenadier-Division der SS „Charlemagne" (französische Nr. 1)

The 33rd Waffen-Grenadier-Division of the SS "Charlemagne" (1st French) was made up of French volunteers

Meldestelle

Recruiting office

Alle Verkehrsbauten müssen gesichert werden

All traffic installations must be protected

Männer der 12. Kompanie des Regiments „Germania“

Men of the 12th Company of the “Germania“ Regiment

„Strippenzieher“

“Strippenzieher“, nickname for “Signals“

Kampfwagenbesatzung im „Feldquartier“ — und schon geht es wieder weiter

The crew of a tank bivouacing in the field, but they are soon off again

Infanterie
der Waffen-SS

Waffen SS
infantry

Russische T 34 . . .

The Russian T 34 tank

. . . die Gegner der großen Panzerschlachten

. . . the opponent in the big tank battles

. . . und Männer einer SS-Panzerdivision

Mütter gibt es überall . . .

There are mothers everywhere

Oft brennen rivalisierende Nationalitätengruppen in der Ukraine sich gegenseitig die Häuser ab

Rival nationality groups in the Ukraine often burned each other's houses down

„Tiger" und Panzergrenadiere vor dem Angriff

"Tiger" and Panzergrenadiers (tank-supporting infantry) before the attack

Vor dem
Kaukasus
im
Deckungsloch

In a foxhole in front
of the Caucasus

Immer bereite Waffen
der Grenadiere:
Karabiner, leichtes
Maschinengewehr 34
mit Trommel, Stiel-
und Eierhandgranaten

The ever ready weapons
of the Panzergrenadier:
Rifle, light machin-gun
34 with magazine, hand
grenades, stick grenades

Ölleitung im Vorfeld des Kaukasus

An oil pipeline in the approaches to the Caucasus

Dieses Soldatenheim ist ungezählten Männern bekannt. Die Heime sind Treffpunkte der Frontsoldaten

This service club is well-known to countless men. The clubs were meeting places for the front line soldiers

Türme von Cholm

The towers of Kholm

Ohne den „Skat“ war die Rast halb so schön

Without “Skat“ (a card-game), a break would not be half as good

Hierzu kein Wort mehr!

To the latrines!

Man hatte sich an Wasser und Schlamm so gewöhnt, daß man damit fertig wurde

They got so used to the water and mud that it did not bother them any more

Selbstgebaute Feldbacköfen bei der 7. Geb.Div. „Prinz Eugen“ und fahrbare Feldbacköfen (Sonderanhänger 106) bei der Panzerdivision „Hohenstaufen“

Field bakery ovens of the 7th Mountain Division "Prinz Eugen" which they constructed themselves, and mobile field bakery ovens of the Panzer Division "Hohenstaufen"

Die Brotportion von 750 g aus Roggenmehl — „Kommißbrot“ genannt — war Hauptlebensmittel und wurde von eigenen Bäckereikompanien hergestellt

A loaf made of 750 grams of rye flour and called "Komiss" bread (Army bread), was the staple food and was made by the troops' own bakery companies

„Panther"
auf Spezialwagen

Panther tanks
on special
railway wagons

„Es war eine jener Truppenverschiebungen, wie sie für die Verwendung von Elite-SS-Divisionen während des restlichen Kriegsverlaufes charakteristisch werden sollten. Wo immer nach Hitlers Meinung die Gefahr am größten war, dort wurden die Panzerdivisionen der Waffen-SS hingeschickt."

(Stein, Seite 186, Abs. 3)

"This was one of those relocations of troops which were to become a characteristic of the way in which the elite SS Divisions were used during the remaining part of the war. Wherever in Hitlers's opinion, the danger was greatest, that was where the Panzer Divisions of the Waffen SS were sent."

(Stein, p. 186, para 3)

Die Flugabwehrkanone (2-cm-Vierlingsflak) ist während des Eisenbahntransportes stets feuerbereit

This four-barrelled 2cm anti-aircraft gun is always ready to fire during the railway journey

Die „Eisenbahnmärsche“ sind eine Folge der immer häufigeren Einsätze der Panzerdivisionen an den Brennpunkten der Großkämpfe.

“Railway marches“ were the result of the more and more frequent practice of sending the panzer divisions to the focal point of any large scale battles

Die getarnte Kaserne des ehemaligen Regiments „Deutschland“ in München im Kriege mit einem Flak-Ersatz- und Ausbildungsregiment der Waffen-SS belegt

The camouflaged barracks of the earlier "Deutschland" Regiment in Munich, being used in wartime by an anti-aircraft reserve and training regiment of the Waffen SS

Rekruten der 17. Batterie dieses Regiments beim Waffenreinigen

Recruits from the 17th Battery of this Regiment, cleaning their weapons

„Dreieckszielen"

Shooting at the triangle

Truppenübungsplatz bei Cottbus

Cottbus training grounds

Schießausbildung unter Leitung erfahrener Frontsoldaten

Being trained to shoot by experienced front line soldiers

Die Fernsprechtruppen

The signals

Der Mastwurf der Fernsprecher . . .
Fixing up the telephone line . . .

und die Sprechprobe
and checking to see that it works

SS-Nachrichtenhelferinnen wurden in einer Schule ausgebildet, die in einem Schloß untergebracht war

Female SS signals personnel were trained in a school which occupied a castle

In der Freizeit im Park des alten Schlosses

Free time in the park of the old castle

oder eine Wanderung zum Tor hinaus

or going through the gate for a walk

Am Morseschreiber

At the Morse transmitter

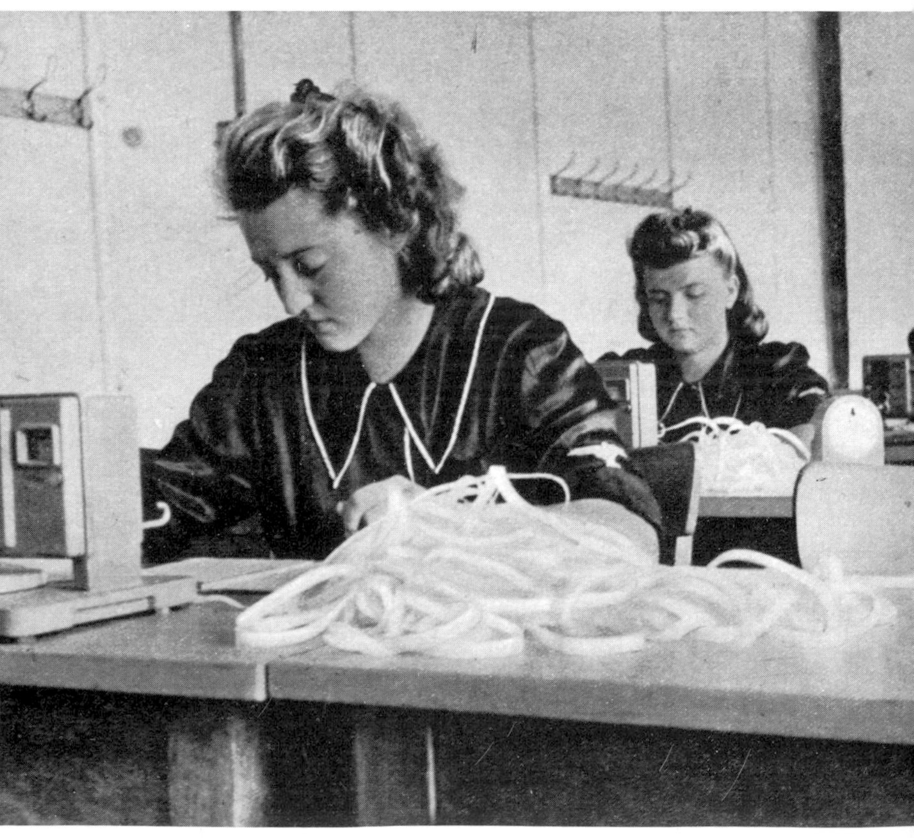

Fernschreiberin der Waffen-SS
im Kommandoamt Berlin

A telex operator in the Command
Headquarters of the Waffen SS
in Berlin

Unsere niederländische
Rotkreuz-Schwester „Roeli“

Our Dutch Red Cross nurse,
“Roeli“

und niederländische Hilfsschwestern
im Korpslazarett II. SS-Pz.-Korps Charkow

and Dutch auxiliary nurses in the Corps hospital of the II SS
Panzer Corps at Kharkov

Schwestern und
Nurses and

Nachrichtenhelferinnen
signals assistants

sind unentbehrlich und hochgeschätzt
are indispensable and highly esteemed

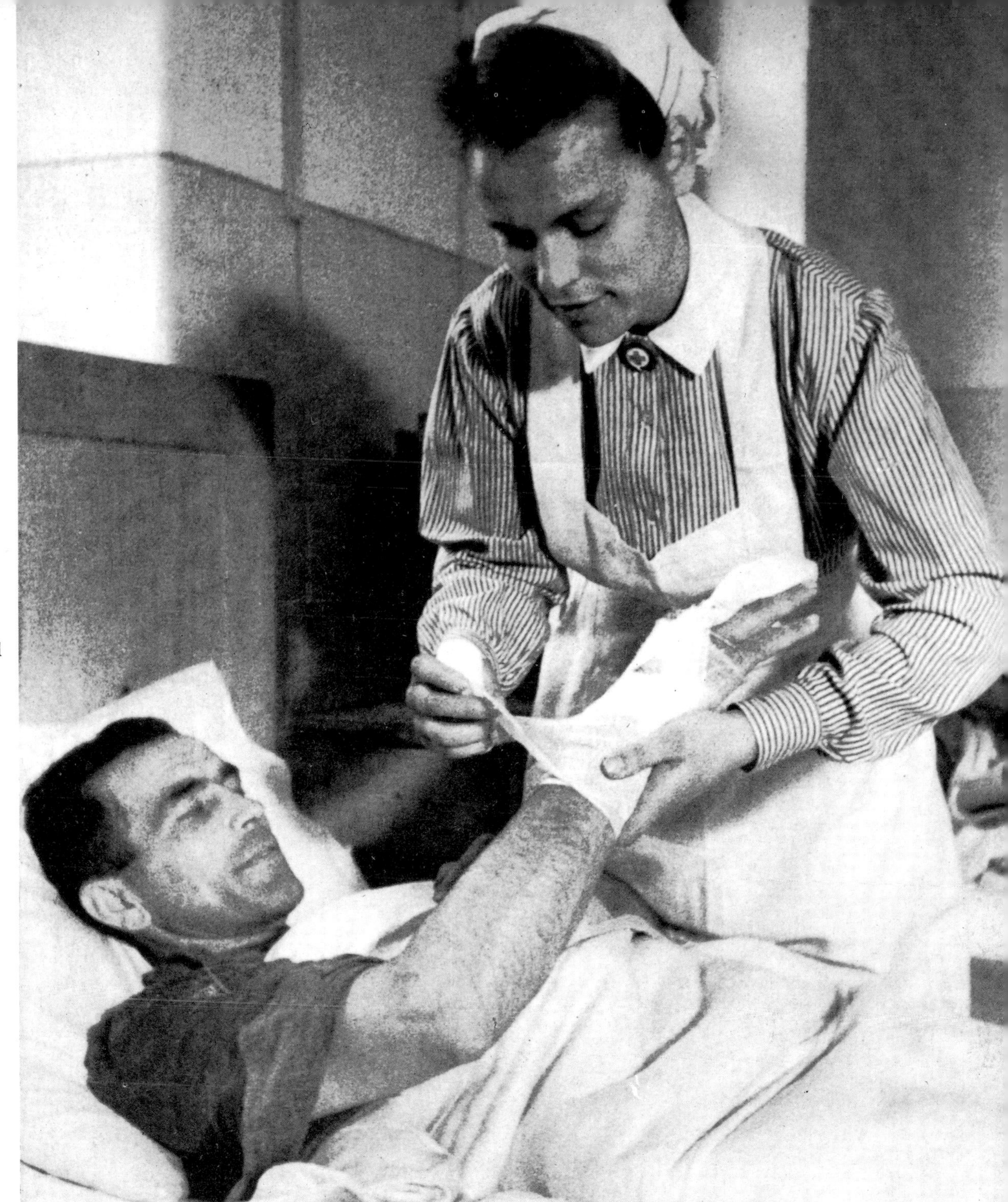

Den treuen Schwestern zum Gedenken — Schwester Toni, Gebirgs-Kampfschule

In memory of the faithful nurses — Sister Toni of the mountain infantry school

Bei Rostow Januar 1943 auf dem Rückzug

At Rostov in January 1943 while retreating

Neujahrsmorgen 1943
Rückmarsch von Pjatigorsk

New Year's Morning 1943
Retreating from Pyatigorsk

. . . und Uspenskaja

. . . and Uspenskaya

Lebens- und Kampfgemeinschaft im Schützenpanzerwagen

Living and fighting together in an armoured troop carrier

Vorgeschobene Sicherung

A forward defensive position

2. SS-Panzerdivision
„Das Reich"
Mittlere Flak bei Bjelgorod

A medium anti-aircraft gun of the 2nd SS Panzer Division "Das Reich", at Byelgorod

Die Artillerie bei Bellj-Kdodesi

Artillery at Belly-Kdodesi

Panzerjäger und Scharfschützen bei Losowaja

A mobile anti-tank gun and snipers at Losovaya

Feuernd rollt das Sturmgeschütz den Waldweg entlang. Dicht hinter der Luke liegen SS-Panzergrenadiere. Der Gegenstoß ist angelaufen.

The assault gun rolled along the woodland path, firing. Close behind the turret lie the panzer grenadiers. The counter-attack is under way.

Die verlassenen Stellungen werden sorgsam durchkämmt

The deserted positions are carefully searched

Die Spitze ist auf den Gegner gestoßen

The leading troops have come across the enemy

doch unaufhaltsam geht es

but they cannot be stopped

nach Charkow hinein im Frühjahr 1943

as they push on into Kharkov in spring 1943

"On 15 February OKH sent a radio message to Kharkov referring once more to the Fuehrer's order and forbidding Hausser to evacuate Kharkov. Then Hausser took his own decision. About 12.50 p.m. on 15 February he gave the order to withdraw — contrary to his Fuehrer's explicit instructions. As a result his Panzer corps was saved from annihilation and Field-Marshal von Manstein was able to use it later for a counter-offensive."

(Hoehne, page 499)

„Am 15. Feberuar 1943 jagte das Oberkommando des Heeres einen Funkspruch nach Charkow, in dem — abermals unter Berufung auf einen Führerbefehl — Hausser die Räumung Charkows untersagt wurde. Hausser traf seine eigene Entscheidung. Am 15. Februar gegen 12.50 Uhr gab er den Befehl zum Rückzug — gegen die ausdrückliche Order seines Führers. Ergebnis: Das SS-Panzerkorps wurde vor der Vernichtung bewahrt und bot später Generalfeldmarschall von Manstein die Möglichkeit, zu einer Gegenoffensive auszuholen."

(Höhne, Orden unter dem Totenkopf, S. 499)

Alexejewka Februar 1943
Für die eingeschlossene Aufklärungsabteilung der 1. Panzerdivision LAH kommt der Nachschub an Fallschirmen von ...

Alexejevka, February 1943
Supplies by parachute for the surrounded Reconnaissance Section of the 1st Panzer Division LAH ...

... den Männern der Luftwaffe

dropped by men of the Luftwaffe

Kegitschewka — Februar 1943 — gefallene Kameraden der „Leibstandarte“

Kegitshevka — February 1943 — fallen comrades of the Leibstandarte

Gegnerischer Panzerjäger überrollt bei Kasatschij-Maidan — 20. 2. 1943

Kasatchi-Maidan, 20. 2. 1943. An enemy anti-tank gun has been knocked out

„Demjansk, Rshew, Abwehrkämpfe am Mius, Ladogasee, Wolchow — jeder dieser Namen signalisierte militärische Höchstleistungen einer Truppe, die bald hüben und drüben einen legendären Ruf genoß, angesiedelt zwischen abergläubischer Furcht und neidvoller Bewunderung. Freund und Feind waren sich einig: In der Waffen-SS kämpfte ein Kriegertum, das von keiner anderen Truppe erreicht oder gar übertroffen wurde.“

(Höhne, a.a.O., Seite 488)

“Demyansk, Rzhev, the Mius River, Lake Ladoga, Volkov — all these names were linked with the military exploits of a force which had gained an almost legendary reputation on both sides, evoking superstitious fear on the one hand and jealous admiration on other. Both friend and foe were agreed that the Waffen SS possessed military qualities equalled by few other forces and surpassed by none.“

(Hoehne, page 488)

Kegitschewka 21. 2. 1943 — Kommandeur Panzerregiment LAH Max Wünsche befiehlt:
„Laßt die Dicken vor“

Kegitschevka, 21. 2. 1943. The LAH Panzer Regiment Commander Max Wuensche gives the order,
“Let the big ones through.“

225

Nördlich Jeremejewka 25. 2. 1943 — Grenadiere der „Leibstandarte“

North of Yeremeyevka, February 25, 1943 — Leibstandarte infantry

Schon früh vom Einsatz zurück

Back early from the action

Durch knietiefen Schnee vorwärts — ein Bild wie aus der Wüste

Advancing through knee-deep snow — it looks like a picture of the desert

25. 2. 1943: Eine russische Gruppe ist nordostwärts von Jeremejewka umstellt

February 25, 1943: A Russian group is surrounded north-east of Yeremeyevka

Zur Bereitstellung nördlich Olchowatka — 6. März 1943

Forming up north of Olkhovatka on March 6, 1943

Ein Treffer, der tödlich werden konnte

A hit like this could be deadly

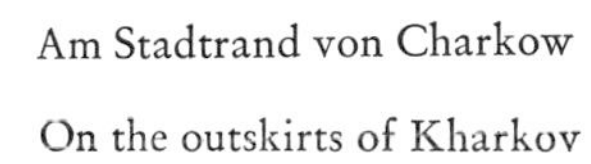

Am Stadtrand von Charkow

On the outskirts of Kharkov

Kampf
am Stadtrand
von
Charkow

Fighting on
the outskirts
of Kharkov

Das II. Bataillon SS-Panzergrenadierregiment 2 der 1. SS-Panzerdivision unter Max Hansen stößt in harten Straßenkämpfen bis auf den Roten Platz vor und öffnet damit die Zugänge zur Innenstadt

The II Battalion Panzergrenadier Regiment of the 1st SS Panzer Division under Max Hansen advanced in heavy street fighting as far as Red Square and thus opened up access routes into the town centre of Kharkov.

„Bataillonsgefechtsstand" mit Max Hansen in Charkow

Battalion H.Q. with Max Hansen in Kharkov

Charkow

Kharkov

Der Rote Platz

Red Square

Kraftradschützen durchfahren eine brennende Stadt

Motorcycle infantry going through a burning town

Professor Petersen

Aus dem handschriftlichen Nachlaß von Generaloberst der Waffen-SS Paul Hausser:

UNGEHORSAM

Verschiedene Auffassungen bei der Lagebeurteilung wird es im Ernstfall immer geben. Dann entscheidet der Befehl. Ohne Gehorsam kann keine Wehrmacht bestehen. Hält der Untergebene einen Befehl für falsch, so muß er seine Auffassung melden, begründen und um Änderung bitten. Bleibt die vorgesetzte Stelle bei ihrer Auffassung, so muß der Untergebene gehorchen. Glaubt er es nicht tun zu können, handelt er nach eigener Verantwortung, so muß er die Folgen tragen. Wenn ein Nachrichtenmagazin den Ungehorsam als Zeichen der „Eigenwilligkeit" erklärt, so übersieht es eine Pflicht des Truppenführers: *„die Verantwortung für die unterstellte Truppe!"* Die drohende Vernichtung der Truppe muß dem Führer das Gewissen wecken! So war es bei Charkow! Dem verantwortlichen Mann ist der Entschluß zum Ungehorsam nicht leicht gefallen, besonders nicht gegen den dreimaligen Befehl der obersten Stelle. Erleichternd wirkte das Gefühl, daß alle Zwischenvorgesetzten innerlich zustimmten! Daneben stand als drohendes Beispiel „Stalingrad", das erst vor etwa zwei Wochen mit einer Katastrophe abgeschlossen wurde. Die Zwischenvorgesetzten können aber nicht mit dem gleichen Maß gemessen werden; von ihnen ist der Entschluß zum Ungehorsam *nicht* zu fordern. Nur der unmittelbare Kommandeur, der täglich die Truppe im Kampf erlebt und sie auch hört, ist dazu in der Lage. Zur richtigen Beurteilung gehören Schulung, menschliche Erfahrung und wohl auch etwas Mut.

*

Dazu Generalfeldmarschall von Manstein:
„Am 15. 2. 1943 hatte das SS-Panzerkorps Charkow geräumt, nachdem abzusehen war, daß die in der Stadt befindlichen Truppen vor der Einkesselung standen. Diese Räumung habe ich verstanden und gebilligt, wenngleich ich erst von der vollzogenen Tatsache erfuhr . . ."

Die Generale Hausser, Kommandierender General II. SS-Panzerkorps, Lanz, Oberbefehlshaber der Armeeabteilung Lanz, und Keppler, Kommandeur 2. SS-Panzerdivision, auf dem Gefechtsstand des Regimentes „Deutschland" in Bely Kolodes während der Einschließung Charkows.

*

Der 1. Ordonnanzoffizier des Generalkommandos II. SS-Panzerkorps erinnert sich:
„Ein Blitzfernschreiben aus dem Führerhauptquartier um 02.30 Uhr, direkt an das SS-Panzerkorps gerichtet, beendet die unerträgliche Spannung. Es lautet: ‚*Charkow ist bis zum letzten Mann zu halten. gez. Adolf Hitler.*' Paul Hausser tritt aus der niederen Bauernstube hinaus in die klirrende Frostnacht und geht schweigend auf und ab. Unvermittelt sagt er zu mir ganz ruhig: ‚Geben Sie die Befehle zum Absetzen hinaus an die Divisionen!' Mir stockt einen Moment der Atem. Dann wage ich einen Einwand: ‚Obergruppenführer, der Führerbefehl sagt eindeutig . . .' Paul Hausser unterbricht mich: ‚Um meinen alten Kopf ist es nicht schade, aber den Jungens da draußen kann ich das nicht antun. Geben Sie den Korpsbefehl ruhig hinaus.'

gez. Georg Berger (Aus: Otto Weidinger, „Division Das Reich", Band III)

*

Vier Wochen später meldet der Wehrmachtbericht vom 15. März 1943:
„Nach tagelangen, harten Kämpfen haben Verbände der Waffen-SS, von der Luftwaffe tatkräftig unterstützt, die Stadt Charkow in umfassendem Angriff von Norden und Osten zurückerobert. Die Verluste des Gegners an Menschen und Material sind noch nicht zu übersehen."

(Aus: Karl Cerff, „Die Waffen-SS im Wehrmachtbericht")

Please sea appendix page 573

18. 3. 43: Zwischen Charkow und Kursk sind die Divisionen im Angriff nach Osten

March 18, 1943. The divisions on the attack eastwards between Kharkov and Kursk

Schwere Werkstattkompanie
in der Instandsetzungsabteilung
der 2. SS-Panzerdivision
„Das Reich"

A workshop company for heavy
vehicles in the Tank
Maintenance Section of
the 2nd SS Panzer Division
"Das Reich"

Untersturmführer Erich Weise
Werkmeister im Panzerregiment 5 „Wiking" mit
Ritterkreuz des Kriegsverdienstkreuzes

Untersturmfuehrer Erich Weise,
a maintenance commander in the "Wiking"
Panzer Regiment 5, was awarded the War
Service Cross with the Knight's Cross

„Panther“ wird instandgesetzt

A “Panther“ is being repaired

Bei Charkow:
„Tiger“ der schweren Panzerkompanie „Das Reich“

At Kharkov: A “Tiger“ of the heavy tank company of the “Das Reich“

Die frontnahe Instandsetzung erhielt die Kampfkraft

Repair work done near the front line kept up the fighting strength

Der Winter setzte auch den schnellen Kraftradschützen der Aufklärungsabteilung „Das Reich“ Schranken (Djakowa)

Winter set limits even to the swift motorcycle infantry of the Reconnaissance Section of the "Das Reich" Division (Dyatkovo)

Divisions-
kommandeur
fährt zu den
vordersten
Verbänden

The divisional
commander drives
up to the most
advanced units

Leichte Infanteriegeschütze im Schneesturm auf dem Marsch ...

A light field gun being transported in a snow-storm

... und gefechtsbereit bei Jeremejka

... and ready for firing at Yeremeyevka

Erbeutete russische Munition zur „Stalinorgel“

Captured Russian ammunition for the "Stalin organ" rocket launcher

SS-Oberscharführer und Kommandant des Panzers IV von der 3. SS-T-Division.

SS-Oberscharfuehrer and commander of tank IV of the 3rd SS-T-Division.

Nach harten Strapazen — ein oft allzu kurzer Schlaf im Kampfanzug — irgendwo auf blanker Erde

After severe exertion — they often get all too little sleep still in their battledress — somewhere on the bare ground

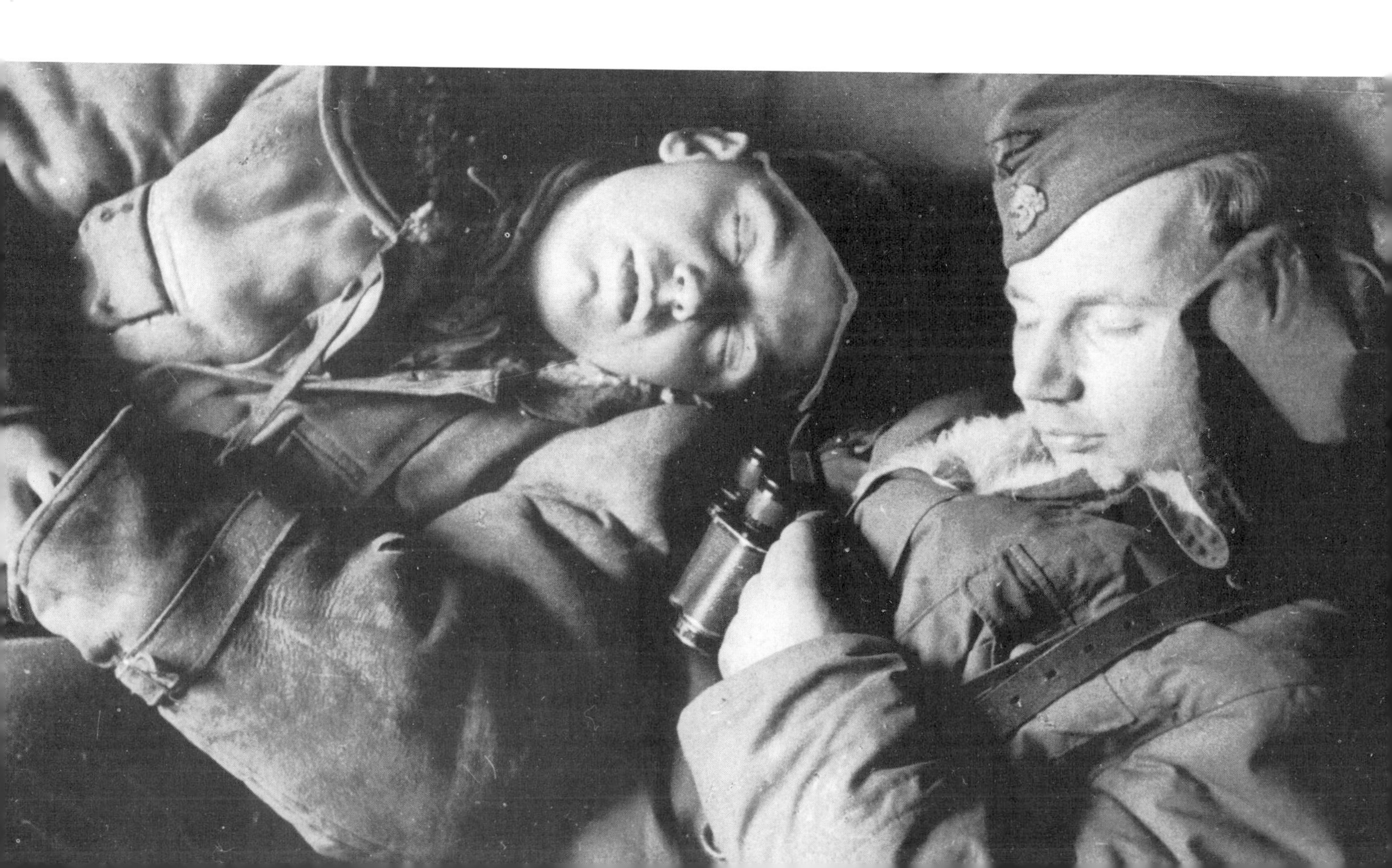

Rückmarsch vom Kaukasus
Marching back from the Caucasus

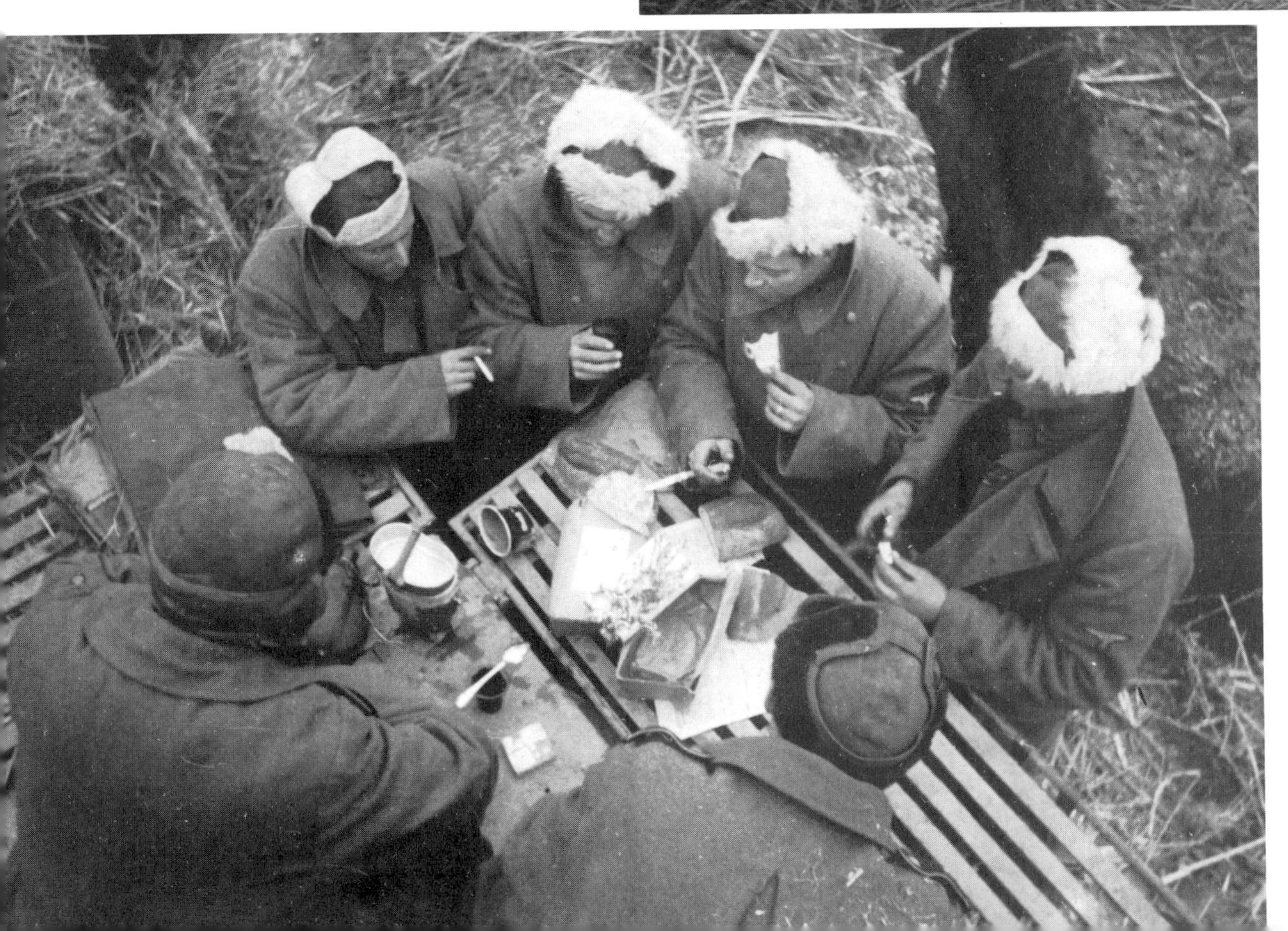

SS-Gruppenführer und Generalleutnant der Waffen-SS Phleps mit dem Stab der 7. SS-Gebirgsdivision „Prinz Eugen"

SS Gruppenfuehrer and Lieutenant General of the Waffen SS Phleps with the staff of the 7th SS Mountain troops Division "Prinz Eugen"

Abschied vom bulgarischen Gastgeber General Nicoloff in Krusevac

In Krusevac, General Nicoloff, the Bulgarian host, bids farewell

Mit Kriegsbrückengerät wurde der Übergang schnell geschaffen

The crossing is quickly accomplished by means of special bridging equipment

Kraftradschützen der „Prinz Eugen" stoßen vor

Motorcycle infantry of the "Prinz Eugen" Division push forward

Artillerie und Gebirgsjäger der Division „Prinz Eugen“

Artillery, and mountain troops of the "Prinz Eugen" Division

Nachdem Petrovac erreicht ist, droht plötzlicher Schneefall die Operationen zu verzögern

After they have reached Petrovac, sudden snowfall threatens to delay operations

Bulgarische Truppen und Waffen-SS kämpfen gemeinsam

Bulgarian troops and the Waffen SS fight together

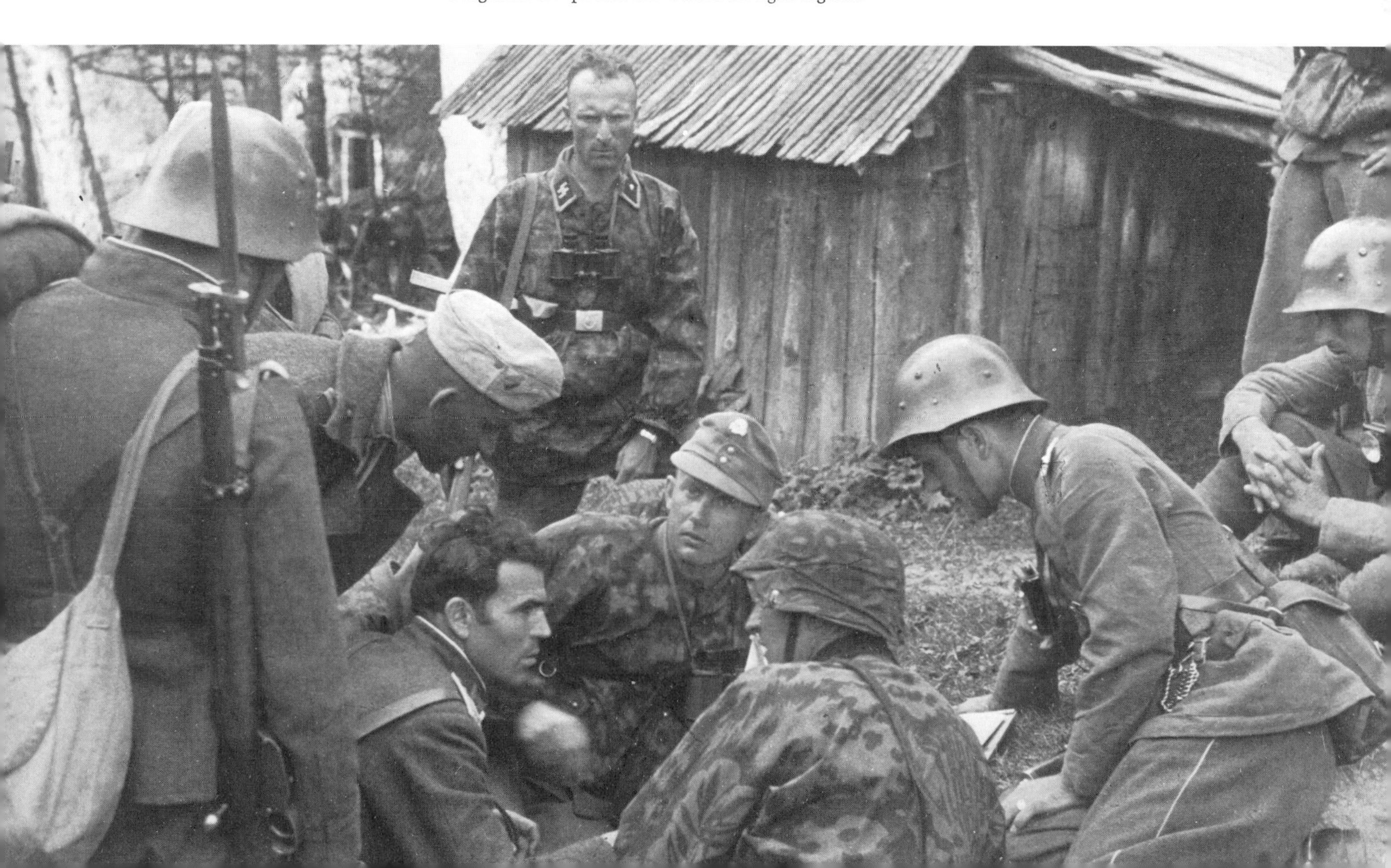

Schweres Maschinengewehr ostwärts Ripac

Above. A heavy machine gun, east of Ripac

Keine Brücke weit und breit . . .

Below: No bridge far and wide . . .

Lagebesprechung mit dem italienischen Verbündeten und den Panzermännern des Heeres

A briefing with Italian allies and tank men of the Army

Karte: Kriegsschauplatz Italien und Balkan im Anhang

Map: The Italian and Balkan theatre of war in the Appendix

Kolonne im Feuer des Gegners — der Gegenangriff folgt

A column under fire from the enemy. The counter-attack will follow

Artillerie bezieht Höhenstellungen in Prnja-Bor

The artillery moves to positions higher up in Prnya-Bor

Krankenträgerkolonne bereitet den Abtransport der Verwundeten vor

A column of stretcher-bearers prepare for the evacuation of the wounded

Die Schwestern Erika und Magdalene

Nurse Erika and Nurse Magdalene

Generaloberst Rendulic besucht die 7. SS-Gebirgsdivision „Prinz Eugen“, links Obergruppenführer und General der Waffen-SS Phleps und sein Ia, SS-Sturmbannführer Eberhardt

General Rendulic visits the 7th SS "Prinz Eugen“ Division of mountain troops On the left are Oberstgruppenfuehrer and General of the Waffen SS, Phleps, and his Ia staff officer Sturmbannfuehrer Eberhardt

Leichtverwundete vor dem Feldlazarett

Minor casualties outside the field hospital

Die Zugmittel sind nicht immer modern, doch die Truppe weiß sich zu helfen

There are not always modern tractors but the troops know how to improvise

337

Ein Bergquell spendet klares Wasser — nach langem Marsch, durchschwitzt und mit trockenen Lippen, läßt es sich aus der praktischen Feldmütze trinken wie aus kristallenem Pokal

Clear water from a mountain spring. Drinking it out of their practical forage-cap is like drinking it out of a crystal goblet, after their long march when they are sweating heavily and have dry lips

Aufklärer der 7. SS-Gebirgsdivision „Prinz Eugen“ ziehen in Mostar ein

Reconnaissance troops of the 7th SS "Prinz Eugen" Division of mountain troops, enter Mostar

338

Partisanen unterbrechen immer wieder die Versorgung

Partisans are always interrupting supplies

Gebirgskanone kämpft gegnerische Nester nieder

A mountain gun puts enemy emplacements out of action

Jede Rast wird zum Schlafen ausgenutzt

Every break is used to get some sleep

Kradschützen beim Vormarsch auf Lukowo in Montenegro

Motorcycle infantry advancing on Lukowo in Montenegro

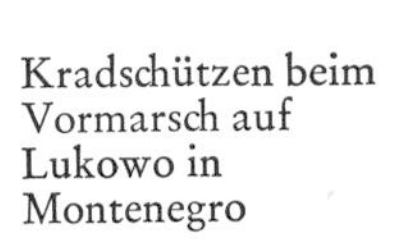

Bei Livin trägt ein Grautier für den Gebirgsjäger, der auch seine Last geschultert hat

At Livin, a donkey carries a load for a mountain trooper who is also carrying a load on his shoulders

Brigadekommandant der Cetniks

Brigade commander of the Cetniks

Oben: Erstaunliche Leistungen der Tragetiere im Gebirge

Above: The remarkable performance of the pack animals in the mountains

Unten: Kurze Rast auf der Paßhöhe

Below: A short rest on the top of the pass

Ob Waffenmeisterei oder Entlausungs-„Anstalt“ — zur Erhaltung der Kampfkraft sind beide gleichermaßen wichtig

A gun maintenance workshop and a de-lousing centre. Both are just as important in the maintenance of the troops' fitness

Die letzten Operationen des Unternehmens „Schwarz“ führen durch ein Gebiet, das durch seine Beschaffenheit den Verteidigern viele Vorteile bietet

The final actions in Operation "Schwarz" lead through a territory which offers the defenders many advantages because of its character

Meßbatterien der Artillerie stellen durch Verfolgung der Ballone mit Meßgeräten die Windstärke und -richtung fest

Survey batteries of the Artillery, fix the strength and direction of the wind by following balloons with their measuring equipment

Auf dem Marsch nach Stoca

Marching to Stoca

347

Morgennebel brauen über dem Tal

Morning mist hangs over the valley

Der Verwundetentransport
ist hier mühevoll und bedarf
der helfenden Kameradenhand
in besonderer Weise

Transport of the wounded is especially
difficult here and very much needs
the helping hand of a comrade

Der Regimentskommandeur
Standartenführer Schmidhuber

The Regimental Commander
Standartenfuehrer Schmidhuber

Mratinje —
von Partisanen
in Brand gesetzt

Mratinye —
set on fire
by partisans

Stadtbild aus Mostar —
Die türkische Moschee

A view of the town
of Mostar — the
Turkish mosque

Auf den Höhen um Grozd in Montenegro nützen die Jäger jede Deckung

Up in the highlands near Grozd in Montenegro, the mountain infantry exploit every bit of cover

Steiler Paß bei Tusinja

A steep pass near Tusinya

Auf den Schultern der Kameraden zu Tal

Down to the valley on the shoulders of their comrades

351

Der Angriff beginnt

The attack starts

Der lange Marsch: The long march:

Kupa—Slunj—Bihac—Vrtoče—Petrovac—Grahovo—Livno—Lise—Mostar—Nevesinje—Gacko—Bileca—Nikšic—Gvozd—Savnik

Gesprengte Brücke über die Korana

A blown-up bridge over the River Korana

Im montenegrinischen Hochgebirge

In the high mountains of Montenegro

Landesübliche Zugmittel

The customary means of towing in the country

Fliegerkreuz
im Hochgebirge

A marker cross for
aircraft high in the
mountains

Gebirgsjäger müssen im unwirtlichen
Gelände alles mitnehmen, was eben zum
Überleben taugt

Mountain troops must take everything with them
that they need to survive, in an inhospitable
countryside

Der Divisionskommandeur besucht die Sanitätsabteilung

The divisional commander visits the medical section

Postsortierung beim Feldpostamt der Division

Letter sorting in the divisional field post office

Freiwillige aus
Bosnien und der
Herzegowina
am
Flak-Vierling

A 4 barrelled anti-aircraft gun manned by volunteer soldiers from Bosnia and Herzegovina

Sturmbannführer
Klingenberg (gefallen)
bei der Ausbildung
der Männer
am leichten
Maschinengewehr

Sturmbannfuehrer Klingenberg (killed in action) giving the men light machine-gun training

Generalfeldmarschall von Reichenau
zeichnet Soldaten der Waffen-SS aus

Field-Marshal von Reichenau
decorates men of the Waffen SS

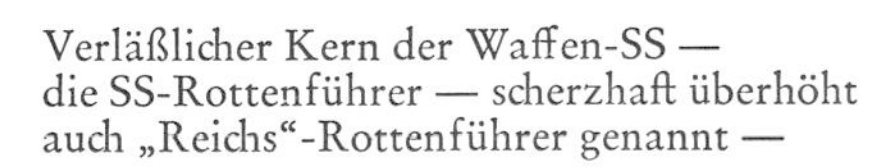

Verläßlicher Kern der Waffen-SS —
die SS-Rottenführer — scherzhaft überhöht
auch „Reichs"-Rottenführer genannt —

The dependable core of the Waffen SS was the SS
Rottenfuehrer. Just as you speak of the Reichskanzler
(The State Chancellor), so he was often referred to,
by the jokingly elevated title of "Reichs"-
Rottenfuehrer.

sie machten alles möglich

Nothing was impossible for the Rottenfuehrer

Nie gebraucht, doch immer gepflegt

Never used, but always well maintained

Fahrschule im Schützenpanzerwagen

Learning to drive an armoured troop carrier

Halbkettenfahrzeug im Gelände

A half-track vehicle going cross-country

Kriegslagen werden realistisch dargestellt

Strategic situations are realistically presented

Geschützexerzieren der Brigade „Langemarck"

The "Langemarck" Brigade training with artillery

Die motorisierte Truppe muß ständig die Bereitschaft zu langen Märschen erhalten . . .

The motorized troops must always be prepared for the long haul . . .

. . . und die Kraftfahrer aller Einheiten haben daran einen hohen Anteil

. . . and it is the drivers of every unit who do a large proportion of the work that this requires

Sig
39343

361

19.6.44
Simmering-Graz-Pauker A.G.
Werk Graz 19.6.46
Unt

Die Panzergrenadiere der Waffen-SS sind in allen Divisionen die Träger des Kampfes, und ihre Gesichter sagen mehr, als nachträglich über sie berichtet werden kann

The Panzer Grenadiers of the Waffen SS bore the weight of the fighting in all divisions and their faces tell you more about them than any report of what they have done

„Der Krieg an sich ist nichts, er bindet nicht und er löst nicht. Erst die Probleme, die er aufwirft, die neuen Aufgaben, die er schafft, machen ihn zum Schicksal."
(Aus dem „Russischen Tagebuch" des SS-Kriegsberichters Wolfgang Eberhard Möller)

"War in itself is of no import. It does not unite anybody and it does not solve anything. It is the problems which it throws up and the fresh assignments that it creates, that make it a shaper of destiny."
(From the "Russisches Tagebuch" of the SS war correspondent Wolfgang Eberhard Moeller)

Bereitstellung

Ready for action

Schwimmwagenkompanien in Bereitstellung

Companies of amphibious vehicles ready to advance

Der vorgeschobene
Beobachter

The forward observer

Grenadiere greifen an

Grenadiers attack

Am Morgen des 5. Juli 1943 beginnt die Offensive im Kursker Bogen, das Unternehmen „Zitadelle". Das SS-Panzerkorps Hausser ist mit den Panzerdivisionen „Leibstandarte", „Das Reich" und „Totenkopf" dabei und greift an über den Abschnitt Beresow—Sadelnoje.

On the morning of July 5, 1943, the offensive in the Kursk salient began. It was called "Operation Citadel". Hausser's Panzer Corps with the "Leibstandarte", "Das Reich" and "Totenkopf" divisions, took part and went into the attack on the Beresov-Sadelnoye sector.

365

Panzerschlacht:
Panzerregiment „Das Reich"

Tank battle: the Panzer Regiment of "Das Reich"

Die große Schlacht zwischen Bjelgorod und Orel

The big battle between Byelgorod and Orel

3. SS-Panzerdivision „Totenkopf“ im Angriff. Kommandeure beobachten den Übergang über denPsell (Häussler, Bochmann, Ullrich)

The 3rd SS Panzerdivision "Totenkopf“ on the attack. Commanders (Haeussler, Bochmann and Ullrich) watch the crossing of the River Psell on July 11, 1943.

Kurze Gefechtspause, dann weiter

A short break in the battle, then on they go

Gefechtsbereit in der Hinterhangstellung

In a reverse slope position, ready for battle

Die Abschüsse der schweren Artillerie

Firing by the heavy artillery

Obersturmbannführer Stadler wird vor der Schlacht von Kursk vom Kommandierenden General II. SS-Panzer-Korps, General Hausser, eingewiesen. Stadler war bei Kriegsende SS-Brigadeführer und Generalmajor der Waffen-SS als letzter Kommandeur der 9. SS-Panzerdivision „Hohenstaufen".

Obersturmbannfuehrer Stadler, Commander of the Regiment "Der Fuehrer", is briefed before the battle of Kursk by the Commanding General of II SS Panzer Corps, General Hausser. At the end of the war, Stadler was SS Brigadefuehrer and Major-General of the Waffen SS and the last commander of the 9th SS Panzer Division "Hohenstaufen".

„Am Mittag des 6. Juli nimmt das Regiment ‚Der Führer' den Ort Lutschki. Zwanzig Kilometer tief steht General Haussers SS-Panzer-Korps damit im feindlichen Verteidigungsfeld. In General Tschistjakows 6. Garde-Armee ist ein riesiges Loch gerissen. Die Front ist offen wie ein Scheunentor. Und Hausser jagt durch dieses Tor alles, was er hat."

(Carell, „Verbrannte Erde", S. 56)

"At midday on July 6, the 'Der Fuehrer' Regiment takes the village of Lutschki. This means that General Hausser's SS Panzer Corps has penetrated 20 kilometres into the area defended by the enemy. A huge hole has been torn in General Chistyakov's 6th Guard Army. The front has been opened up like a barn door. And Hausser rushes everything, that he has, through this door."
(Carell: "Verbrannte Erde", Page 56)

Die 15-cm-Werfer sind nie lange in einer Stellung und als Korpstruppen stets an Schwerpunkten

The 15 cm mortars never stay long in one place and as part of the Corps support troops are always there, where there is a concentration of forces

371

Wo diese sich bilden, sieht es so aus . . .

And where a concentration of forces builds up, it looks like this

Die russische Artillerie
zwingt in Deckung

Russian artillery compels
them to take cover

General Wöhler, Oberbefehlshaber der 8. Armee:
„In unerschütterlicher Kampfkraft alle Aufgaben erfüllt . . .“ „Wie ein Fels im Heer . . .“

General Woehler, Commander-in-Chief of the 8th Army:
“With an unflinching fighting spirit, they fulfilled all their assignments . . .“ “Like a rock in the middle of the army . . .“

ob in der Verteidigung . . .

whether in defence

... oder im Angriff

... or on the attack

Sobald gehalten
wird, gräbt sich die
Truppe ein

As soon as a halt is called,
the troops dig in

Schlacht bei Bjelgorod — Sturmgeschütz überwindet Panzergraben

The battle at Byelgorod — an assault gun successfully tackles an anti-tank ditch

Infanteriegeschütz
im Feuerkampf

A field gun exchanging fire

SS-Standartenführer
Karl Ullrich, gezeichnet von der Härte
der Kämpfe bei Kursk,
später letzter Divisionskommandeur
der 5. SS-Panzerdivision „Wiking"

SS Standartenfuehrer Karl Ullrich
distinguished himself in the hard battles at Kursk.
He was later the last divisional commander
of 5 th SS Panzer Division "Wiking".

Stellung der Panzerjäger

Anti-tank troops in position

Gemeinsames Grab
für 7 Panzerjäger
der Totenkopf-Division

The common grave of
seven soldiers of the
Anti-Tank Battalion of
the "Totenkopf"
Division

Die berühmte russische „ratsch-bum“

The famous Russian “ratsch-bum“

Überwundene gegnerische Stellungen

A knocked-out enemy,position

Ohne Illusionen, nüchtern und realistisch

With no illusions, clear-headed and realistic

Auf dem Gefechtsstand des Panzergrenadier-Regiments „Deutschland“

At the Command H.Q. of the "Deutschland" Panzer Grenadier Regiment

Der Kommandierende General des II. SS-Panzerkorps, Paul Hausser

The Corps Commander of the II SS Panzer Corps, Paul Hausser

Felix Steiner
konnte sehr nachdrücklich sein —
doch er hatte ein Herz für die Truppe

Kommandierender General des
III. (germanischen) SS-Panzerkorps

Felix Steiner, the Corps Commander of
the III (germanic) Panzer Corps, could
express himself very forcibly, but his
heart was with the troops

erster Kommandeur
der Division „Wiking"

He was also first commander of the "Wiking" Division

Vorgehende Panzergrenadiere

Panzer grenadiers advancing

Im Kubangebiet: Panzer und Grenadiere auf einer „Hauptverkehrsstraße"

In the River Kuban sector: Tanks and grenadiers on a "main road"

Rundum — hellwach

On the alert in every direction

Panther rollen mit aufgesessener Infanterie
in den Kampf

Panther tanks with infantry sitting
on top of them, roll into battle

Scharfschütze im Anschlag

Sniper ready to fire

Funker üben im Hochgebirge

Signals practice up in the mountains

„Wer mit der Absicht zu uns kommt, sich einen schönen Lenz zu machen, ist angeschmiert: Frühmorgens aus den Betten, schlaflose Alarmnächte verbringen, rauhe Herbstmanöver machen, in hartgefederten Vehikeln fahren, fliegen ohne Stewardess-Bedienung, vom Himmel springen, als ‚Pauker' anderen was beibringen und selbst viel lernen müssen, ständig rangenommen werden . . . das sind harte Brocken — nichts für Mammis Liebling. Denn dazu braucht man einiges. Zum Beispiel: Ehrgeiz, Willensstärke, Ausdauer, Mut, Sportlichkeit, Kameradschaft, Disziplin, kurzum: eine gehörige Portion an Härte."

(Entnommen einer Anzeige der Bundeswehr im Jahre 1973)

"Anyone who comes to us with the intention of having a nice easy time, is making a great mistake. Out of bed early in the morning, sleepless nights spent on the alert, harsh autumn manoeuvres, driving in hard-sprung vehicles, flying without stewardess service, jumping out of the sky, being the "teacher" so that others can learn and having to learn a lot yourself as well, always on call . . . that's a tough lot to swallow — not for Mummy's darlings. Because you need quite a few qualities. For example: ambition, a strong will, stamina, courage, sporting ability, comradeship, discipline. In short, a hefty amount of toughness."

(Taken from an advertisement for the West German Army in 1973)

Gebirgsjägerschule der
Waffen-SS
im Stubaital bei Neustift

The training school of the
Waffen SS mountain troops
in Neustift in the Stubai
valley

Unterricht im Freien

Instruction outdoors

Geländeeinweisung

Teaching the lie of the land

Sanitäts-Lehrgang

First-aid course

Lehrgang der Gebirgsjägerschule

A training course at the school for mountain troops

Gebirgsjäger beim Zeichnen von Geländeskizzen . . .

Mountain infantry sketching the lie of the land

. . . und beim Transport mit Seilzug

. . . and using a tow-rope for transport

Spähtrupp in Schneehemden

A reconnaissance patrol in their snow coveralls

Scharfschützen

Snipers

Beutewaffen werden geborgen
und wieder eingesetzt

Captured weapons are salvaged
and re-used for fighting

Kraftrad-Schützen bergen ihre Maschine

Motorcycle infantry rescue their motorcycle

Professor Petersen

Mit dem Zeichenstift des Kriegsberichters ist die Härte des Kampfes festgehalten

The war correspondent captures the severity of the fighting with his pencil

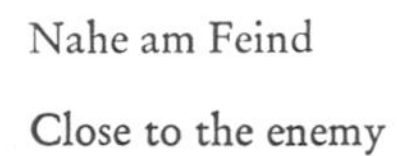

Nahe am Feind

Close to the enemy

„Tiger“-Panzer im Kampf

Tiger tanks in battle

Ich trage meinen Bruder — er ist nicht schwer

I am carrying my brother. He does not feel heavy.

Eine
„Operationsstraße“
im Osten

A road used for
military operations,
in the east

Alles ist nur in
der Geborgenheit
der Kameradschaft
zu ertragen

Only when you have
the security of com-
radeship, is everything
endurable

Die Steppe lebt —
ständige
Beobachtung
ist erforderlich

The steppes are alive —
continual observ-
ation is required

Panther im
Eisenbahntransport

Panther tanks being
transported by rail

Immer wieder quer
durch Europa

Right across Europe
again and again

Mehrfach verzurren,
Keile vor alle Räder,
Bremsen anziehen,
Gänge einlegen —
dann muß es gehen

They lash it down
several times with
wire, put wedges
under the wheels, put
the brake on and put
it in gear. Then it must
be secure.

Die Munitionskiste
als
Abendtafel

The ammunition box
as a dinner table

Das Leben
im Felde
spielt sich
in der kamerad-
schaftlichen
Atmosphäre
der Kompanie ab —
hier ist so etwas
wie „militärische“
Heimat

Life in the field takes
place in the atmosphere
of comradeship in the
Company. The soldier's
“home from home“.

Pellkartoffeln
ohne Hering

Boiled potatoes
without herrings

Männer der Kavalleriedivision „Florian Geyer"

Men of the "Florian Geyer" Cavalry Division

Panzergrenadiere vom Regiment „Deutschland“ helfen ihrem Kameraden

Panzer grenadiers of the “Deutschland“ Regiment help their comrade

Ständige Beobachtung

Continuous observation

Pistole für
Leuchterkennungszeichen

A pistol for sending
up identification flares

Pioniere setzen Böcke für den Brückenbau und bringen mit Treidelfähren Truppen über Flüsse

Engineers erecting supports during the construction of a bridge and transporting troops across a river by towing them on a ferry

Nächste Seite: Der Königstiger

Next page: the Koenigstiger

Ruhepausen werden gut genutzt

Rest periods are turned to good account

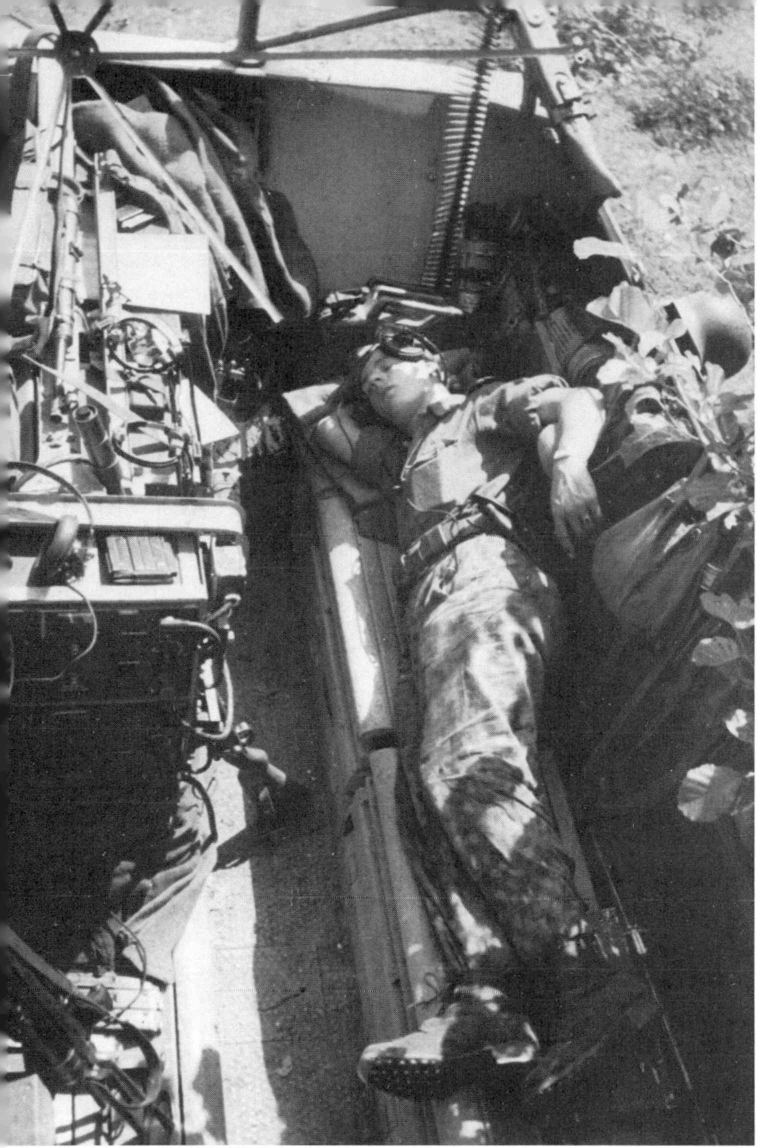

Nicht alles
macht die
Feldküche —

The field kitchen
does not provide
everything

Sportfest einer Kompanie der „Leibstandarte“ am Asowschen Meer

Sports day for a Leibstandarte company on the Sea of Azov

Manch frohe Stunde war auch dabei . . .

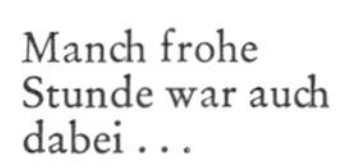

There were some pleasant times too

Alles muß gereinigt werden — auch von Läusen,

Everything must be cleaned — to get rid of lice,

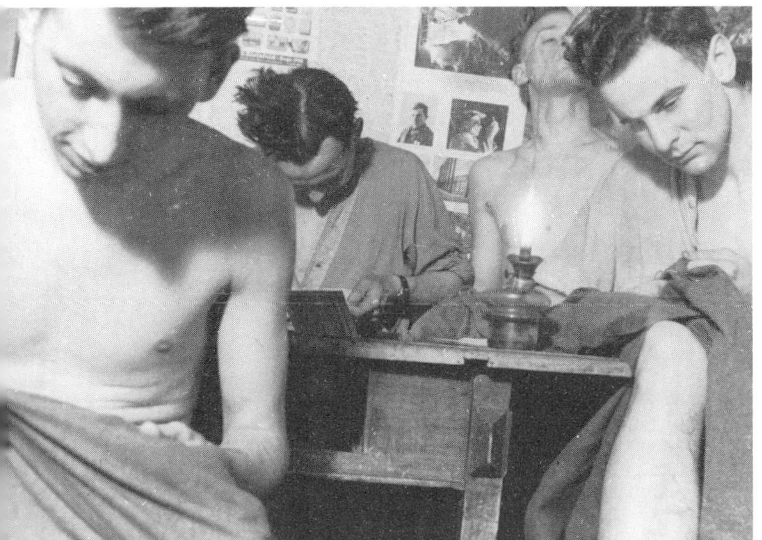

Staub oder Pulverschleim

dust or gunpowder deposits

Lauf- und Schloßwechsel

Changing the gun lock and barrel

Die geländegängigen Ketten-Krafträder

Motorcycle tractors with cross-country capability

Idylle

An idyllic scene

Verwundeter
auf Panjewagen
mit Sicherung

Casualty with a soldier
to protect him, on a
panye wagon (a
Russian horse-drawn
wagon)

Zufriedene Runde
auf dem Truppen-
übungsplatz im
oberfränkischen
Küps

A happy party in the
Kueps training area
in Upper Franconia

Entspannung
durch Feldpost,
Verpflegung und
gemeinsame Spiele

The field post office,
the arrival of provisions or playing
games together, gives
an opportunity to
relax

In der „Schlammperiode"
sind große Anstrengungen nötig,
um die vielen Hindernisse zu überwinden

In the "Mud Season", great exertions are necessary to overcome the many obstacles

„Maultier"

A "Maultier" (mule) half-track lorry

Bereitstellung im deckenden Panzergraben

Getting ready to attack in the cover of an anti-tank ditch

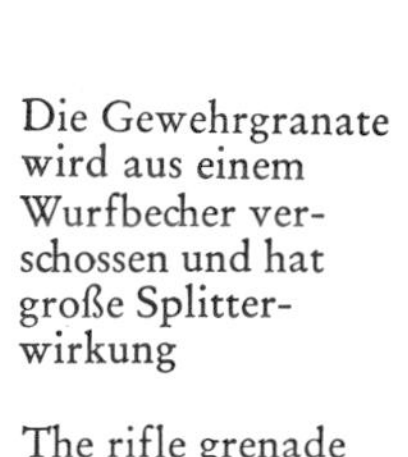

Die Gewehrgranate wird aus einem Wurfbecher verschossen und hat große Splitterwirkung

The rifle grenade is fired from a special cup attached to the rifle barrel and has a great fragmentation effect

Zum Winter überall Stellungsbau für Unterkünfte und Gefechtsstände

Quarters for accommodation and the command posts are being constructed everywhere, in preparation for winter

Der Blick durch das Scherenfernrohr
zur Feuerleitung für die gefürchteten
Werfer

A look through the scissor telescope to direct
the fire of the dreaded rocket launchers

SS-Werfer-Abteilung 502.
Abschuß einer
15-cm-Werfersalve

SS Rocket Battalion 502
Releasing a salvo of 15 cm rockets

Fertigmachen zu neuem Einsatz

Getting ready for a new operation

Nicht immer können die Truppenärzte
das Leben retten

The medical officer cannot always save a life

Der Chirurg mit seinen Helfern
bei rettender Operation

The surgeon, Dr. Jenico, with his assistants during
a life-saving operation

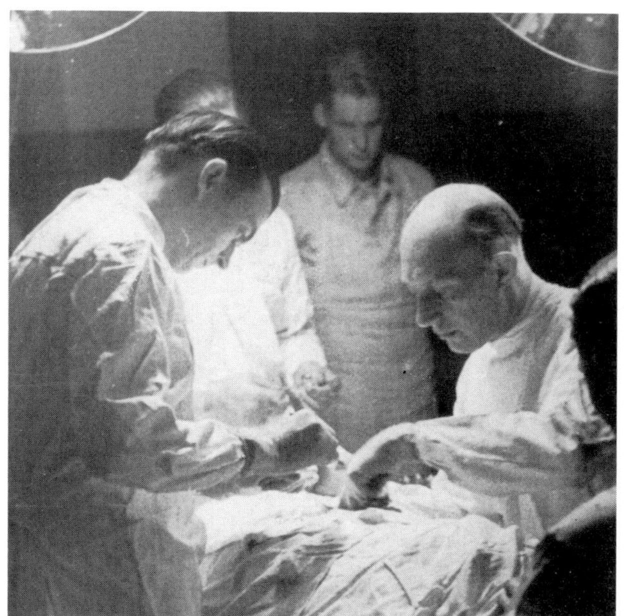

Die letzte große Rast —

Kameraden betten die Gefallenen

Their final and eternal resting place —
The dead are buried by their comrades

Dem Leben zugewandt

Concerned with life

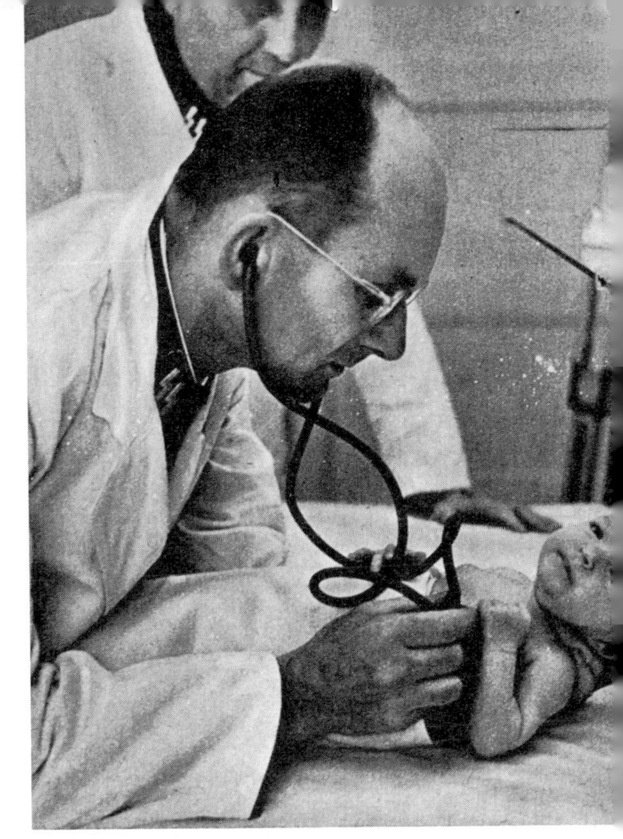

Waffen-SS-Lazarett München

Waffen SS hospital, Munich

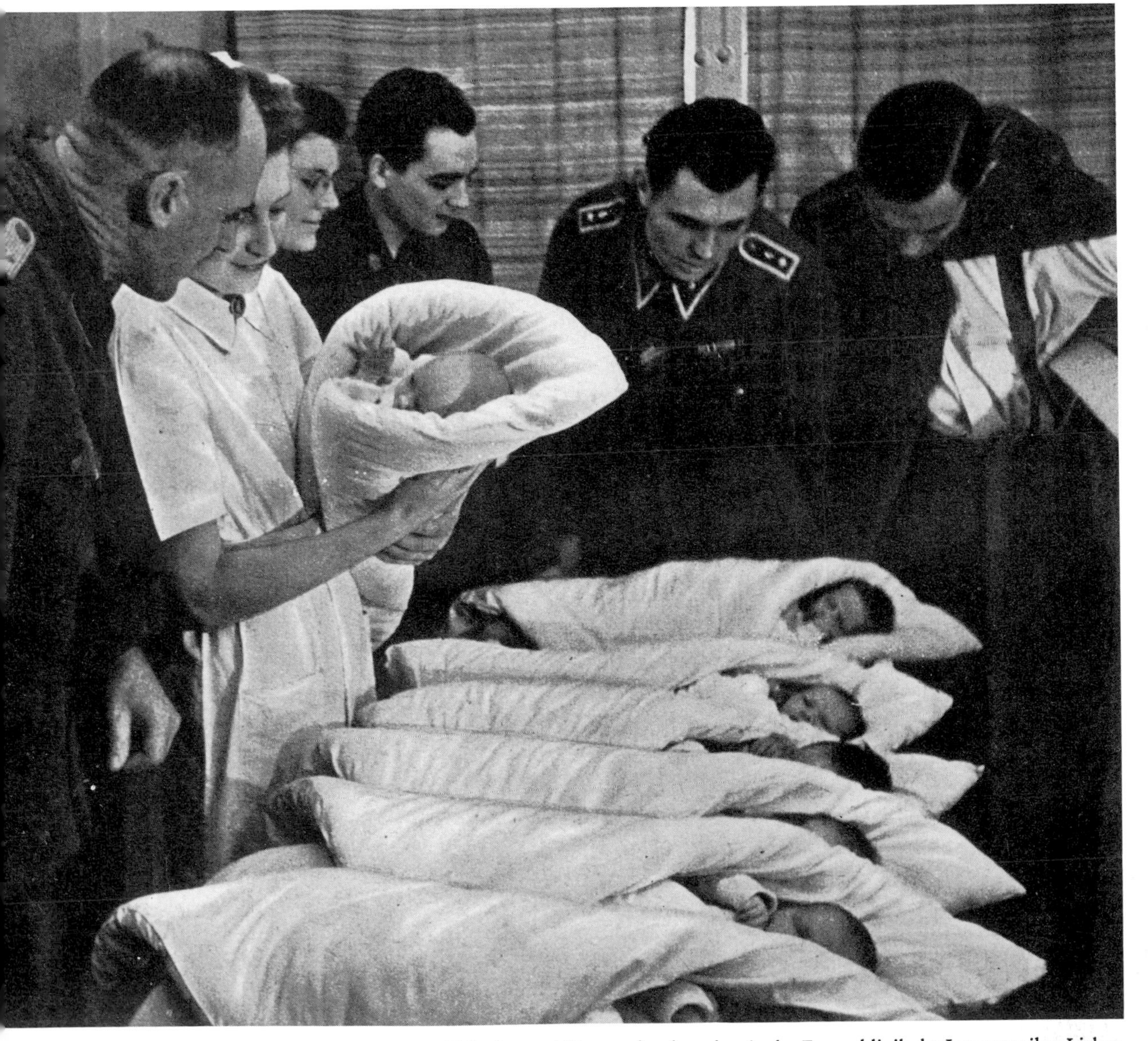

Urlauber und Verwundete besuchen in der Frauenklinik des Lazaretts ihre Lieben

Men on leave and wounded visit their loved ones in the hospital maternity ward

Nächste Seite:
Tiger frühmorgens
vor dem Einsatz

Next page:
"Tigers" in the early
morning before going
into battle

Ostwärts des Bug

East of the River Bug

Phosphorfeuer der Russen auf den Gefechtsstand des II. Bataillons Rgt. „Deutschland“ am Mius am 30. 7. 1943

The Russians fire phosphorous shells at the Command H.Q. of the II Battalion of the "Deutschland" Regiment, on the River Mius, on July 30, 1943

Gefangene der russischen Gardestoßarmee am Mius

Prisoners from the Russian Guard assault troops, on the River Mius

Beim Überholmanöver reizte den Fotografen der Gegensatz

The photographer was attracted by the contrast between the vehicles as one overtakes the other

Panzermänner und Grenadiere sind aufeinander angewiesen

Tank men and grenadiers are dependent upon one another

„Einstmals waren sie bewährte und hochgeschätzte Kampfgefährten. Heute hat man versucht, sie zu soldatischen Parias zu machen. Einstmals allgemein geachtet, möchten manche heute nichts mehr mit ihnen zu tun haben und sie am liebsten nicht mehr kennen. Für sie gilt bei vielen das alte Wort: ‚Grüß mich nicht unter den Linden'."

(General Felix Steiner
in „Armee der Geächteten")

"Once they were proven and highly-valued fellow-soldiers. Today, people have tried to make them into military pariahs. Once they were held in general esteem, but today some people will have nothing more to do with them and would prefer at best not to know anything of them. For many people, the old saying applies to the Waffen SS, that officers used to tell their not quite respectable girlfriends, 'Don't greet me 'Unter den Linden'.' ('Unter den Linden' means 'Under the Linden Trees' and was the name of Berlin's most fashionable street.)"

(General Felix Steiner,
in "Armee der Geaechteten")

Der Kommandeur eines Schützenpanzerwagen-Bataillons bereitet den Einsatz vor

The commander of an armoured troop carrier battalion prepares for an operatior

während die Soldaten ruhen

while the soldiers rest

und sichern

and give cover

Nach vorn

On the advance

vorbei an den Gräbern der Kameraden

past the graves of some comrades

Auf dem Kartenbrett das Bild
des Töchterchens

On his mapboard, he has a picture
of his little daughter

Verwundeter
Führer der
Aufklärer weist
Nachfolger ein

The wounded leader
of a reconnaissance
group briefs his
successor

433

Panzer-Männer und Grenadiere der Ostfront

Tank men and infantry men on the Eastern Front

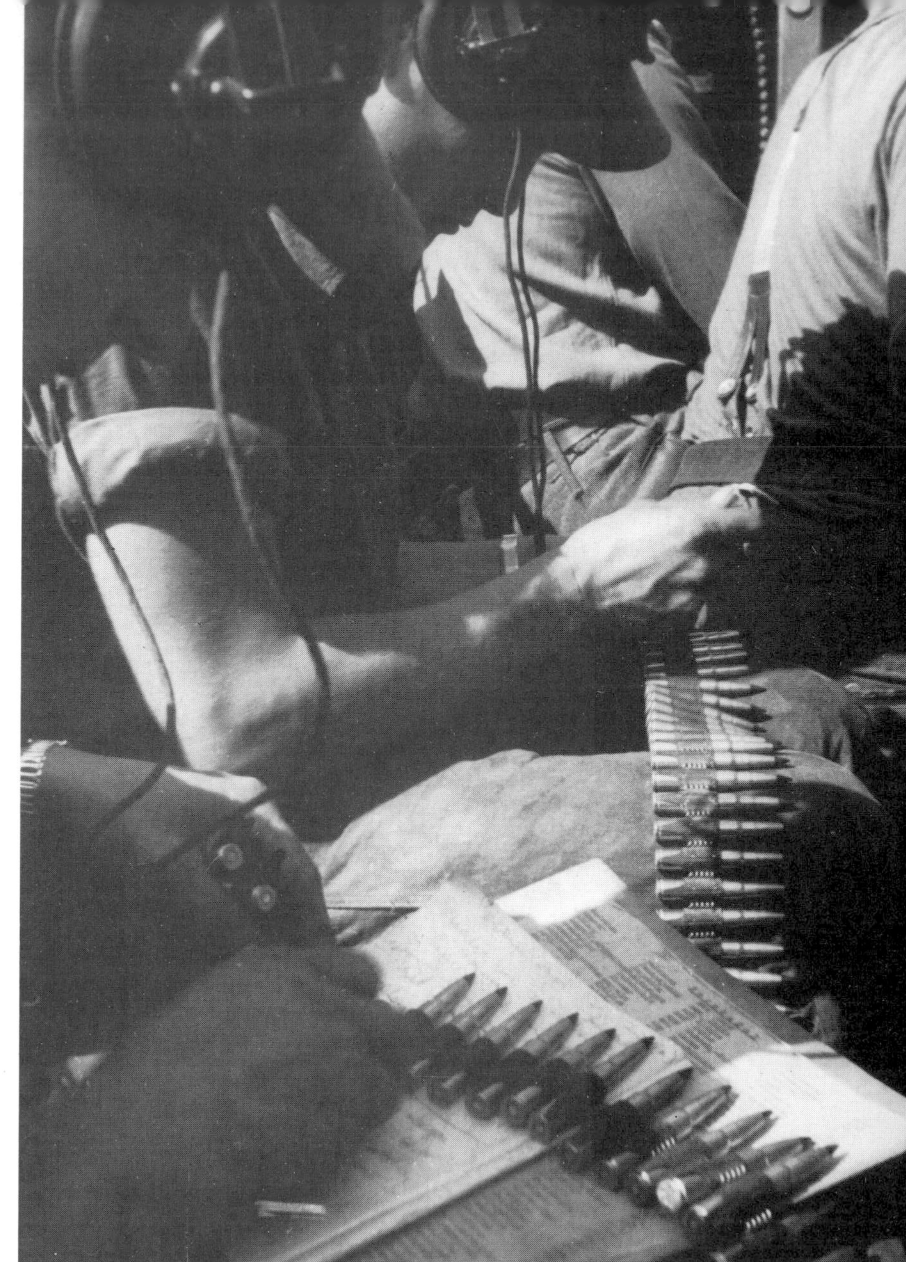

Funker gurten Munition
und entschlüsseln Sprüche

Radio operators fill their
cartridge belts and decode
messages

Die Panzerschlacht,
unterstützt von Panzer-Artillerie
(15 cm Panzerhaubitze „Hummel“)

The tank battle, with self-propelled
artillery in support
(15 cm assault gun "Hummel")

Imponierende Ursprünglichkeit
hinterläßt bei den Soldaten
tiefe Eindrücke

The unchanging quality is imposing and
leaves behind a deep impression on the soldiers

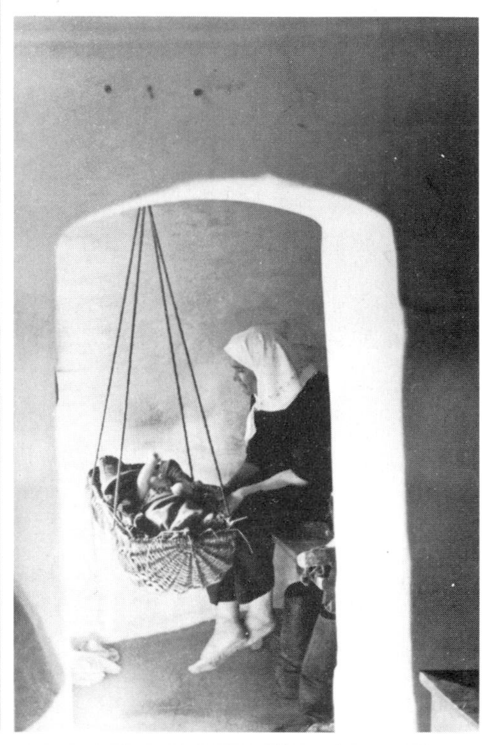

Vertrauen
und Neugier
spricht aus
ihren
Gesichtern

Their faces show
both trust and
curiosity

Die Nächte sind voller Leben. Alle mit Versorgungsfragen beschäftigten Soldaten beginnen mit der Ergänzung des Nachschubgutes

The nights are full of life. All the soldiers who are concerned with the business of supplies, start with the stocking up of the stores

und in den Bunkern erholen sich die Grenadiere von den Strapazen des Tages

and in the bunkers, the grenadiers recover from the exertions of the day

Infanterie

Infantry

Alarm am Wolchow
bei der
4. SS-Pol.-Division

An alert at Volchov for
the 4th Polizei Division

Die Stellungen der leichten
Infanterie-Geschütze
im Schlamm und Morast

Light field-gun positions
in mud and marsh

Auch die Umschlag-
plätze versinken

And the transfer points
for supplies are sinking too

Wiking

Panzerjäger
der Division „Das Reich“
bei Ochotschaja

Anti-tank troops of the "Das Reich"
Division at Okhotshaya

und Grenadiere
im „Keulenwald“
bei Rshew

and grenadiers in the
"Keulenwald" woods at Rshev

Die berühmte 8,8-cm-Flak im Erdzielbeschuß

The famous 8.8 cm anti-aircraft gun shooting at ground targets

Brennend gelandet

Landing whilst on fire

Und wieder ist der Winter da — aber keiner war so schwer wie der erste Winter in Rußland

Winter has come round again but none was so hard as the first winter in Russia

445

Nur Kettenfahrzeuge haben hier Chancen —

Only tracked vehicles have a chance here —

und auch sie müssen oft geschleppt werden

and even they often have to be towed

Aus dem fahrenden Zug ist der mühselige Marsch der motorisierten Einheiten besonders gut erkennbar

From the moving train, the laborious progress of the motorized units is particularly recognizable

2. SS-Panzerdivision auf
dem Marsch durch die
endlose Weite

The 2nd SS Panzer Division
on the march through the
unending spaces

Vernichtete russische
Kolonne bei Ternowoje
südlich Charkow

A Russian column destroyed
near Ternowoye, south
of Kharkov

Angriff auf
Nowaja Wodolage

An attack
on Novaya Vodolage

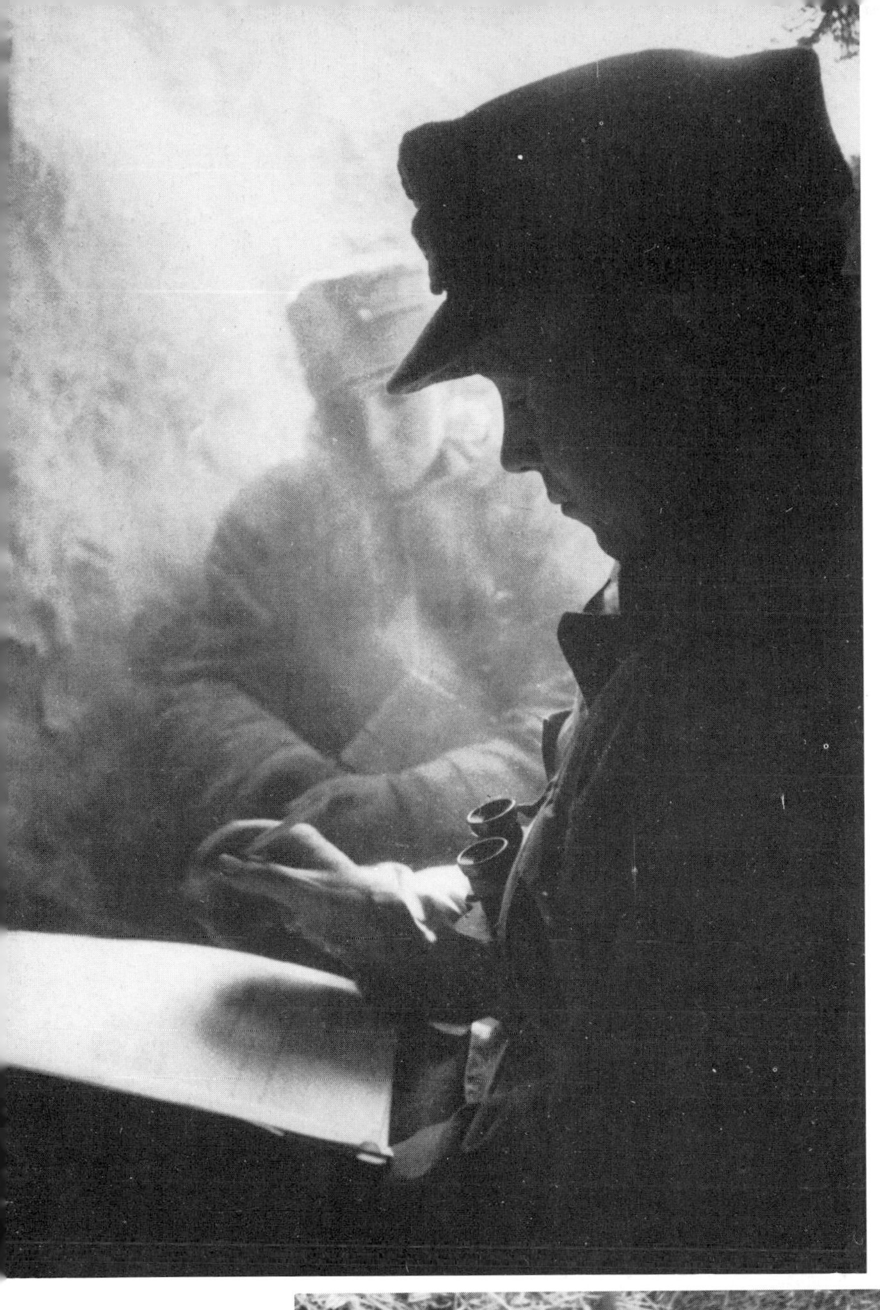

Funker hören alles mit und wissen
oft mehr als alle anderen

Radio operators listen in to everything
and often know more than anyone else

SS-Sturmbannführer
Otto Weidinger
als Kommandeur
Panzer-Aufklärungs-
Abteilung
„Das Reich“
bei Kolomak

Otto Weidinger, as
commander of the Tank
Reconnaissance Battalion of the
"Das Reich" Division,
near Kolomak

"The Comrade"
Information from Department VI for German, Norwegian, Dutch and Finnish comrades

Mitteilungen der Abt. VI für die deutschen, norwegischen, niederländischen und flämischen Kameraden.

Meddelelser fra brigadens avdeling VI for de tyske, norske, nederlandske og flamske kamerater.

Mededeelingen van Afd. VI voor de Duitsche, Noorsche, Nederlandsche en Vlaamsche kameraden.

Nummer 6 Februar 1943

Selten ist die Verpflegung so reichhaltig

The rations are seldom so plentiful

Die „Zigeuner-artillerie", wie die Granatwerfer scherzhaft genannt werden

"The Gypsies' Artillery" as the mortars were jokingly called

Stellung der 1. Kompanie Regiment „Deutschland" in der Hauptkampflinie bei Michailowka 1943

The 1st Company of the "Deutschland" Regiment in their position in the main battle line at Michailovka, 1943

Blanke Reifen . . .

Bald tyres . . .

überlastete Maschinen . . .

overworked engines . . .

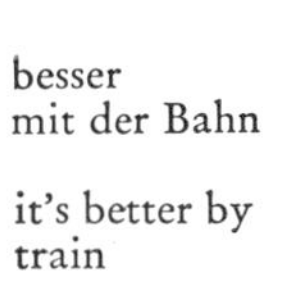

besser mit der Bahn

it's better by train

„Und Liebe bleibt — trotz Not und Tod und Waffen — der Grund der Welt“
(auf dem Gedenkstein eines Soldatenfriedhofs)

“And love remains — in spite of adversity, death and weapons — the foundation of the world“
(from a war cemetery memorial)

Verwundeter Flieger, geborgen und versorgt in vorderer Linie

A wounded airman, rescued and attended to in the front line

General Steiner wünscht baldige Genesung

General Steiner wishes him an early recovery

Zeichnung
Prof. Petersen

Drawing by
Professor Petersen

Pioniere der Division „Wiking“

Engineers of the “Wiking“ Division

Stellungen
der Divisionen
„Das Reich“

Positions of the
“Das Reich“
Division

und „Wiking“

and the “Wiking“
Division

Der Kommandeur eines Panzergrenadierbataillons Sturmbannführer Hack

The commander of a panzer grenadier battalion, Sturmbannfuehrer Hack

Schwere Infanteriewaffen
werden in Stellung gebracht

Heavy infantry weapons
are brought into position

Regiment „Deutschland" beim Appell in Rußland

The "Deutschland" Regiment on parade in Russia

461

Kriegsberichter, die unter Gefahren viele dieser Bilder aufgenommen haben

The war correspondents, who took many of these pictures in dangerous conditions

Gegen
Kriegsende
eilte die Truppe

Towards the end of
the war, the troops
rushed

ständig von einem
bedrohten
Abschnitt
zum anderen

continuously from
one threatened
sector to another

2-cm-Flak
und „Panther“
einsatzbereit
in Reserve

2 cm Flak and
"Panther" in
reserve and ready
for action

Fernsprecher
als Störungssucher

A soldier from
the signals checks
for interference

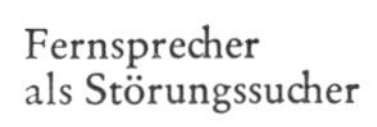

Panzer vor dem brennenden Lubliniz

Tanks in front of the burning town of Lubliniz

Aufstellung neuer SS-Panzerdivisionen

Generalfeldmarschall von Rundstedt
bei der 12. SS-Panzerdivision
„Hitlerjugend“ in Belgien 1943
„Panzermeyer“ (2. von links),
SS-Brigadeführer und Generalmajor
Fritz Witt, der erste
Divisionskommandeur,
Sepp Dietrich, Kommandierender
General des I. SS-Panzerkorps

The formation of new panzer divisions

Field-Marshal von Rundstedt with the 12th
SS "Hitlerjugend" Panzer Division in
Belgium in 1943
From the 2nd from left: "Panzer" Meyer,
General Fritz Witt — the first commander
of the Division,
Sepp Dietrich — Corps Commander of the
1st SS Panzer Corps

Leitung einer Lehrvorführung
der Pz.-Div. „Hohenstaufen“
durch SS-Gruppenführer und
Generalleutnant Bittrich

Besprechung im Beisein aller
Div.-Kommandeure der 1944
in Frankreich stehenden
Pz.-Divisionen.
Vorführung westlich Amiens
in Gegenwart des
Oberbefehlshabers der Panzer-
truppen West
General Geyr v. Schweppenburg

SS Gruppenfuehrer and
Lieutenant General Bittrich
leading an instructor's course
of the "Hohenstaufen" Panzer
Division

The divisional commanders of
all panzer divisions stationed
in France in 1944, were present.
It took place west of Amiens
in the presence of the
commander-in-Chief of the
Panzer Group West, General
Geyr von Schweppenburg

Finnisches Freiwilligenbataillon. Vorbeimarsch vor SS-Gruppenführer und Generalleutnant der Waffen-SS Steiner

A Finnish volunteer battalion marching past SS Gruppenfuehrer and Lieutenant General of the Waffen SS Steiner

Leistung und Anerkennung bilden eine Einheit

A unit is forged from what it has achieved and recognition of this achievement

Kommandeur des Panzergrenadier-Regiments „Germania", Sturmbannführer Hans Dorr, gefallen 1945

Commander of the "Germania" Panzer Grenadier Regiment, Sturmbannfuehrer Hans Dorr, who was killed in 1945

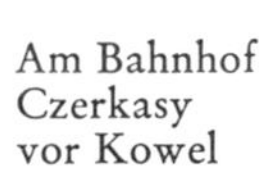

Am Bahnhof Czerkasy vor Kowel

At Cherkassy station near Kovel

Vom Zusammenwirken aller Waffen hängt der Erfolg ab

Succes depends upon the coordination of all arms

Schwere Kämpfe um den Entsatz eingeschlossener Teile des Heeres im Juli—August 1944 im Raume Bialystok (IV. SS-Panzerkorps)

From July to August 1944, there was heavy fighting in the Bialystok sector, of the IV SS Panzer Corps, to relieve some encircled units

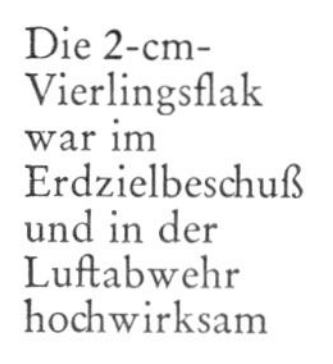

Die 2-cm-Vierlingsflak war im Erdzielbeschuß und in der Luftabwehr hochwirksam

The 2cm four barrelled anti-tank gun was highly effective against both ground and airborne targets

Die Infanterie kämpfte bis zur völligen Erschöpfung — oft ohne Reserven — und trotzte den Massenangriffen, die sich mehrmals am Tage wiederholten

The infantry kept fighting until they were completely exhausted, often without reserves, and defied mass attacks which were repeated several times each day

Überall hat sich die Truppe der Partisanen
zu erwehren

The troops have to guard against partisans everywhere

3 SS Panzer Division "Totenkopf" — Divisional Headquarters
Commander — 17. 11. 43

Teletyped Message

von Manstein
Field Marshall — 15. 11. 43, 2400 Hours

To
3 SS Panzer Division "Totenkopf"

Bravo, SS Totenkopf
You are real devils

signed von Manstein
Field Marshal

I have nothing to add to this order

signed
(Div Commander)

Distribution
Regimental and Divisional Troops

3. ϟϟ-Panz.Div. "Totenkopf"
Kommandeur

Div.Gef.Std., den 17.11.43

Abschrift von Fernschreiben

von Manstein
Generalfeldmarschall

15.11.43, 24,00 Uhr

An

3. ϟϟ-Panz.Div. "Totenkopf"

B r a v o ϟϟ - T o t e n k o p f .

J h r s e i d M o r d s k e r l e .

gez. von M a n s t e i n
Generalfeldmarschall.

Ich habe diesem Befehl nichts hinzuzufügen.

Verteiler:
Rgtr.u.Div.Tr.

SS-Fallschirmjäger —

An SS paratrooper

am Volkstrauertag in der Garnison Neustrelitz

On Volkstrauertag (Remembrance Day)
in the Neustrelitz garrison

477

Im Anflug auf Titos Hauptquartier

Approaching Tito's headquarters

„Wehrmachtsbericht" 6. Juni 1944:
„ . . . In Kroatien haben Truppen des Heeres und der Waffen-SS unter dem Oberbefehl des Generalobersten Rendulic, unterstützt durch starke Kampf- und Schlachtfliegerverbände, das Zentrum der Bandengruppen Titos überfallen und nach tagelangen Kämpfen zerschlagen . . . In diesen Kämpfen haben sich die 7. SS-Gebirgsdivision ‚Prinz Eugen' unter Führung des SS-Oberführers Kumm und das Fallschirmjägerbataillon 500 unter Führung des SS-Hauptsturmführers Rybka hervorragend bewährt . . ."

"Army News", June 6, 1944
" . . . In Croatia, Army and Waffen SS troops under the command of General Rendulic and supported by strong bomber and ground-attack aircraft formations, attacked the headquarters of Tito's guerilla groups and smashed it after several days of fighting . . .
In the fighting, the 7th SS "Prinz Eugen" Mountain Troops Division under the command of SS Oberfuehrer Kumm and the Paratroop Battalion 500 under the command of SS Hauptsturmfuehrer Rybka, gave excellent service . . ."

Heinkel-Bomber beim Absetzen der Fallschirmjäger

Heinkel bombers dropping the paratroops

479

Aus Lastenseglern zum Angriff angetreten

Going into the attack from gliders

Im Angriff auf das Hauptquartier

Attacking the headquarters

Zu Bruch gegangener Lastensegler

A crashed glider

Funkstelle der SS-Fallschirmjäger

The Paratroop's signals position

Stuka schleppt Lastensegler

A ground attack aircraft tows a glider

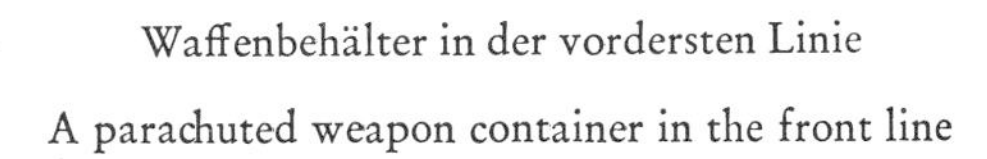

Waffenbehälter in der vordersten Linie

A parachuted weapon container in the front line

In den Stellungen des SS-Fallschirmjäger-Bataillons 500

In the SS Parachute Battalion 500's positions

Kommandeur der SS-Fallschirmjäger mit Offizieren der Luftwaffe

An SS Paratroop commander with Air Force officers

Granatwerfer im Kampf — A mortar being used in battle

Hauptverbandplatz der Jäger — The paratroopers' main dressing station

Der Chef des Kommando-Amtes,
verantwortlich für alle Ersatztruppenteile
und Schulen,
Obergruppenführer und General der Waffen-SS
Jüttner

Obergruppenfuehrer and General of the Waffen SS,
Jüttner, Chief of the Command responsible
for reserve units and training schools

SS-Panzerjäger der
29. Waffen-Grenadier-Division SS
„Italien" (italienische Nr. 1)

Italian SS anti-tank troops of
the 29th Division

Estnische SS-Freiwillige der 20. Waffen-Grenadier-Division der SS im Osten

Estonian SS volunteers of the 20th Waffen-Grenadier Division of the SS in the East

Nächste Seite: Belgische Freiwillige in der Legion „Flandern“

Next page: Belgian volunteers in the "Flandern" Legion

Dänische Freiwillige an der Narwa-Front

Danish volunteers on the River Narva front

Frontzeitung der SS-Brigade „Nederland“

The SS "Nederland“ Brigade's front line newspaper

HET BRUGGEHOOFD

Juli 1944

(Der Brückenkopf)

DIE SS-BRIGADE „NEDERLAND“ IM KAMPF AN DER NARWA

Niederländer bei sachgemäßer Behandlung der gegurteten Munition

A Dutch soldier handling a clipbelt, full of ammunition

Lettische Freiwillige
durchwaten kleineren
Fluß

Latvian volunteers
wading through
a small river

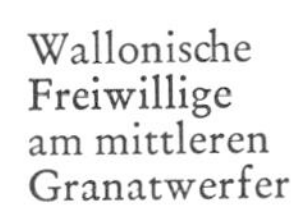

Wallonische
Freiwillige
am mittleren
Granatwerfer

Walloon volunteers
with a medium
mortar

Norwegische Freiwillige
in der SS-Panzergrenadierdivision „Nordland“
werden vom Divisions-
kommandeur, SS-Brigade-
führer und Generalmajor
der Waffen-SS Fritz von
Scholtz, in der Stellung
besucht

Norwegian volunteers of
the SS "Nordland" Panzer
grenadier Division, are
visited in their positions by
the Divisional Comman-
der, SS Brigadefuehrer
and Major-General of the
Waffen SS, Fritz v. Scholtz

Flämische Freiwillige in den Straßen von Antwerpen

Flemish volunteers in the streets of Antwerp

Estnische Freiwillige auf Behelfsfloß

Estonian volunteers on a makeshift raft

Freiwillige der Brigade „Langemarck“

Volunteers of the “Langemarck“ Brigade

Junge französische Freiwillige am schweren MG

Young French volunteers with a heavy machine gun

Ungarischer Offizier weist ungarischen Soldaten der Waffen-SS Ziele für die leichte 2-cm-Flak

A Hungarian officer indicates targets to Hungarian soldiers of the Waffen SS for the light 2cm anti-aircraft gun

Maschinengewehrstellung des SS-Reiterregimentes 17 in Kowel

A machine-gun position of the SS Mounted Regiment 17 in Kovel

Von Amerika an
Rußland gelieferte
Sherman-Panzer
in Kowel

The Sherman tank
delivered from
America to Russia;
here knocked out in
Kovel

Kirche
vor Kowel

A church
near Kovel

Gefechtsstand der eingeschlossenen „Wikinger“ in Kowel

The Command H.Q. of the encircled “Wiking“ soldiers in Kovel

Blick aus Kowel nach Nordosten

A view from Kovel towards the north east

Der Entsatz des festen Platzes Ende März 1944 durch eine Panzerkampfgruppe der Division „Wiking", die nur über den Bahndamm herangeführt werden kann

The strong point is relieved at the end of March 1944 by a panzer assault group of the "Wiking" Division, which could only get through along a railway embankment

1329 Abwurfbehälter und 22 Kisten wirft die Schleppgruppe der Luftwaffe auf den „festen Platz" Kowel vom 20. 3. 1944 bis zum Abschluß der Kämpfe und versorgte Heer und Waffen-SS

The transport 'planes of the Air Force dropped 1,329 canisters and 22 cases into the Kovel strong point from March 20, 1944 until the end of the fighting, thus supplying the Army and the Waffen SS

Auch die eigenen Verluste wiegen schwer

Their own losses weighed heavily too

Männer der Waffen-SS nehmen
Besatzung einer notgelandeten He 111 auf,
die Maschine (rechts im Hintergrund)
wird zerstört

Men of the Waffen SS look after the crew of
a Heinkel III, which has made an emergency
landing. The aircraft (in the background on
the right) is then destroyed.

Männer der
2. Kompanie des
Pionierbataillons 5
die, auf den Panzern
aufgesessen, den
ersten Durchbruch
durch den
Einschließungsring
schaffen

Men of the 2nd Company of the 5th Engineers Battalion, who were carried on the tanks, made the first break-through of the blockade

Stadtrand Kowel — Sehschlitzaufnahme

A photograph of Kovel outskirts, taken through an observation slit

Rückzug aus dem Raum Brest-Litowsk (Bug—Narew-Dreieck)

Withdrawing from the Brest-Litovsk area, (the River Bug and River Narev Triangle)

3. Batterie der Flak-Abteilung 11. SS-Panzergrenadierdivision „Nordland“
im Narwa-Brückenkopf (1944)

The 3rd Battery of the Flak battalion of the 11th SS Panzer Grenadier Division “Nordland“
at the Narva bridge-head (1944)

Alle Großgeräte und Geschütze sind als Lehrmittel in der Artillerieschule vorhanden

All large apparatus and guns are available at the Artillery School for teaching purposes

Unterricht am Sandkasten in der Junkerschule Bad Tölz

Lessons at the sand model, in the Junker School, Bad Toelz

Eine Inspektion der Junkerschule Braunschweig

An inspection at the Junker School, Brunswick

Entsatz
eingeschlossener
Heeresteile
1944

The relief of some
encircled Army
units in 1944

5. Kompanie des Panzerregimentes „Wiking“ 5th Company of the “Wiking“ Panzer Regiment

„... später waren die Divisionen der Waffen-SS zur Kerntruppe der deutschen Ostfront geworden. Zweimal ‚verhinderten SS-Verbände ein neues Stalingrad‘, wie der US-Historiker Stein urteilt: Sie zerschlugen die tödlichen Sowjet-Kessel von Tscherkassy und Kamenez-Podolsk. In dem einen Kessel hatten sowjetische Truppen im Januar 1944 zwei deutsche Korps zusammengetrieben, in dem anderen einen Monat danach eine ganze deutsche Panzerarmee. Den Kessel von Tscherkassy öffnete neben Heeresverbänden die miteingeschlossene ‚Wiking‘, den Kessel von Kamenez-Podolsk zerbrach das (inzwischen nach Frankreich verlegte und wieder herbeigerufene) Hausser-Korps. ‚Wo immer die SS-Verbände eingesetzt waren, sie griffen an‘, hat der Amerikaner Stein in die Chronik der Waffen-SS geschrieben. ‚Manchmal kämpften sie mit großem Erfolg, manchmal mit geringem oder gar keinem. Aber wie auch jede einzelne Aktion enden mochte, das Endresultat blieb: Der feindliche Vormarsch wurde aufgehalten.‘“
(Höhne, a.a.O., Seite 493)

“A year later the Waffen SS divisions had become the crack formations on the eastern front. In the view of Stein, the American historian, they ‘had on two separate occasions prevented another Stalingrad‘ by breaking up menacing Soviet envelopment moves: at Cherkassy in January 1944 Soviet forces had surrounded two German Corps; they were relieved by army formations together with the SS division ‘Wiking‘; at Kamenetz-Podolsk an entire German Panzer Army was surrounded and eventually relieved by Hausser’s Corps, which had in the meantime been moved to France and recalled. Stein says: ‘Wherever they were committed they attacked; sometimes with great success and sometimes with little or none. But whatever the outcome of the individual action, the end result was to delay the enemy advance.‘“
(Hoehne, page 493)

Heer und Waffen-SS im gemeinsamen Kampf

Army and Waffen SS in battle together

SS-Panzer-Regiment 5
Ia / Kdr. / Eg.

K o w e l , den 15.4.1944

Regiments - Tagesbefehl

Der Führer hat dem

SS-Obersturmführer N i c o l u s s i - L e c k ,

Chef der 8. Kompanie das Ritterkreuz zum Eisernen Kreuz verliehen.
Dem SS-Obersturmführer Nicolussi-Leck ist aus eigenem Entschluss unter harten Bedingungen am 30.3.1944 der Durchbruch in die eingeschlossene Stadt K o w e l gelungen.

Er hat der Besatzung die entscheidende Verstärkung gegeben. Er trägt mit seiner 8. Kompanie einen besonderen Anteil, an dem Aushalten der Besatzung.
Das Regiment ist stolz einen so verdienten, alten Angehörigen ausgezeichnet zu wissen.

Möge zu jeder Stunde dem SS-Obersturmführer Nicolussi-Leck das Soldatenglück zur Seite stehen.

SS Panzer Regiment 5
Ia / Kdr. / Eg.

Kovel 15. 4. 1944

Regimental Order of the Day

The Fuehrer has awarded

SS Obersturmfuehrer Nicolussi-Leck,

Commander of the 8th Company, the Knight's Cross.

SS Obersturmfuehrer Nicolussi-Leck succeeded in making a breakthrough to the encircled town of Kovel, on his own initiative and under severe conditions. He gave the occupying troops strong reinforcement. With his 8th Company, he greatly contributed to the occupying troops holding out.

The regiment is proud to know that such a deserving and long-standing member has been decorated.

May "soldier's luck" stay with SS Obersturmfuehrer Nicolussi-Leck all the time.

7. und 8. Panzerkompanie auf dem Marsch im Raume Bialistok/Brest-Litowsk

The 7th and 8th Panzer Companies on the march in the Bialistok/Brest-Litovsk area

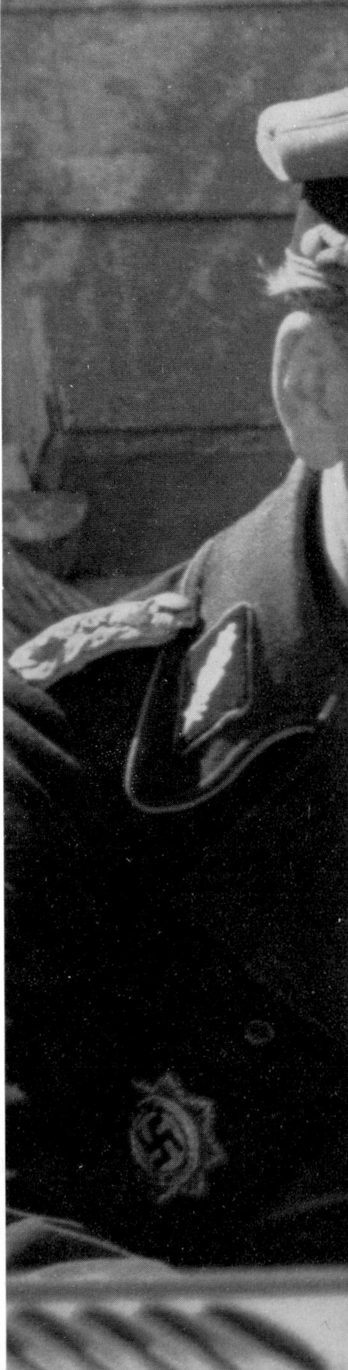

Besprechung zwischen General Gille und Standartenführer Mühlenkamp zur Vorbereitung des Angriffs aus dem Kessel von Kowel in Richtung Höhenzug Linanaja — Kesselerweiterung nach Süden — zur Herstellung der Verbindung mit der angreifenden Infanterie des Korps General Hossbach

A conference between General Gille and Standartenfuehrer Muehlenkamp, preparing the attack out of the Kovel cauldron in the direction of the Linanaya ridge in order to establish contact with the attacking infantry of General Hossbach's Corps

Stellungen der
5. SS-Panzerdivision
„Wiking“

Positions of the
5th SS Panzer Division
“Wiking“

An der Narwa bringt Niederländer Stacheldraht zum Hindernisbau heran

A Dutchman brings up some barbed wire to build an obstacle in the River Narva area

Tellerminen werden nach Plan verlegt, damit Wiederaufnahme möglich ist

Teller (anti-vehicle) mines were laid according to a plan, so that they could be collected again if necessary

Ja, da
staunt ihr?
Wir sind
umgezogen

Don't look surprised.
We've moved house.

Das Maskottchen
des ganzen Zuges

The platoon's
little mascot

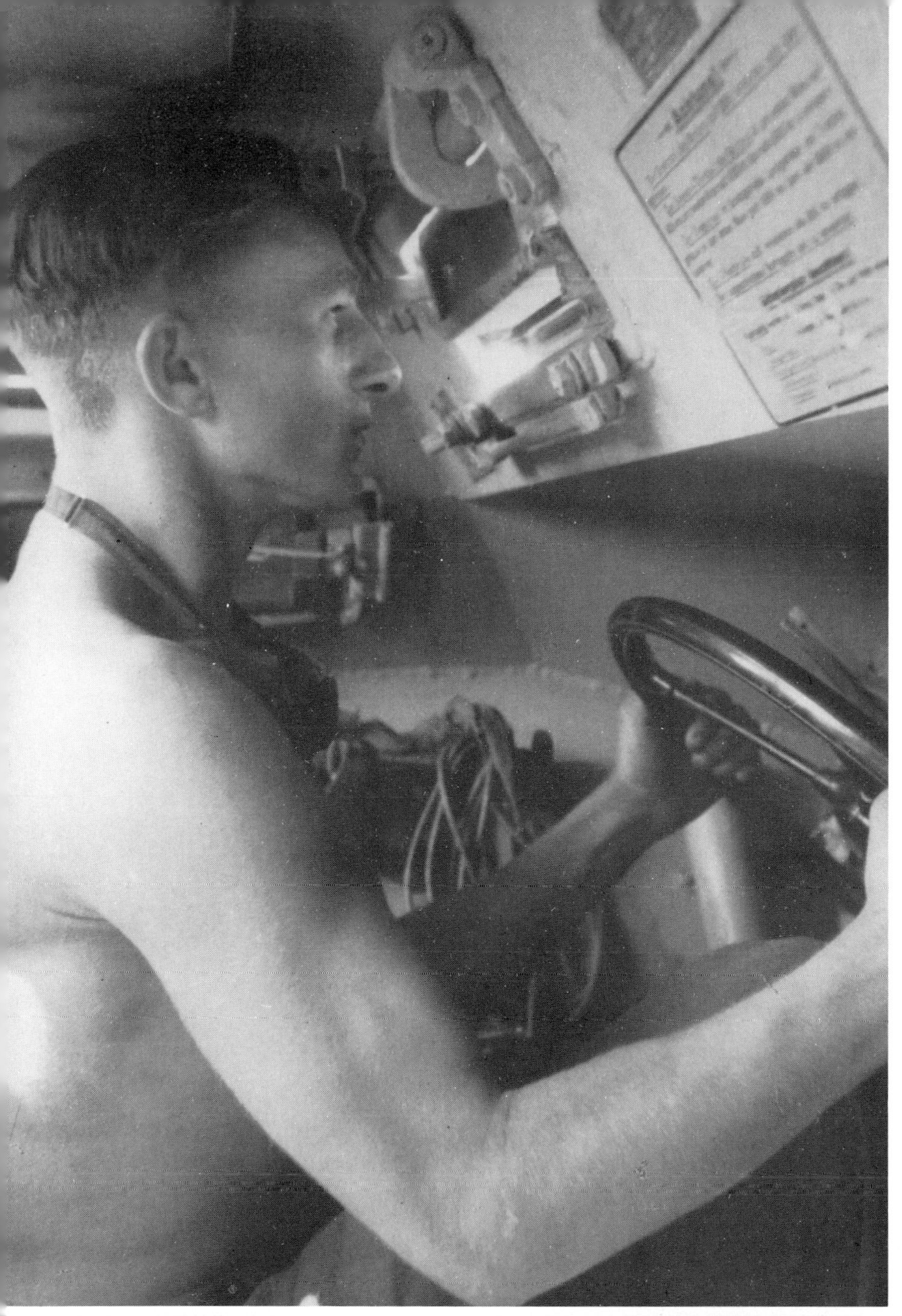

Kriegsnahe Fahr- und Schießausbildung durch fronterfahrene Ausbilder
(Hauptsturmführer Rentrop — gefallen 1945)

They are trained to drive and shoot by instructors with front line experience and in simulated battle conditions
(Hauptsturmfuehrer Rentrop — killed in action 1945)

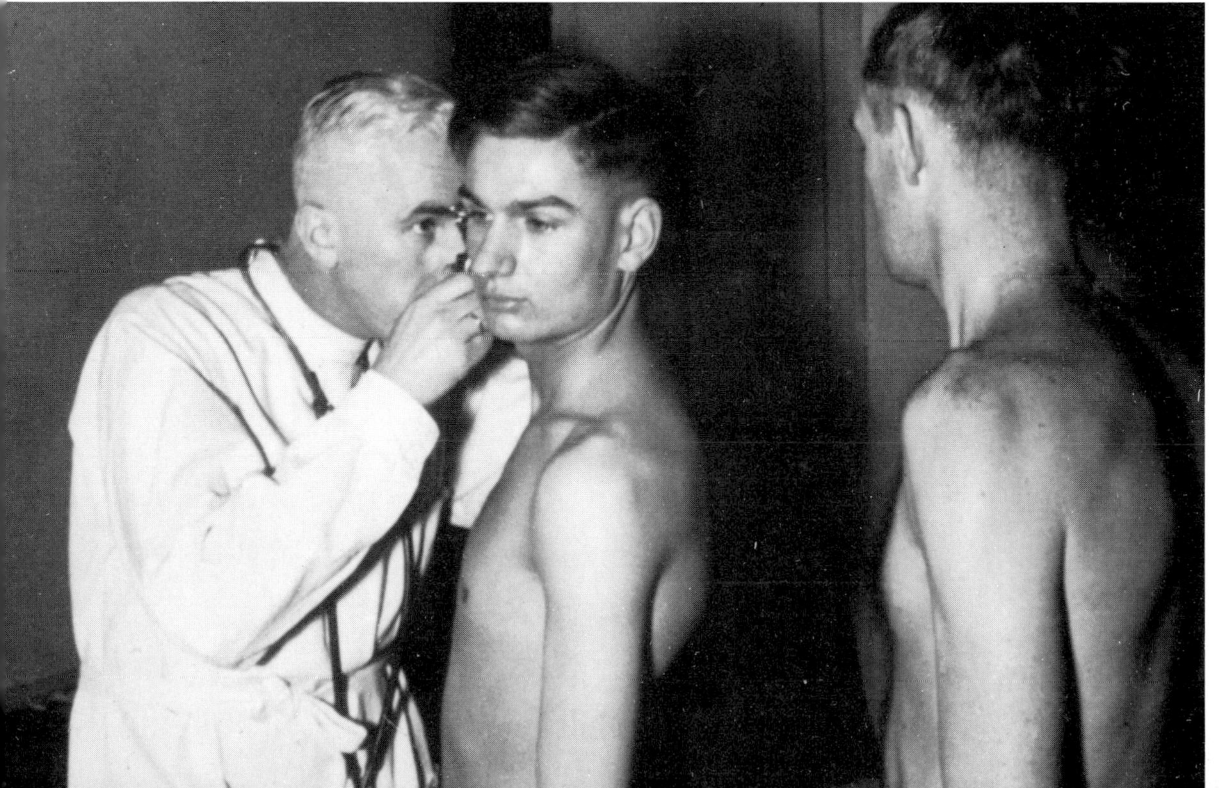

Untersuchungen durch Truppenärzte werden gewissenhaft vorgenommen
(Französische Freiwillige werden gemustert)

An examination by the military doctor is scrupulously carried out.
(French volunteers being examined)

Geburtstagsgeschenk der Leibstandarte

Aus dem Führerhauptquartier, 22. 4. 1944

„Das SS-Panzerkorps ‚Leibstandarte SS Adolf Hitler' hat dem Führer auch in diesem Jahre zum Geburtstag für das Kriegs-Winterhilfswerk des deutschen Volkes eine namhafte Spende zur Verfügung gestellt. Die Führer, Unterführer und Männer des Panzerkorps haben in den letzten Monaten die Summe von 2 475 209,88 Mark aus ihren Reihen gesammelt."

The Leibstandarte's birthday present

From the Fuehrer's Headquarters, 22.4.1944

"The SS Panzer Corps 'Leibstandarte SS Adolf Hitler' have put a considerable donation at the disposal of the Fuehrer this year as well, for the Winter War Relief Charity of the German people. The commanders, NCOs and men of the Panzer Corps have collected 2,475,209.88 Marks in recent months from their own ranks."

Männer der Leibstandarte an einem Ortseingang der Normandie

Men of the Leibstandarte at the entrance of a village in Normandy

Führerkorps der Division „Hitlerjugend" am Geburtstag ihres in der Normandie gefallenen Kommandeurs SS-Brigadeführer und Generalmajor der Waffen-SS Fritz Witt

Headquarters staff of the "Hitlerjugend" Division on the birthday of their commander, SS Brigadefuehrer and Major-General of the Waffen SS, Fritz Witt, who was later killed in Normandy

Tiger I

Panzerabwehrwaffe „Panzerschreck“, genannt Ofenrohr

The “Panzerschreck“ anti-tank bazooka, nicknamed a “Stove pipe“

Sprengstoffträger „Goliath“ kann ferngelenkt werden

The explosives carrier “Goliath“ could be remote controlled

Nächste Seite:
Panzerangriff bei Maciewo

Next page:
Tank attack at Macievo

Gefechtsstand unter der Wanne des Panzers

The command post is underneath a tank

Skorzeny mit seinen Männern nach dem Mussolini-Einsatz

Skorzeny with his men after the Mussolini operation

Soldaten der 9. SS-Panzerdivision „Hohenstaufen" bei Tarnopol

Soldiers of the 9th SS Panzer Division "Hohenstaufen" at Tarnopol

General Arndt, Kommandeur der „Bären-Division", legt am Ehrenmal der Division „Hohenstaufen" in Breczani einen Kranz nieder

General Arendt of the "Baeren-Division" lays a wreath on the "Hohenstaufen" Division's memorial at Breczani

Panzerartillerie der
9. SS-Panzerdivision
„Hohenstaufen“

10,5-cm-„Wespe“
in Frankreich

Armoured mobile artillery of the 9th SS Panzer Division "Hohenstaufen". The 10.5cm "Wespe" in France

Panzerjäger der
1. SS-Panzerdivision
„Leibstandarte Adolf Hitler“

7,62-cm auf Selbstfahrlafette „Marder“
auf dem Marsch

Anti-tank troops of the 1st SS Panzer Division "Leibstandarte Adolf Hitler". The 7.62cm self-propelled "Marder" on the march

Panzerartillerie der
10. SS-Panzerdivision
„Frundsberg“

15-cm „Hummel“
vor Buczacz

Armoured mobile artillery of the 10th SS Panzer Division "Frundsberg". The 15 cm "Hummel" in front of Buczacz

Vor Tarnopol

Near Tarnopol

„Im April 1944 kamen das II. SS-Panzerkorps mit der 9. SS-Panzerdivision ‚Hohenstaufen' und der 10. SS-Panzerdivision ‚Frundsberg' unter dem Befehl des sehr tüchtigen Paul Hausser aus Frankreich an. Die Divisionen unternahmen sofort einen Flankenangriff, der die Spitze des sowjetischen Stoßkeils glatt abschnitt und es ermöglichte, die in der Falle sitzende 1. Panzerarmee herauszuholen."
(Stein, a.a.O., Seite 196, Abs. 2)

"In April 1944, the 2nd SS Panzer Corps with the 9th SS Panzer Division 'Hohenstaufen' and the 10th SS Panzer Division 'Frundsberg' arrived from France under the command of the very capable General Hausser. The divisions immediately made a flanking attack which cut the peak of the Soviet spearhead completely off and enabled the entrapped 1st Panzer Army to be brought out." (Stein, page 196, para. 2)

Zum Entsatz angetreten

Going in to relieve them

Wie sie dazu kamen:
Denn der Soldat wird jeweils aus den politischen Verhältnissen s e i n e r Zeit heraus aufgerufen, sich für den Soldatenberuf zu entscheiden. Stets gehört zu den Werbungen und Aufforderungen die Versicherung, daß er auf gesicherte Rechtsverhältnisse vertrauen könne. Nach dem Eintritt in den Soldatenstand verlangen seine Zeit und die in ihr Machtausübenden von ihm „höchste Pflichterfüllung", Gehorsam und ständige Bereitschaft zum Einsatz, über dessen Grund und Beginn er selbst nicht befinden kann. Mit dem Einsatzbefehl wird von Soldaten sogar „allerhöchste Pflichterfüllung" und die Hingabe von Gesundheit und Leben gefordert. Man sage mir, zu welcher Zeit und bei welcher Armee der Welt es etwa je anders gewesen ist?
(Hausser, „Soldaten wie andere auch", Seite 166/167)

How they came to be in the Waffen SS:

"In any age, the soldier is called upon by contemporary political circumstances, to answer the call to arms. Such calls and their publicity perpetually affirm that the soldier can trust in the assured legitimacy of his position. After he has become a soldier, the times in which he lives and those who are then in power demand of him fulfilment of his duty to the utmost, obedience and a continual preparedness to join battle, the reason for which and the start of which, he does not control. When the order to go into action is given, complete fulfilment of his duty and the laying down of both health and life, is demanded of the soldier. Tell me at what time and for which army, it was ever any different."
(Hausser: "Soldaten wie andere auch", page 166—7)

Wie man ihnen dankte:
„ . . . Im Kriege lebte ich mit den beiden Kindern Tag und Nacht in der Angst, daß er uns genommen würde. Im März 1945 kam dann auch die furchtbare Nachricht, daß er bei . . . gefallen war. Ich habe nicht wieder geheiratet, weil ja die Kinder da waren und ich für sie und ihn weiterleben wollte. Nach dem Kriege bekamen wir gar nichts, zur Armenfürsorge verdiente ich mir durch Heimarbeit etwas dazu. Mein Antrag nach dem 131er-Gesetz wurde abgelehnt, man schrieb: ‚Ihr Mann war bei der Waffen-SS, die bekommen nichts.' Und nun heißt es beim Schadenausgleich wieder, weil er bei der Waffen-SS war, wäre er als Oberleutnant nicht in die Bundeswehr eingestellt worden. Da er 1938 von der Schule weg zum Arbeitsdienst und dann zur Truppe ging, kann ich keinen anderen Beruf angeben. Also erhalte ich nichts. Was soll ich nur machen? Für 3 Jahre Kriegsehe 20 Jahr Strafe . . ."
(Hausser, a.a.O., Seite 193)

How they were thanked:

". . . In the war, I with both children lived day and night in fear that he would be taken from us. Then in March 1945, the terrible news did come, that he had fallen at . . . I have never remarried, because there were the children and I wanted to continue living for them and for him. After the war, we received nothing. In addition to Poor Relief, I earned something from doing outwork at home. My application under the 131st Law was turned down. They wrote: 'Your husband was in the Waffen SS. They receive nothing.' And it is the same for compensation adjustment, since because he was in the Waffen SS, he would not have been taken on as a Lieutenant in the Bunderwehr (the present West German regular army). Since he went straight from school in 1938 to do his Labour Service and then joined the troop, I cannot give any other occupation. So I receive nothing. Just what shall I do? For 3 years' wartime marriage, 20 years punishment . . ."
(Hausser, page 193)

Nr. 516

Sonnabe

Abgeschnittene Kampfgruppe wieder frei

Die Schlacht von Nikopol gewonnen Neue schwere Kämpfe bei Kriwoi Rog

Hohe Sowjetverluste in der Nikopol-Schlacht — Staraja Russa nach Zerstörung geräumt — Vergebliche Feindangriffe im Nordabschnitt — Landekopf weiter eingeengt Alliierte Erfolglosigkeit bei Cassino

Der OKW.-Bericht vom 18. Februar meldet: Südwestlich und nördlich Kriwoi Rog traten die Sowjets gestern mit starken Infanterie- und Panzer-
schwere Kämpfe, die noch an-
stlich der Stadt wird erbittert

ikopol haben ostmärkische,
mecklenburgische, pommersche
es Generals der Gebirgstruppen
ieth und Kreysing in der Zeit

Narwa — Wi

Die Schwerpunkte im Ost

Narwa — Witebsk — Kanew kennzeichnen die Sch
handlungen im Osten. Im allgemeinen ist ein weiteres A
Angriffstätigkeit und ein Erstarken der deutschen Ak
Grosskämpfe sind freilich zur Zeit nur noch im Raum

Dort stürmen die Bolschewisten erneut in grossen Aufgeboten gegen die deutsche Front an. Aber gerade dort ist der deutsche Widerstand von solchen Erfolgen, dass man annehmen muss, die Deutschen wollen diese Position unter

kenswert, dass
Tiger, die beste
windung grosser
Einsatz gelange
menwirken mit
heerenden Wir

...d-Kurier

...die deutschen Soldaten in Nordfinnland

...en 19. Februar 1944

...sk – Kanew

...nd die deutsche Aktivität

..., 18. Jannar. ...e der Kampf-...der sowjetischen ...verzeichnen. ...osk im Gange.

...die deutschen ...für die Ueber-...hier stark zum ...var im Zusam-...gen ihrer ver-...kannten deut...

die Sowjets zwar weiterhin im Angriff, konnten sich aber schon seit einigen Tagen nicht mehr zu einem Grossunternehmen aufraffen. Die deutschen Bedrohungsmanöver, die im Zuge sind, haben offenbar die bolschewistischen Dispositionen beeinflusst. Jedenfalls sind die Sowjets vorsichtiger geworden und versuchen zur Zeit neue Verstärkungen heranzuführen.

Der dritte Angelpunkt der gegenwärtigen Kämpfe liegt im Raum von Tscher-...

Pak im karelischen Urwald ostwärts Kiestinki.
Soldaten mit Mückenschleier.

An anti-tank gun in the Karelian forests east of Kiestinki.
Soldiers with anti-fly veils

Von links nach rechts:
Norwegische Freiwillige
Im Urwald Kareliens bei Okunje Waguba
Scharfschütze der 6. Gebirgsdivision „Nord“

From left to right:
Norwegian volunteers
In the Karelian forests near Okunje Waguba
A sniper of the 6th Mountain Division "Nord"

An der Invasionsfront — Normandie   At the Normandy invasion front

NORMANDIE

An Einsatz-Reserven für den Fall einer alliierten Invasion standen bereit: Das I. SS-Panzerkorps (Dietrich) mit der 1. und 12. Division („Hitlerjugend"); außerdem in Südfrankreich die 2. und 17. Division („Götz von Berlichingen").

Am 20. Juni 1944 wurde aus dem Osten das II. SS-Panzerkorps (Hausser, später Bittrich) herangeführt mit der 9. Division („Hohenstaufen") und der 10. Division („Frundsberg").

Die aufgeführten Verbände kamen im Rahmen der 5. und 7. Armee von der Orne bis zur Nord-West-Front zum Einsatz. Ein einheitlicher Einsatz dieser Reservekräfte war indessen nicht möglich.

Schwerpunkte der Einsätze waren: Caen, St. Lô, Carentan, Mortain, Falaise. Aus der Einschließung — Kessel von Falaise — brachen aus: Von der 5. Panzerarmee die 12. Division; von der 7. Armee die 17. Division; von der Panzergruppe Eberbach die 1. und 10. Division. Am Gegenstoß des Generalkommandos Bittrich von Osten her waren die 2. und 9. Division beteiligt.

Es folgte der Rückzug über die Seine bis zum Westwall in den Abschnitt zwischen Aachen und der Eifel. In diesem Abschnitt kamen in der Folgezeit die aus Ersatztruppen gebildeten Panzerbrigaden 49 und 51 sowie der „Landstorm Nederland" zum Einsatz.

(Aus: Paul Hausser: „Soldaten wie andere auch")

Karte: Westlicher Kriegsschauplatz 1944/45 im Anhang

NORMANDY

The reserves which were ready to go into action in the case of an Allied invasion were: 1st Panzer Corps under Dietrich with the 1st SS Division and the 12th "Hitlerjugend" Division; in addition there were the 2nd SS Division and 17th SS "Goetz von Berlichingen" Division in southern France.

On June 20, 1944, the 2nd SS Panzer Corps under Hausser and later under Bittrich was brought over from the east together with the 9th SS "Hohenstaufen" Division and the 10 th "Frundsberg" Division.

These units were sent into action in the 5th and the 7th Army from the River Orne to the north-west front. A coordinated action by these reserves was therefore not possible.

The main centres of fighting were: Caen, St. Lô, Carentan, Mortain, Falaise. The following broke out of the Falaise cauldron: From the 5th Panzer Army, the 12th SS Division; from the 7th Army, the 17th SS Division; from Eberbach's Panzer Group, the 1st and 10th SS Divisions. The 2nd and 9th SS Divisions took part in a counterattack from the east under Bittrich's Headquarters Command.

Then followed the withdrawal over the River Seine to the Westwall (the German western frontier defences) in the sector between Aachen and the Eifel. Subsequently in this sector, the Panzer Brigades 49 and 51, composed of replacement troops and also the "Landstorm Nederland" (Dutch SS volunteers) went into action.

(From: Paul Hausser, "Soldaten wie andere auch")
("Soldiers just like the others")

Map: The western theatre of war 1944—5 in the Appendix

Caen nach einem Luftangriff

Caen after an air attack

Die Lage

The situation

Zerstörte eigene Panzer in Villers-Boccage

Our tanks knocked out in Villers-Boccage

Alliierte Bombenangriffe
im Raum der Normandie

An Allied bomb attack
in the Normandy area

3,7-cm-Flak des Wirtschaftsbataillons 9
der Panzerdivision „Hohenstaufen“

3,7cm anti-aircraft gun crew of the 9th Supply
Battalion of the "Hohenstaufen" Panzer Division

Flüchtende Klosterinsassen

Fleeing from the convent

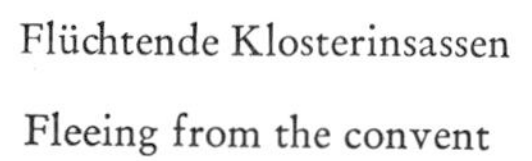

Eisenhower:
„Die Qualität der deutschen Truppen war sehr unterschiedlich. Am besten war die Moral der SS-Panzer- und Fallschirmverbände, die auf blindem Vertrauen in den endgültigen Sieg der Nazi beruhte. Die Truppen kämpften sowohl beim Angriff als bei der Verteidigung mit fanatischem Mut."

Eisenhower:
"The quality of the German troops varied very much. The SS armoured and airborne units had the highest morale, which is based on a blind faith in a Nazi victory in the end. Both in attack and defence, the troops fought with fanatic courage."

Verwundetennest der Fallschirmjäger und der Waffen-SS
Fallschirmjägerregiment 6 und 17. SS-Panzergrenadierdisivion „Götz von Berlichingen"

An advanced aid post of the paratroops and Waffen SS Parachute Regiment 6
and the 17th SS Panzer Grenadier Division "Goetz von Berlichingen"

General der Panzertruppen
Frhr. Geyr von Schweppenburg
mit den Kommandeuren der 2. SS-Panzerdivision
„Das Reich", Lammerding, und der
17. SS-Panzergrenadierdivision „Götz von
Berlichingen", Ostendorf, in der Normandie
(von rechts nach links)

General of the Panzer Troops,
Freiherr (Baron) Geyr von Schweppenburg
with the commander of the 2nd SS "Das Reich"
Panzer Division, Lammerding, and the
commander of the 17th SS "Goetz von
Berlichingen" Panzer Division, Ostendorf, in
Normandy (From right to left)

Generalfeldmarschall
Rommel mit
SS-Obergruppenführer
und General der
Waffen-SS Hausser,
Oberbefehlshaber der
7. Armee, Juni 1944

Field-Marshal Rommel
with SS Obergruppen-
fuehrer and General of
the Waffen SS Hausser,
Commander in Chief of
the 7th Army, June 1944

Gefangene der Tommys

Prisoners of the Tommies

Das Ende kommt herauf

The end is approaching

535

„In den letzten beiden Kriegsjahren kämpften die Divisionen der Waffen-SS an allen Fronten. Wo immer die alliierte Gefahr am größten war, da erschienen die SS-Panzer- und Panzergrenadierdivisionen von Hitlers ‚Feuerwehr': bei Charkow, in Warschau, in der Normandie, in den Ardennen, in Budapest und Berlin. SS-Divisionen standen an der Spitze von Gegenangriffen, durch die der Vormarsch der Alliierten zeitweilig zurückgeworfen oder aufgehalten wurde."
(Stein, a.a.O., Seite 260, letzter Absatz)

"In the last two years of the war, the Waffen SS divisions fought on every front. Where the danger from the Allies was greatest, that is where the panzer- and panzergrenadier divisions of Hitler's 'Fire Brigade' appeared: at Kharkov, in Warsaw, in Normandy, in the Ardennes, in Budapest and Berlin. SS divisions headed the counter-attacks by means of which the Allied advance was temporarily thrown back or held up."
(Stein, page 260, last paragraph)

„Die 7. britische Panzerdivision umfaßt die Panzerlehrdivision und stößt über Villers-Boccage bis Höhe 213 vor. Da greift SS-Hauptsturmführer Wittmann allein mit seinem Tiger an und zerschlägt die britische Panzerspitze. Binnen weniger Minuten stehen 25 Panzerfahrzeuge in Flammen."

"The British 7th Armoured Division outflanked the Panzer Lehr Division and advanced on Hill 213 over Villers-Boccage. SS Hauptsturmfuehrer Wittmann with his Tiger, went into attack on his own, and smashed the vanguard of the British armour. Within a few minutes, 25 armoured vehicles were in flames."

Richtschütze Balthasar Woll (rechts) von der Besatzung Wittmann

Balthasar Woll (right), the gun aimer of Wittmann's crew

Michael Wittmann, Chef der 1. Kompanie der schweren Panzerabteilung 501, mit 138 Panzerabschüssen erfolgreichster Panzermann des Zweiten Weltkrieges, gefallen am 8. 8. 1944 südlich Caen (Normandie), Träger des Ritterkreuzes mit Eichenlaub und Schwertern

Michael Wittmann, Commander of the 1st Company, Heavy Panzer Battalion 501, knocked out 138 tanks and so was the most successful tank soldier of the Second World War. He was killed on 8. 8. 1944 south of Caen in Normandy. He was decorated with the Knight's Cross with Oakleaves and Swords.

Der Himmel ist offen und die volle Luftherrschaft bei den Engländern und Amerikanern

The sky is open and the English and Americans have complete supremacy of the air

In der Normandie:
Caen — Tilly —
Evrecy — Thury —
Harcourt — Falaise . . .

In Normandy:
Caen — Tilly —
Evrecy — Thury-
Harcourt — Falaise . . .

SS-Brigadeführer und Generalmajor Ostendorf, Kommandeur Division „Götz von Berlichingen“, und Oberst v. d. Heydte, Kommandeur Fallschirmjägerregiment 6, in der Normandie

SS Brigadefuehrer and Major-General, Ostendorf, Commander of the "Goetz von Berlichingen" Division and Oberst von der Heydte, Commander of the Parachute Regiment 6, Normandy

Im Kessel von Falaise auf engem Raum zusammengedrängte Versorgungstruppen (Wi.Btl. 9) der Division „Hohenstaufen"

Supply troops (9th Supply Battalion) of the "Hohenstaufen" Division crowded together in a small area in the Falaise cauldron

Sherman-
Panzer
bei Caen

Sherman
tank
near Caen

Gefangene Amerikaner
warten auf ihren Abtransport

Captured Americans wait for
transport to take them away

Kriegserfahrene Grenadiere der Waffen-SS

Waffen SS grenadiers, well experienced in war

Zum Gegenstoß bereit

Ready for counter-attack

Die Tarnung mit Haferstroh und Zeltplane ist vollkommen. Dieser SS-Panzergrenadier ist für den Luftgegner unsichtbar.

The camouflage using straw and ground sheet, is perfect. This SS Panzer Grenadier cannot be seen by the enemy in the air.

Die kleine Geschichte dieses Andenkens
„Ich war Angehöriger der 13. Kp. Rgt. 25 der HJ-Division. Nach den ersten Kämpfen in der Normandie, wo wir bei dem Kloster Ardenne in Stellung lagen, wurden wir mit einem LIG-Zug einer verstärkten Kp. zugeteilt (Kampfgruppe Schrott). Eines Abends wurden wir zum Kommandeur gerufen und bekamen mit sechs Mann das EK II. Ich wollte es nach Hause schicken, aber durch irgendeinen Umstand kam ich nicht dazu. Das EK legte ich in die Brieftasche, welche ich immer in der Gesäßtasche trug. Ein paar Tage später sollten wir einen Brückenkopf der Alliierten eindrücken. Ich war damals Nachrichtentruppführer des LIG-Zuges. Nach Antreten zum Angriff in den ersten Häusern eines Dorfes blieb der Angriff im Ari-Feuer liegen, dabei bekam ich einen Granatsplitter an die Schulter, der aber nicht schlimm war, und einen in die Brieftasche genau auf das EK. Der Splitter ist mir aber später verlorengegangen. Das Herauskommen aus dieser heiklen Lage war sehr schwierig mit gesunden Beinen, mit zerschossenen vielleicht unmöglich. Nach diesem Vorfall war ich von meiner Heimkehr aus dem Krieg überzeugt."

The little story behind this memento
"I belonged to the 13th Company of Regiment 25 of the 'Hitlerjugend' Division. After the first battles in Normandy, where we occupied a position in the Ardenne monastery, we, together with a light infantry gun platoon, were attached to a reinforced company, Assault Group Schrott. One evening we were called before the commander and six of us received the Iron Cross, 2nd class. I wanted to send it home but did not get round to it for some reason or other. I put the Iron Cross in my wallet which I always carried in my back pocket. A few days later, we had to repulse an Allied bridgehead. I was at that time leading the Signals section of the light infantry gun platoon. After starting to attack by the first houses of a village, the attack was then brought to a halt by artillery fire, from which I got a shell splinter in my shoulder but which was not serious, and another one on my wallet directly where the Iron Cross was. I later lost the splinter. Getting out of this critical situation was difficult with healthy legs, but with shot-up legs perhaps impossible. After this incident, I was convinced that I should return home from the war."

SS-Panzergrenadiere der westlich Caen kämpfenden Panzerdivisionen der Waffen-SS

SS Panzer grenadiers of the Panzer Grenadier Divisions of the Waffen SS, fighting to the west of Caen

Britische Gefangene
in der Normandie

British prisoners
in Normandy

Normannische Städte durch Bomben zerstört

Norman towns destroyed by bombs

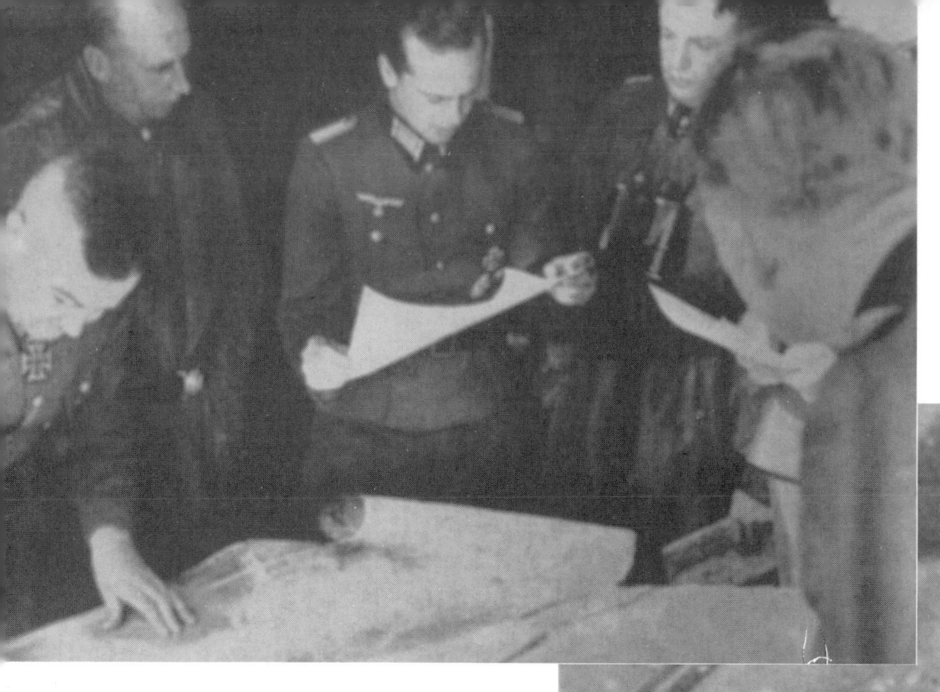

SCHLACHT UM ARNHEIM — mit 9. und 10. Panzerdivision der Waffen-SS („Hohenstaufen“ und „Frundsberg“) gegen englische und amerikanische Luftlandetruppen

The Battle of Arnhem — with the 9th and 10th Panzer Divisions of the Waffen SS ("Hohenstaufen" and "Frundsberg") against the English and American airborne troops

Feldmarschall Model, General Bittrich, Kommandierender General II. SS-Panzerkorps, SS-Brigadeführer und Gen.Major Harmel, Div.-Kommandeur der „Frundsberg“, bei der Lagebesprechung

Field-Marshal Model and General Bittrich, General Officer Commanding of the 2nd SS Panzercorps, SS Brigadefuehrer and Major-General Harmel, Divisional Commander of the "Frundsberg" Division, at a briefing

Landeplatz, übersäht mit Fallschirmen und Lastenseglern der Briten

A Landing Zone strewn with British paratroops and gliders

Britische Gefangene in Arnheim

British prisoners in Arnhem

. . . Der britische General Urquhart setzte sein Oberkommando in London von dieser verzweifelten Situation in Kenntnis. Da die Deutschen längst im Besitze der britischen Funkunterlagen waren, erfuhren sie nun von der qualvollen Lage, in der sich die englischen Verwundeten befanden. Der Divisionsführer der „Hohenstaufen", SS-Obersturmbannführer Harzer, befahl nun seinem Divisionsarzt, Dr. Egon Skalka, den Briten ritterliche Hilfe anzubieten. Als Dr. Skalka mit einem britischen Jeep, unter der Roten-Kreuz-Flagge, über die Hauptkampflinie fuhr, erwartete ihn dort der englische Divisionsarzt Colonel Warrack.
Im Tafelberg-Hotel wurde operiert. Der britische Chefarzt selbst bestimmte, welche englischen Verwundeten zur weiteren Versorgung den deutschen Sanitätseinheiten übergeben wurden. Hunderte britische Verwundete wurden so täglich durch die Sanitätsdienste der 9. SS-Panzerdivision übernommen und gerettet.
Insgesamt wurden im weiteren Verlauf der Kämpfe von den Sanitätseinheiten der Waffen-SS-Panzerdivision „Hohenstaufen" mehr als 2200 britische Verwundete übernommen und versorgt. Darüber hinaus sandte die Waffen-SS zur Versorgung der britischen Verwundeten, die sich nicht in deutsche Hand begeben wollten, mit den rückfahrenden britischen Sanitätsfahrzeugen Verbandsmaterial in den Kessel hinein.

Am 23. vormittags ergaben sich schließlich die letzten Reste des seit Tagen abgeschnittenen Fallschirmjägerbataillons, nachdem sie die ganze Munition verschossen hatten. Der letzte Funkspruch, mit dem sie ihrem General Urquhart meldeten, daß sie sich ergeben müßten, lautete: „Lang lebe der König!" Nahezu sämtliche überlebenden Fallschirmjäger dieses britischen Bataillons marschierten verwundet in Gefangenschaft. Nach siebentägigem Kampf war die Brücke frei . . .

" . . . The British General Urquhart reported this desperate situation to his High Command in London. Since the Germans were long ago in possession of the British radio communications set-up, they now learned of the distressed circumstances of the English wounded. The divisional commander of the 'Hohenstaufen' Division, SS Obersturmbannfuehrer Harzer, then ordered his divisional medical officer, Dr. Egon Skalka, to make the chivalrous gesture of offering help to the British. When Dr. Skalka drove through the front line in a British jeep under the Red Cross flag, Colonel Warrack, the English divisional medical officer, was waiting for him.
Operations were performed in the Tafelberg Hotel. The British senior doctor himself decided which of the English wounded would be handed over to the German medical units for further care. Hundreds of British wounded were in this way daily handed over to and saved by the medical services of the 9th SS Panzer Division.
As the fighting went on, altogether more than 2,200 British wounded were taken over and treated by the medical units of the Waffen SS "Hohenstaufen" Panzer Division. Moreover the Waffen SS sent field dressings back into the cauldron with the returning British ambulances, for those who did not want to give themselves over to the Germans.

On the morning of the 23rd, the last remnants of the paratroop battalion which had been cut off for days, gave themselves up after they had fired all their ammunition. The last radio message, in which they reported to their General Urquhart that they had to give themselves up, ran: "Long live the King!" Nearly every surviving paratrooper of this British battalion marched wounded into captivity. After seven days of fighting the bridge was free . . .

SS-Obersturmbannführer Harzer bei Kriegsende Kommandeur 4. SS-Pol.-Panzergrenadierdivision

SS-Obersturmbannfuehrer Harzer, by the end of the war commander of the 4th SS Polizei Panzer Grenadier Division

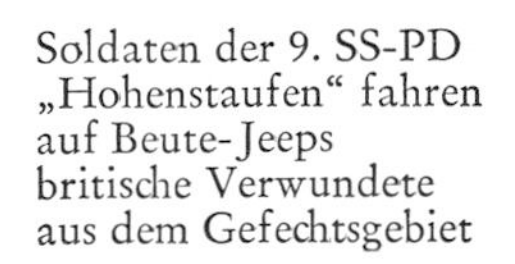

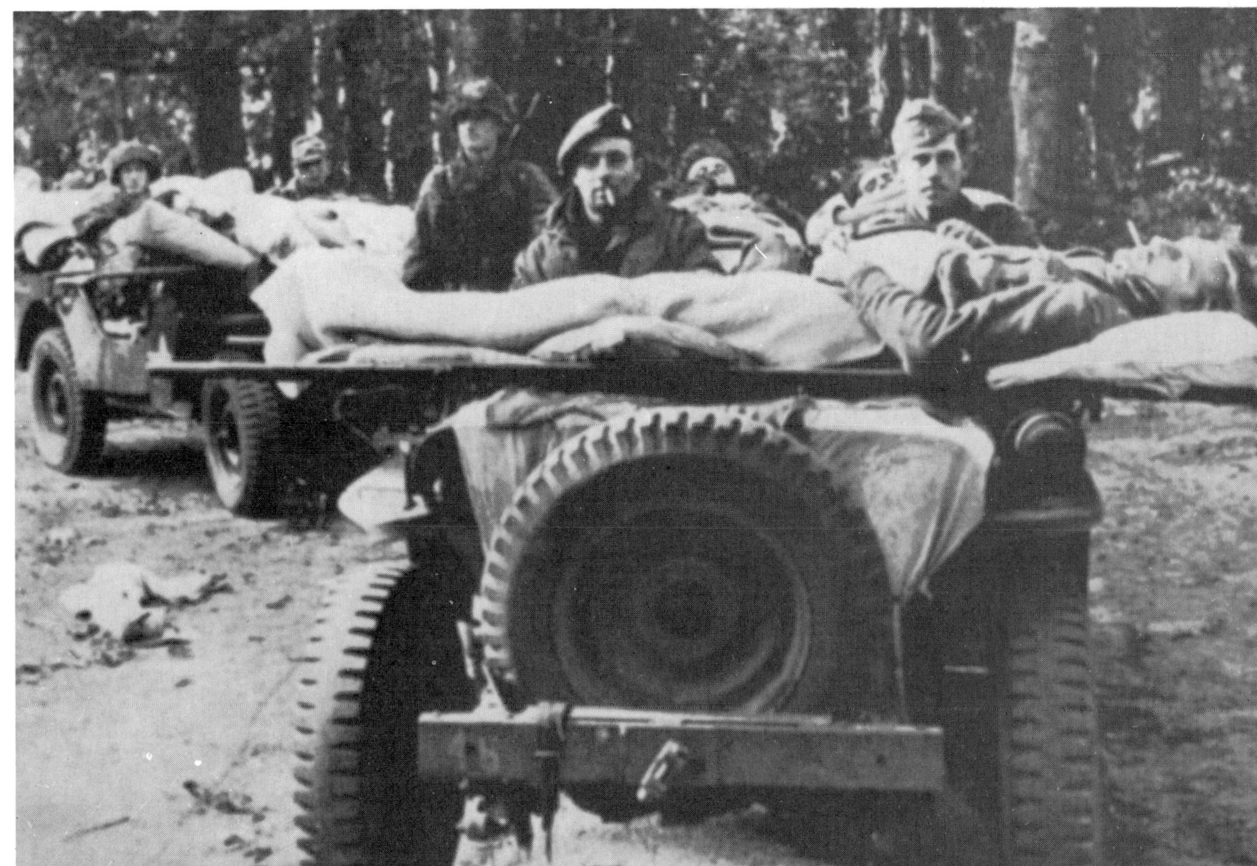

Soldaten der 9. SS-PD „Hohenstaufen" fahren auf Beute-Jeeps britische Verwundete aus dem Gefechtsgebiet

Soldiers of the 9th SS "Hohenstaufen" Panzer Division, transport British wounded out of the battle zone in captured jeeps

Krad-Melder —, unentbehrlich zur Führung motorisierter Einheiten

Dispatch riders — indispensable to the command of a motorized unit

Die Front bei Nacht

The front at night

Überflutung des niederländischen Küstengebietes

Flooding of the Dutch coastal area

549

Gefangene Briten, von denen einer verwundet ist, gehen nach hinten

British prisoners, one of whom is wounded, go to the rear

Gefangene
für
kurze
Zeit

Prisoners for a
short time

Nur noch
Panzerfäuste und
Gewehre

Only rifles and
anti-tank grenade
launchers left

Und im Osten kämpften die Reste der anderen Verbände der Waffen-SS. Hierzu schrieb ein ehemaliger Feldwebel vom Heer:

And in the east, the rest of the other Waffen SS units were fighting. A former Army sergeant wrote about this:

„... und machte am 29. 7. 44 im Memelbogen von Kauen dieses Foto von 2 SS-Soldaten, die nach einem schweren Rückzugsgefecht an meinem Panzer vorüberkamen. Sie gehörten vermutlich zu einer Fallschirmjägereinheit und hatten bis zur Aufreibung ihrer Einheit Widerstand geleistet. Wir empfanden damals jedenfalls Hochachtung vor diesen Männern, an der sich, was mich betrifft, nichts geändert hat.“

“... and on July 29, 1944, I took this photo at the bend of the river Memel at Kauen, of two SS soldiers who passed by my tank after a hard fighting withdrawal. I should think they belonged to a paratroop unit and had resisted until their unit was wiped out. At that time anyway, we had great respect for these men, which, as far as I am concerned, has not changed.“

SS-Standartenführer J. Peiper
Kommandeur des SS-Panzerregiments 1
„Leibstandarte"

SS Standartenfuehrer Peiper,
Commander of SS Panzer Regiment 1
of the "Leibstandarte"

In der Ardennenoffensive stand die
6. SS-Panzerarmee im Schwerpunkt

In the Ardennes offensive, the 6th SS Panzer
Army provided the main thrust

Ardennen 1944

The Ardennes 1944

Härteste Abwehr an der Donau — Kraftstoff nur noch für Panzerfahrzeuge

Putting up a very tough defence on the Danube — there is only enough petrol for armoured vehicles

SS-Standartenführer
R. Lehmann,
als Kommandeur
2. Pz.Div. „Das Reich“,
an der
Floridsdorfer Brücke
(Wien 1945)

SS Standartenfuehrer
R. Lehmann as Commander of the 2nd
Panzer Division "Das
Reich" at the Floridsdorf
Bridge in Vienna, 1945

Vielfachwerfer
in Feuerstellung

Multi-barrelled rocket
launcher in a firing
position

Gefechtsstand
eines SS-Panzergrenadier-
Regimentes

The battle H.Q. of an SS
Panzer Grenadier regiment

Die großen
Absetzbewegungen

The great flight of refugees

„Nach der Aufgabe Stuhlweißenburgs am 22. 3. 1945 nahmen wir unsere Toten mit. Auf dem Vorderwagen und auf den Ablagen hinter dem Fahrersitz lagen zwei Banatdeutsche, die wir in VESPRAM-FEIS begruben. Sie waren vom III. Batl. des Regiments GERMANIA . . ."

Die Todesstunde der Divisionen schlug. Die Kameradschaft blieb bis zuletzt . . .

"After Stuhlweissenburg had been given up on 22. 3. 1945, we took our dead with us. On the front of the vehicle and in the space behind the driving seat lay two Banat Germans, whom we buried in Vespram-Feis. They were from the 3rd Battalion of the "Germania" Regiment . . ."

The death knell of the divisions is striking. Comradeship held to the last.

Zurück bis zum Westwall

Back as far as the West wall defensive line

Vielfacher Übermacht nach mehr als 2000 Tagen Kampf erlegen

Defeated by forces vastly superior in numbers after 2000 days of battle

AN MEINEN GEFALLENEN BRUDER

Bist du ein Birnbaum oder eine Buche,
ein Birkenhain, ein kleines Efeublatt?
Ich suche dich, mein Bruder, und ich suche
das Ding, in das dich Gott verwandelt hat.

Ist deine Seele an ein Bild gebunden,
ist es ein Lebendes, ein Gegenstand?
Ich will es lieben, wie ich es gefunden,
und noch im Steine ist es mir verwandt.

Ist es ein Grashalm, eine Fliederdolde?
Ich will die Sonne bitten, daß sie dich
mit ihrem Feuer ganz und gar vergolde
in jedem Wesen, dem das deine glich.

Des kleinen Käfers will ich mich erbarmen,
der sich aus deinem Grab nach oben ringt,
das Holz darauf, den Sand will ich umarmen,
den Vogel segnen, der darüber singt.

Doch bist du ein Gedanke, den zu denken
des Irdischen Begrenzung überwände,
dann wollt ich mich so tief in ihn versenken,
daß ich in Gottes Haupt dich wiederfände.

Wolfgang Eberhard Möller,
Kriegsberichter in der Panzerdivision „Wiking"

TO MY BROTHER KILLED IN BATTLE

Are you a pear tree or a beech tree,
A birch grove, a little ivy leaf?
I am looking for you, my brother, and I am looking
for the thing
Into which God has changed you.

Is your soul bound to a form
Is it a living one or inanimate?
I will love it as I have found it,
And even in stone, it is familiar to me.

Is it a blade of grass, a lilac bloom?
I will ask the sun to make
Completely golden with his fire,
Each being which resembles yours.

I will have compassion on the little beetle,
That struggles upwards out of your grave,
I will embrace the wood and the sand on it,
I will bless the bird that sings above it.

But if you are a thought and if, in thinking it
I might transcend earthly limits,
Then I want to immerse myself in it so deeply
That I find you again in the Godhead.

Wolfgang Eberhard Moeller,
War correspondent in the "Wiking" Panzer Division

Friedhof La Cambe in der Normandie —
hier sind viele Soldaten der Waffen-SS
zur Ruhe gebettet

The La Combe cemetery in Normandy.
Many Waffen SS soldiers were laid to rest here

NACHWORT

Nach mehrjähriger intensiver Arbeit kann dieser Bildband der Öffentlichkeit übergeben werden. Mit der Herausgabe danken wir den vielen ehemaligen Soldaten der Waffen-SS, die hilfsbereit unserem Archiv ihre Fotografien aus der Dienstzeit in Frieden und Krieg zur Verfügung stellten.

Alle bekannten ehemaligen Regimenter und Divisionen sind im Bild dargestellt, alle Waffengattungen sind vertreten, und alle Dienste, die so selbstverständlich erwartet und hingenommen wurden, fanden angemessene Beachtung. Es werden auch Bilder von Truppenteilen gezeigt, deren Geschichte nicht mehr geschrieben werden kann, weil es von ihnen kaum noch Überlebende gibt.

Zahlreiche Fotos und Urkunden erhielten wir von den Mitkämpfern des Heeres und der Luftwaffe. Ausgezeichnete Bilder erreichten uns selbst aus dem Kreise ehemaliger Gegner, und es fehlte nicht an ermutigenden und bildaufklärenden Hinweisen. Ihnen allen sei an dieser Stelle ebenso herzlich gedankt wie dem Volksbund Deutsche Kriegsgräberfürsorge und dem Bundesarchiv in Koblenz.

Der Hauptteil des zur Verfügung stehenden Materials stammt aus Privatarchiven, die sich dem Bundesverband weit geöffnet haben. Darunter befanden sich wertvolle Alben von Angehörigen gefallener Soldaten der Waffen-SS — vom Grenadier bis zum General.

Wir mußten darauf verzichten, die Mithilfe der vielen Einsender durch eine Namensnennung zu würdigen. Eine Ausnahme sei erlaubt: Der frühere Kriegsberichter Ernst Baumann hat das Leben in der Truppe mit seiner Kamera in einmaliger Art festgehalten. Ihm gebührt dafür besonderer Dank.

Wir haben im Bildband Namen von Soldaten nur dann genannt, wenn sie mit Sicherheit bekannt waren, wenn sie durch kriegsgeschichtliche und militärische Leistungen besonders herausragten oder sie im Kriege gefallen sind.

Der Bildband umfaßt insgesamt 1115 Bilder, darunter Schwarzweißfotos, Farbfotos und Grafiken sowie farbige Karten der Kriegsschauplätze und Uniformtafeln einschließlich Abzeichen, Kopfbedeckungen und Armschilde.

Diesem Werk liegt es fern, den Krieg zu verherrlichen oder zu heroisieren — er ist in seiner Wirklichkeit unverhüllt gezeigt worden. Die Urteile über die Truppe stammen ausschließlich von Historikern und Schriftstellern, die nicht in der Waffen-SS gedient haben.

Möge dieses Werk neue historische Erkenntnisse erschließen, den Kampf gegen die Diffamierung der früheren Waffen-SS fördern und jeden ehemaligen Soldaten dieser Truppe in die Lage versetzen, seinen Angehörigen und allen Mitbürgern aufzuzeigen, *wo* er seinen militärischen Dienst geleistet und dabei getreu seine Pflicht erfüllt hat. Vor allem sei dieses Buch den Angehörigen unserer gefallenen Kameraden gewidmet.

Bundesverband der Soldaten der ehemaligen Waffen-SS e.V.

EPILOGUE

After several years of intensive work, it is now possible to offer this book of photographs to the public. Its publication is a token of our thanks to the many former soldiers of the Waffen-SS, who put photographs of both their war- and peace-time service at the disposal of our archives.

All well-known former regiments and divisions are shown here in the pictures; all branches of the service are represented; and all supporting services which were taken for granted and accepted as a matter of course have been given proper consideration here. There are pictures shown here of units, the history of which can not be written, because there are scarcely any survivors.

We received numerous photographs and documents from fellow-combatants of the Army and Air Force. Some excellent pictures even reached us from the circles of our former enemy with no lack of explanatory and encouraging notes. We take this opportunity of thanking them heartily, and also the Volksbund Deutsche Kriegsgraeberfuersorge (the German War Graves Commission) and the National Archives in Coblence.

The majority of the material at our disposal came from private archives which were opened wide to the Federal Association (of former Waffen SS soldiers). Among them, there were some valuable albums, belonging to relatives of deceased Waffen SS soldiers, from grenadier to general.

We have had to forego acknowledging the help of the many contributors by listing their names. We have allowed ourselves one exception, the former war correspondent Ernst Baumann, who captured the life of the troop with his camera in a unique way. We owe him special thanks.

We have given the names of soldiers in the book only when they were known with certainty, if they were prominent in military history, for their military accomplishments, or if they were killed in battle.

The book is a collection of altogether 1,115 pictures among which there are black-and-white photographs, coloured photographs and illustrations; also maps in colour, of the theatres of war and a table of uniforms which includes insignia, headwear and arm badges.

It is far from the object of this book to glorify war or to indulge in hero worship. The war is patently shown in its reality. The verdicts on the troops are derived exclusively from historians and writers who have not served with the Waffen SS.

May this work open the way to fresh historical understanding, help the fight against the defamation of the former Waffen SS and put every former soldier of this troop in the position to show his family and his fellow citizens where he carried out his military service and thus loyally fulfilled his duty. Above all, this book is dedicated to the families of our fallen comrades.

Federal Association of Soldiers of the Former Waffen SS

Bildnachweis

Index

A hand-written extract from the estate of General of the Waffen SS, Paul Hausser:

DISOBEDIENCE

In a serious situation people will always judge differently in assessing the position. It is then that the order decides for them. Without obedience no armed services can exist. If the subordinate thinks that an order is wrong, then he must report his opinion, give his reasons and ask for it to be changed. If the superior maintains his stance, then the subordinate must obey. If he thinks that he cannot do this, then he acts on his own responsibility and must bear the consequences. When a news magazine describes disobedience as a sign of independance of will, it thereby overlooks a duty of the military commander: "*The responsibility for the troops under him!*" The threatening destruction of his troops must awake the commander's conscience! That is how it was at Kharkov! The decision to disobey did not come lightly to a responsible man, particularly not an order coming three times from the highest quarter. It was heartening to feel that one's intermediate superiors inwardly agreed. As a threatening example there was Stalingrad, which only two weeks previously had finished with a catastrophe. The intermediate superiors cannot however be judged in the same way. The decision to disobey *cannot* be demanded of them. Only the commander himself who every day experiences the troops in battle and also listens to them, is capable of this. To come to the right judgement, one needs education, human experience and probably some courage, too.

*

Field Marshall General von Manstein:

"On 15. 2. 1943, the SS Panzer Corps withdrew from Kharkov, after it had become clear that the troops who were still in the town, were about to be encircled. I understood and approved of this withdrawal, even if I first heard of it as a fait accompli."

*

The generals Hausser, Commanding General of the II Panzer Corps, Lanz, Commander in Chief of the Army Group Lanz, and Keppler, Commander of the 2nd SS Panzer Division, in the Battle H.Q. of the Regiment "Deutschland" in Bely Kolodes at the time of the encirclement of Kharkov.

*

The senior administrative officer of the Command H.Q., II SS Panzer Corps, recalls:

An urgent telex from the Fuehrer's H.Q. directly to the SS Panzer Corps, arriving at 2.30 a.m., ends the unbearable tension. It says: "*Kharkov must be held to the last man. signed Adolf Hitler.*" Paul Hausser steps out of the low farmhouse room into the sharp frosty night and walks up and down in silence. Without waiting to be asked, he says to me very quietly, "Give out the order to all divisions to withdraw!" I catch my breath momentarily, then I dare to voice an objection: "Obergruppenfuehrer, the Fuehrer's order says categorically . . ." Paul Hausser interrupts me: "It does not matter about my old head, but I cannot do it to the boys out there. So it is quite in order for you to pass on my order to the Corps."

signed Georg Berger (From: Otto Weidinger, "Division Das Reich", Vo. III)

*

Four weeks later, the official Army report of the 15th of March 1943 stated:

"After days of heavy fighting, units of the Waffen SS strongly supported by the Air Force have recaptured the town of Kharkov in envelopping attacks from the north and east. Enemy losses of men and material cannot yet be fully assessed."

(From: Karl Cerff, "Die Waffen-SS im Wehrmachtbericht",
"The Waffen SS in the official Army reports")

Merkblatt

für den Eintritt als Freiwilliger in die SS-Verfügungstruppe

(Ausgabe Februar 1938)

Wann

erfolgt die Einstellung in die SS-VT?

Am 1. Oktober; zunächst auch noch am 1. April.

Meldeschluß für die Einstellung im Oktober: 1. Februar.

Meldeschluß für die Einstellung im April: 1. August des Vorjahres.

Wer

kann eingestellt werden?

Bewerber vom vollendeten 17. Lebensjahr bis zum vollendeten 22. Lebensjahr; **mit 22 Jahren jedoch nur noch in besonderen Ausnahmefällen.**

Mindestgröße für Leibstandarte-SS Adolf Hitler .... 178 cm

Mindestgröße für SS-Standarte »Deutschland« und SS-Standarte »Germania« .... 174 cm

Mindestgröße für Musikzüge, Pionier- und Nachrichtensturmbann .... 172 cm

Was

ist Voraussetzung für die Einstellung?

Jeder Bewerber **muß:**

a) die deutsche Staatsangehörigkeit besitzen,

b) wehrwürdig und tauglich für die SS, d. h. sittlich, geistig, körperlich und rassisch einwandfrei und weltanschaulich Nationalsozialist sein,

c) den Nachweis seiner arischen Abstammung bis zum Jahre 1800 erbringen,

d) unverheiratet sein und noch kein Eheversprechen gegeben haben,

e) seine Arbeitsdienstpflicht erfüllt haben,

f) die schriftliche Einwilligungserklärung seines gesetzlichen Vertreters vorlegen, sofern er minderjährig ist,

g) als Lehrling in der Berufsausbildung seine Lehrzeit bis zum Einstellungstage mit Erfolg beendet haben oder die Einwilligung seines Lehrherrn zur Lehrzeitverkürzung beibringen,

h) die erforderliche Zahnbehandlung **vor** der Einstellung auf eigene Kosten durchführen,

i) normale Sehschärfe besitzen (**kein** Brillenträger),

k) nachweisen, daß er unbescholten und gerichtlich nicht vorbestraft ist.

Wer diesen Bedingungen nicht entspricht, kann **nicht** eingestellt werden. Erneute Gesuche mit der Bitte um ausnahmsweise Einstellung sind zwecklos.

Darüber hinaus ist eine Einstellung von ehemaligen Wehrmachtsangehörigen oder Bewerbern, die bereits einen Annahmeschein der Wehrmacht erhalten haben, grundsätzlich ausgeschlossen.

Die Führerlaufbahn in der Schutzstaffel steht **jedem** SS-Angehörigen offen, der nach mindestens 1jähriger Dienstzeit die Befähigung zum Führeranwärter beweist. Entsprechende Gesuche können dann a. d. D. eingereicht werden. Voraussetzung ist in jedem Falle die Verpflichtung auf 4 Jahre Dienstzeit; eine Bewerbung als Führeranwärter von vornherein wird nicht angenommen.

Die Einberufung zum Arbeitsdienst wird nach festgestellter SS-Tauglichkeit von den Ergänzungsstellen veranlaßt.

Wie lange

dient der Freiwillige?

Die Dienstzeit bei der SS-VT beträgt 4 Jahre einschließlich 3 Monate Probezeit. Die ersten 2 Jahre rechnen als Erfüllung der allgemeinen Wehrpflicht.

Freiwillige, die bei entsprechender Befähigung die Unterführerlaufbahn einschlagen wollen, können sich bis zu einer Gesamtdienstzeit von 12 Jahren verpflichten.

Wo

bewirbt man sich?

Bei der **Ergänzungsstelle** der ᛋᛋ-Verfügungstruppe, in deren Ergänzungsbezirk der **dauernde** Wohnort des Bewerbers liegt oder bei der **Standarte** der Allgemeinen ᛋᛋ, die dem Wohnort am nächsten liegt.

Ergänzungsstelle I .... für Bewerber, deren **Wohnorte** im Bereich der **Wehrkreise** I, II, III, IV, VIII liegen
Anschrift: Leibstandarte ᛋᛋ Adolf Hitler
Berlin-Lichterfelde,
Finckensteinallee 63.

Ergänzungsstelle II .... für Bewerber, deren **Wohnorte** im Bereich der **Wehrkreise** VI, IX, X, XI liegen
Anschrift: ᛋᛋ-Standarte »Germania«
Hamburg-Veddel,
Überseeheim.

Ergänzungsstelle III .... für Bewerber, deren **Wohnorte** im Bereich der Wehrkreise V, VII, XII liegen
Anschrift: ᛋᛋ-Standarte »Deutschland«
München,
Ingolstädter Landstraße.

Sämtliche Standarten der Allgemeinen ᛋᛋ (siehe oben).

Ausnahmen:

Es können sich jedoch Bewerber aus dem ganzen Reich bei der E-Stelle I melden, sofern sie 1,78 m und darüber groß sind.

Die Wahl der Waffengattung ist dem Bewerber freigestellt. Ein Anspruch auf Einstellung bei der gewünschten Waffengattung oder einem bestimmten Truppenteil besteht jedoch nicht.

Wie

bewirbt man sich?

Dem Fragebogen sind beizufügen:

a) der Freiwilligenschein, oder
pol. beglaubigter Auszug über Seite 1, 3 bis 5 des Wehrpasses,

b) 2 Paßbilder (ohne Kopfbedeckung),

c) selbstgeschriebener Lebenslauf enthaltend: Vor- und Familienname, Geburtstag und -ort, Angaben über Schulbesuch, Beruf, über Arbeitsdienst, Reichssportabzeichen, ob Reiterschein, Bescheinigung über Ausbildung auf den Motorschulen des NSKK, Führerscheine und Angabe, welche Kenntnisse im Morsen, Funken usw. vorhanden sind; genaue und deutliche Anschrift.

Es wird dringend empfohlen, den Fragebogen so früh wie möglich einzureichen. Bewerber, die sich erst kurz vor Meldeschluß bewerben, laufen Gefahr, infolge Besetzung aller Stellen nicht mehr berücksichtigt zu werden. Einstellungsanträge bei höheren Dienststellen sind zwecklos. Sie verzögern nur die Bearbeitung zum Nachteile des Bewerbers.

Was

erhält der Freiwillige?

Er erhält während der ersten beiden Dienstjahre (Wehrpflicht) neben freier Bekleidung, Verpflegung, Unterkunft und Heilfürsorge eine Löhnung von 0,50 *RM* täglich.

Bei Eignung ist frühestens nach einem Dienstjahr Beförderung zum Sturmmann und frühestens nach 2 Dienstjahren Beförderung zum Rottenführer mit entsprechend höherer Besoldung möglich.

In den weiteren Dienstjahren sind bei Eignung weitere Beförderungen möglich. Die Versorgung der nach 12jähriger Dienstzeit Ausscheidenden erfolgt nach dem Wehrmachtversorgungsgesetz. Nach Ablauf der 4jährigen Verpflichtungszeit besteht die Möglichkeit bevorzugter Übernahme in die Polizei.

Weitere Auskünfte

erteilen auf Anfrage die für den Wohnsitz zuständigen Ergänzungsstellen.

Anlage zum Merkblatt.

Fragebogen

für die Einstellung in die SS-Verfügungstruppe ~~[gestrichen]~~ LSSAH

(abzugeben bei einer Ergänzungsstelle oder Standarte der Allgemeinen SS.)

Familienname: Kipp

Vorname: Wilhelm

Wohnort: Ostönnerlinden, Kreis (~~Amt~~) Soest.

Straße: Linde 43

Geburtstag: 23. Jan. 1921. Geburtsort: Ostönnerlinden

erlernter Beruf: Jungbauer verheiratet: —

Größe (ohne Schuhe): 181 cm Unterhaltungsberechtigte Kinder: —

Staatsangehörigkeit: Deutsch

Dem Fragebogen sind beigefügt:

Freiwilligenschein oder

Auszug aus Wehrpaß

2 Paßbilder

Lebenslauf

Sind oder waren Sie Angehöriger der:

	vom	bis	Einheit
SA			
SS	"	"	"
HJ	" 15. Febr. 1933	"	"
RAD	"	"	"
Wehrmacht	"	"	"
NSKK	"	"	"
oder NSRK	"	"	"
oder NSFK	"	"	"

Haben Sie sich schon einmal um Aufnahme in die SS-Verfügungstruppe beworben oder dort eine Probedienstzeit durchgemacht?

Wo: Wann:

Sind Sie jemals mit einer Freiheitsstrafe oder sonstwie bestraft?

Grund: — Wann: — Strafe: —

Ich versichere, vorstehende Fragen vollständig und nach bestem Wissen und Gewissen beantwortet zu haben.

Ostönnerlinden, den 6. September 1938

Wilhelm Kipp
(Unterschrift)

Hier abtrennen!

10391. 37. II C

....
(Ort und Tag)

Verpflichtungserklärung.

Unter Bezugnahme auf mein Gesuch um Einstellung als Freiwilliger erkläre ich mich schon heute im Falle meiner Annahme bereit:

4 Jahre, einschließlich 3 Monate Probezeit,

in der SS-Verfügungstruppe zu dienen.

Für den Fall, daß ich zum Unterführer geeignet befunden werde, erkläre ich mich weiter mit einer Verlängerung der Dienstzeit auf 12 Jahre einverstanden.

....
(Vor- und Familienname)

Hierdurch gebe ich als gesetzlicher Vertreter meines minderjährigen Sohnes (Mündels)

....
(Vor- und Familienname)

diesem die Erlaubnis zu vorstehender Erklärung.

Nebenstehende Unterschrift

....
(Name d. gesetzl. Vertreters)

wird hiermit beglaubigt.

(Stempel) ....

Unterschrift des gesetzl. Vertreters

....
(Vor- und Familienname)

Formbl. Nr. 229
Wilhelm Jüngling, Formblätterverlag, München, Türkenstraße 52

Dienstvertrag

Das Deutsche Reich, vertreten durch den Reichsminister des Innern, dieser vertreten durch den unterzeichneten SS-Führer, schließt mit dem

SS-Mann M e y e r,

geboren am 5. 12. 1913 19 zu Alt-Glienicke,

folgenden Dienstvertrag ab:

Ich Hubert M e y e r,

geboren am 5. Dezember 1913 zu Alt Glienicke,

verpflichte mich auf die ununterbrochene Dauer von vier Jahren zu allen Dienstleistungen in der SS-Verfügungstruppe auf Grund der für die SS-Verfügungstruppe gültigen Gesetze, Verordnungen und Bestimmungen. Als Tag des Dienstantritts gilt der Tag, an welchem mir der unterfertigte Dienstvertrag ausgehändigt wird. Die ersten drei Monate gelten als Probezeit. Während dieser Zeit kann ich jederzeit ohne Kündigung und Ansprüche entlassen werden, wenn ich nach Ansicht meines Vorgesetzten für den Dienst in der SS-Verfügungstruppe nicht geeignet bin. Ein Einspruchsrecht gegen eine solche Entlassung gibt es nicht.

E l l w a n g e n, den 1. Okt. 1934.

Hubert Meyer
(Unterschrift des Verpflichteten)

[Unterschrift]
(Unterschrift und Dienstgrad des Truppenführers)

Aushändigungsvermerk

Eine Ausfertigung des Dienstvertrages ist mir am - 4. Nov. 1935 ausgehändigt worden.

E l l w a n g e n, den - 4. Nov. 1935 193

Hubert Meyer
(Unterschrift)

Die Dienstpflicht läuft ab am 30. Sept. 1938.

Generalkommando V. Armeekorps
(Wehrkreiskommando V)
Abt. IIa Az. 22b/39.(SS)

Stuttgart S, den 13. Jan. 1939.
Olgastraße 13
Fernsprecher 90751

E i l t   s e h r !

Herrn

SS-Obersturmführer F r a n k
SS-Oberabschnitt SW. S t u t t g a r t

Herrn

SS-Obersturmführer B a u m
SS-Standarte "Der Führer" W i e n/Radetzkyplatz

Nach Mitteilung des Oberkommando des Heeres hat sich der Herr Reichsführer SS mit Jhrer Übernahme in das Heer einverstanden erklärt. Es ist beabsichtigt Sie mit Wirkung vom 1.2.39 und mit einem R.D.A. als Lt.: 1.4.36(Oblt.: 1.4.39) in das aktive Heer einzustellen.

Um umgehende Mitteilung wird gebeten, ob Sie mit Jhrer endgültigen Übernahme einverstanden sind.

Für das Generalkommando
Der Chef des Generalstabes:
J.A.

O b e r s t .

Ein bemerkenswertes Dokument! Es beweist, daß Versetzungen nicht nur von der Wehrmacht zur Waffen-SS erfolgt sind, sondern auch umgekehrt — und zwar schon vor dem Kriege — von der SS-Verfügungstruppe zur Wehrmacht (Heer oder Luftwaffe). Dabei wurde die Dienstzeit in der SS-Verfügungstruppe als „militärischer Dienst" ebenso voll anerkannt wie die Offiziersausbildung auf den SS-Junkerschulen und ein in der SS-Verfügungstruppe erlangter Dienstgrad. Die Dienstleistungen in der Wehrmacht und in der SS-Verfügungstruppe/Waffen-SS waren demnach rechtlich und tatsächlich gleichgestellt, und dem Grundsatz der vollen Gleichstellung entsprach auch das Übernahmeverfahren.

Heute — wird dem Dienst in der SS-Verfügungstruppe die rechtliche Qualität „militärischer Dienst" abgesprochen und z. B. den zur Wehrmacht oder Schutzpolizei versetzten SS-Offizieren die Wirksamkeit ihrer Beförderungen — selbst der nachfolgenden in der Wehrmacht oder Polizei — aberkannt, weil sie „auf einer engen Verbindung zum Nationalsozialismus" beruhen.

A remarkable document. It shows that, besides transfers to the Waffen SS from Army (Heer), there were also transfers to the Army not merely from the Waffen SS but also from the SS-Verfügungstruppe, in which service, rank and officer training in the SS Verfügungstruppe were accounted equivalent to those in the Army, — a fact which is today disregarded and ignored.

Gültig für Urlaubsreisen auf Wehrmachtfahrkarten

Kriegsurlaubsschein

Der SS-Strm. Wilhelm Kipp
(Dienstgrad, Vor- und Zuname)
von der Feldpostnummer 09187 F
(Truppenteil)
ist vom 2. Dezember 1941 bis einschl. 2. Dezember 1941 Uhr beurlaubt
nach Münster nächster Bahnhof Münster (Westf.)
nach .... nächster Bahnhof ....
nach .... nächster Bahnhof ....
Im Festtagsurlauberverkehr Angabe des zu benutzenden Zuges:
Hinfahrt mit Zug Nr. .... am .... um .... Uhr von Bhf. .... nach Bhf. ....
Rückfahrt mit Zug Nr. .... am .... um .... Uhr von Bhf. .... nach Bhf. ....
Er ist berechtigt, eine/zwei Wehrmachtfahrkarte(n) *) auf eigene Kosten zu lösen
von Bahnhof (Ostönnerlinde) nach Bahnhof Münster
von Bahnhof Ostönnen nach Bahnhof und zurück
von Bahnhof .... nach Bahnhof ....
von Bahnhof .... nach Bahnhof ....
Über die umstehenden Befehle ist er belehrt worden.

(Bahnhofstagesstempel)

(Dienststempel)

Ausgefertigt am 2. Dezember 1941
Nebenauskunftstelle
(Truppenteil)
[Unterschrift]
(Unterschrift, Dienstgrad und Dienststellung)

*) Nichtzutreffendes streichen.

Druckerei Generalkdo. VI. A. K. Münster

Gültig für „zuschlagfreie Schnellzüge im Urlauberverkehr", bei Zu- und Anschlußstrecken auch für Personenzüge

Kleiner Fahrschein für die Waffen-SS, Teil 1

(Wird bei Antritt der Reise von der Eisenbahn abgenommen.)

für — in Buchstaben — Personen in der 2. Klasse
für 1 in Buchstaben eine Personen in der 3. Klasse
für — in Buchstaben — Diensthunde
für Reisegepäck von — in Buchstaben — Personen
zur einmaligen Fahrt auf der Eisenbahn
von Bahnhof Ostönnerlinde
nach Bahnhof Crailsheim
über
Das Fahrgeld ist zu stunden

(Dienststempel)

Ausgefertigt am 24. Nov. 1941
Feldpostnummer 09187 F
(Truppenteil)
[Unterschrift]
SS-Untersturmführer u. Kp. Führer

SSV VA 10 W. F. Mayr, Miesbach

1. Bei der Zugkontrolle Urlaubschein und Fahrschein unaufgefordert vorzeigen.
2. Jeder Urlauber hat sich am Urlaubsort — sofern der Aufenthalt länger als 48 Stunden dauert — **innerhalb der ersten 48 Stunden** bei der Standortkommandantur (Standortältesten) oder in Orten, die nicht Standort sind, bei der Ortspolizei (Gemeindeamt) **zu melden. Die Meldung hat er sich hierunter bescheinigen zu lassen.**
3. Urlauber haben in Wehrmachtstandorten Nachturlaub nach den Standortbefehlen, die bei den Bahnhofswachen oder bei der Meldung gemäß Ziffer 2 zu erfragen sind; in Urlaubsorten, die nicht Standort sind, Nachturlaub bis zur Polizeistunde.
4. Verschwiegenheit und Zurückhaltung bei Gesprächen ist Pflicht
5. Bei Anzeichen seuchenverdächtiger Erkrankung sofort den nächsten Wehrmachtarzt (Lazarett, notfalls Zivilarzt) aufsuchen.
6. Bei Zweifel über Rückreiseziel Auskunft nicht bei Zivilbehörden, sondern nur bei Wehrmachtdienststellen einholen.
7. Abgefunden mit **Gebührnissen** bis einschl. 30.4.43
Abgefunden mit **Verpflegung in Natur:** Brot bis einschl. 22.4.43, sonstige Mundverpflegung bis einschl.
Abgefunden mit **Verpflegung in Geld** bis einschl. 26.4.43
Abgefunden mit **Lebensmittelbezugs-(Reise-)Marken** bis einschl. 23.4.43
Abgefunden mit **Feinseife** bis einschl. März 43, mit **Rasierseife** bis einschl. April 43
8. Lebensmittelkarten werden für den Aufenthalt am Urlaubsort (einschl. Rückreise) von der zuständigen Kartenausgabestelle ausgehändigt. **Die Aushändigung hat die Kartenstelle hierunter zu bescheinigen.**
9. Dieser Urlaubsschein ist nach Rückkehr vom Urlaub der Wehrmachtdienststelle abzugeben.
10. Besondere Vermerke (z. B. über das Tragen bürgerlicher Kleidung am Urlaubsort u. a.):

Verlängerter Wochenendurlaub

a.B. [Unterschrift]
SS-Ustuf.u.Adjutant i.V.

Bescheinigung der Meldung am Urlaubsort:

Gemeldet am

(Ort, Datum, Stempel oder Unterschrift)

Bescheinigung der Kartenausgabestelle:

Lebensmittelkarten für Normalverbraucher der Zivilbevölkerung sind ausgehändigt für die Zeit

Urlaubsmarken für 5 Tage erhalten

vom bis einschl.

Grafenwöhr, den 24.4.43

Ausgabestelle:

(Ort, Datum, Stempel oder Unterschrift)

Stadt Grafenwöhr

Raucherkontrollkarte für ... Tage ausgegeben
Grafenwöhr, den
Kartenstelle Grafenwöhr

Begleitzettel für

Verwundete

und andere chirurgisch zu Behandelnde.

Trägt elastische Binde (Schlauch)?
Seit Uhr vorm./nachm
Wo?

Sonstige Hilfeleistung:

(Zeit)

Nächste Wundversorgung usw. erforderlich:
(Art, Zeit)

Besonders zu achten auf:

Wird (sitzend, liegend) entsendet nach:
zu Verbandplatz / sammel / Lazarett Nr.

Name des Arztes:
Dienstgrad:
Truppenteil: 57377 A

Ausgestellt am 8.4.43 Uhr vorm./nachm

E-Schein 17789

Entlausungsschein

Der Inhaber dieser Bescheinigung

SS-Uscha Kipp. 33316
(Dienstgrad) (Name) (Feldpost-Nummer)

Kipp
(Leserliche, eigenhändige Unterschrift des Inhabers)

Ist heute hier entlaust worden.

Er ist frei von ansteckenden Krankheiten und Ungeziefer und somit zur Benutzung der vorgesehenen Beförderungsmittel zur Erreichung seines Bestimmungsortes zugelassen.

Die Bescheinigung ist in das Soldbuch einzulegen und auf Verlangen den Überwachungsorganen der Wehrmacht vorzuzeigen.

Tauroggen
22. März 1944

Tagesstempel — Stempel der Entlausungsanstalt

Gegenüberstellung der Dienstgrade der Wehrmacht (Heer) und der Waffen-SS

Ranggruppe: Mannschaften

Wehrmacht (Heer)	Waffen-SS	Abkürzung
Grenadier, Panzergrenadier, Kanonier usw.	SS-Grenadier, SS-Panzergrenadier, SS-Kanonier usw.	—
Obergrenadier, Panzerobergrenadier, Oberkanonier usw.	SS-Obergrenadier, SS-Panzerobergrenadier, SS-Oberkanonier usw.	—
Gefreiter	SS-Sturmmann	Strm.
Obergefreiter	SS-Rottenführer	Rttf.

Ranggruppe: Unteroffiziere — SS-Unterführer

Wehrmacht (Heer)	Waffen-SS	Abkürzung
a) Unteroffiziere ohne Portepee	a) SS-Unterführer ohne Portepee	
Unteroffizier	SS-Unterscharführer	Uscha.
Unterfeldwebel	SS-Scharführer	
b) Unteroffiziere mit Portepee	b) SS-Unterführer mit Portepee	
Feldwebel	SS-Oberscharführer	Oscha.
Oberfeldwebel	SS-Hauptscharführer	Hscha.
Stabsfeldwebel	SS-Sturmscharführer	

Ranggruppe: Hauptleute und Rittmeister

Wehrmacht (Heer)	Waffen-SS	Abkürzung
Leutnant	SS-Untersturmführer	Ustuf.
Oberleutnant	SS-Obersturmführer	Ostuf.
Hauptmann, Rittmeister	SS-Hauptsturmführer	Hstuf.

Ranggruppe: Stabsoffiziere

Wehrmacht (Heer)	Waffen-SS	Abkürzung
Major	SS-Sturmbannführer	Stubaf.
Oberstleutnant	SS-Obersturmbannführer	Ostubaf.
Oberst	SS-Standartenführer	Staf.
—	SS-Oberführer	Oberf.

Ranggruppe: Generale

Wehrmacht (Heer)	Waffen-SS	Abkürzung
Generalmajor	SS-Brigadeführer und Generalmajor der Waffen-SS	Brig.-Fhr.
Generalleutnant	SS-Gruppenführer und Generalleutnant der Waffen-SS	Gruf.
General der Infanterie, Kavallerie usw.	SS-Obergruppenführer und General der Waffen-SS	Ogruf.
Generaloberst	SS-Oberstgruppenführer und Generaloberst der Waffen-SS	Obstgruf.
Generalfeldmarschall	—	—

Führer-Nachwuchs der Waffen-SS

SS-Grenadier — SS-Rottenführer	=	SS-Führerbewerber
SS-Unterscharführer	=	SS-Junker
SS-Scharführer	=	SS-Standartenjunker
SS-Hauptscharführer	=	SS-Standartenoberjunker

Table of corresponding ranks in the Waffen SS, the German army (Wehrmacht-Heer) and the British and American armies

	Waffen SS	*German Army*	*British Army*	*American Army*
Ranks	SS-Grenadier SS-Panzergrenadier SS-Kanonier etc.	Grenadier Panzergrenadier Kanonier etc.	Private, infantry Infantry private, armoured unit Gunner	Private
	SS-Obergrenadier SS-Oberpanzergrenadier SS-Oberkanonier etc.	Obergrenadier Oberpanzergrenadier Oberkanonier etc.	Senior private Senior infantry private, armoured unit Senior gunner	Private 1st Class
	SS-Sturmmann (Strm.) SS-Rottenfuehrer (Rttf.)	Gefreiter Obergefreiter	Lance-corporal Corporal	Private 1st Class Corporal
NCO's	a) SS-Unterfuehrer ohne Portepée	a) Unteroffiziere ohne Portepée		Junior NCO's
	SS-Unterscharfuehrer (Uscha.) SS-Scharfuehrer	Unteroffizier Unterfeldwebel	Lance-sergeant Sergeant	Sergeant Staff sergeant
	b) SS-Unterfuehrer mit Portepée	b) Unteroffiziere mit Portepée		Senior NCO's
	SS-Oberscharfuehrer (Oscha.) SS-Hauptscharfuehrer (Hscha.) SS-Sturmscharfuehrer	Feldwebel Oberfeldwebel Stabsfeldwebel	Company sergeant-major Battalion sergeant-major Staff sergeant-major	Technical Sergeant Master sergeant Sergeant-major
Officers including Cavalry Officers	SS-Untersturmfuehrer (Ustuf.) SS-Obersturmfuehrer (Ostuf.) SS-Hauptsturmfuehrer (Hstuf.)	Leutnant Oberleutnant Hauptmann Rittmeister	Second lieutenant Lieutenant Captain, infantry Captain (cavalry)	Second lieutenant First lieutenant Captain Captain (cavalry)
Field Officers	SS-Sturmbannfuehrer (Stubaf.) SS-Obersturmbannfuehrer SS-Standartenfuehrer (Staf.) SS-Oberfuehrer (Oberf.)	Major Oberstleutnant Oberst Oberst	Major Lieutenant-colonel Colonel Senior colonel	Major Lieutenant-colonel Colonel Senior colonel
Generals	SS-Brigadefuehrer und Generalmajor der Waffen SS (Brig.-Fhr.)	Generalmajor	Major-general	Major-general
	SS-Gruppenfuehrer u. Generalleutnant der Waffen SS (Gruf.)	Generalleutnant	Lieutenant-general	Lieutenant-general
	SS-Obergruppenfuehrer und General der Waffen SS (Ogruf.)	General der Infanterie, Kavallerie etc.	General of infantry, cavalry, etc.	General
	SS-Obergruppenfuehrer und Generaloberst der Waffen SS (Obstgruf.)	Generaloberst	Colonel-general	Colonel-general
		Generalfeldmarschall	Field-marshal	General of the Army

Fuehrer Nachwuchs der Waffen SS
Officer Cadets of the Waffen SS — Equivalent Ranks

SS-Grenadier — SS-Rottenfuehrer	=	SS-Fuehrerbewerber
SS-Unterscharfuehrer	=	SS-Junker
SS-Scharfuehrer	=	SS-Standartenjunker
SS-Hauptscharfuehrer	=	SS-Standartenoberjunker

Verzeichnis der Verbände / Table of units

A. SS-Armeen: 6. SS-Panzer-Armee

B. SS-Armee-Korps

- I. SS-Panzer-Korps „Leibstandarte“
- II. SS-Panzer-Korps
- III. (Germanisches) SS-Panzer-Korps
- IV. SS-Panzer-Korps
- V. SS-Freiwilligen-Gebirgs-Korps
- VI. Waffen-Armee-Korps der SS (lettisches)
- IX. Waffen-Gebirgs-Korps der SS
- X. SS-Armee-Korps
- XI. SS-Armee-Korps
- XII. SS-Armee-Korps
- XIII. SS-Armee-Korps
- XIV. Kosaken-Kavallerie-Korps der SS
- XVIII. SS-Armee-Korps

C. SS-Divisionen

1. SS-Panzer-Division „Leibstandarte SS Adolf Hitler“
2. SS-Panzer-Division „Das Reich“
3. SS-Panzer-Division „Totenkopf“
4. SS-Polizei-Panzer-Grenadier-Division
5. SS-Panzer-Division „Wiking“
6. SS-Gebirgs-Division „Nord“
7. SS-Freiwilligen-Gebirgs-Division „Prinz Eugen“
8. SS-Kavallerie-Division „Florian Geyer“
9. SS-Panzer-Division „Hohenstaufen“
10. SS-Panzer-Division „Frundsberg“
11. SS-Freiwilligen-Panzer-Grenadier-Division „Nordland“
12. SS-Panzer-Division „Hitlerjugend“
13. Waffen-Gebirgs-Division der SS „Handschar“ (kroatische Nr. 1)
14. Waffen-Grenadier-Division der SS (galizische Nr. 1)
15. Waffen-Grenadier-Division der SS (lettische Nr. 1)
16. SS-Panzer-Grenadier-Division „Reichsführer-SS“
17. SS-Panzer-Grenadier-Division „Götz von Berlichingen“
18. SS-Freiwilligen-Panzer-Grenadier-Division „Horst Wessel“
19. Waffen-Grenadier-Division der SS (lettische Nr. 2)
20. Waffen-Grenadier-Division der SS (estnische Nr. 1)
21. Waffen-Gebirgs-Division der SS „Skanderbeg“ (albanische Nr. 1)
22. SS-Freiwilligen-Kavallerie-Division „Maria Theresia“
23. SS-Freiwilligen-Panzer-Grenadier-Division „Nederland“
24. Waffen-Gebirgs- (Karstjäger) Division der SS
25. Waffen-Grenadier-Division der SS „Hunyadi“ (ungarische Nr. 1)
26. Waffen-Grenadier-Division der SS „Hungaria“ (ungarische Nr. 2)
27. SS-Freiwilligen-Grenadier-Division „Langemarck“ (flämische Nr. 1)
28. SS-Freiwilligen-Grenadier-Division „Wallonien“
29. Waffen-Grenadier-Division der SS (italienische Nr. 1)
30. Waffen-Grenadier-Division der SS (weißruthenische Nr. 1)
31. SS-Freiwilligen-Grenadier-Division
32. SS-Freiwilligen-Grenadier-Division „30. Januar“
33. Waffen-Grenadier-Division der SS „Charlemagne“ (französische Nr. 1)
34. SS-Grenadier-Division „Landstorm Nederland“
35. SS-Polizei-Grenadier-Division
36. Waffen-Grenadier-Division der SS
37. SS-Freiwilligen-Kavallerie-Division „Lützow“
38. SS-Grenadier-Division „Nibelungen“

Quellen / Sources:

Tessin: „Verbände und Truppen der deutschen Wehrmacht und Waffen-SS im Zweiten Weltkrieg“ — Bearbeitet auf Grund der Unterlagen im Bundesarchiv — Militärarchiv — Bd. II—V, Frankfurt/Main, 1961 ff.

Scirmer: Wiener (Hrsg.): „Feldgrau“ — Mitteilungen einer Arbeitsgemeinschaft — Burgdorf, 1961 ff.

Dr. Klietmann: „Die Waffen-SS“ — Eine Dokumentation — Osnabrück, 1965

Sources:

Tessin: « Unités et troupes de la Wehrmacht Allemande et de la Waffen-SS durant la deuxième guerre mondiale » — Travaillé sur base des documents des archives fédérales — Archives militaires — Volumes II-V, Francfort sur le Main, 1961 ff.

Scirmer: Wiener (Editeur): « Gris verdâtre » — Informations d'une communauté de travail — Burgdorf, 1961 ff.

Dr. Kliemann: « La Waffen-SS » — Une documentation — Osnabruck, 1965

Winter-Kampfanzug
Winter battle dress

Gebirgstruppen der Waffen-SS
Mountain troops of the Waffen SS

7. SS-Freiwilligen-Gebirgs-Division „Prinz Eugen"

13. Waffen-Gebirgs-Division der SS „Handschar" (Kroatische Nr. 1)

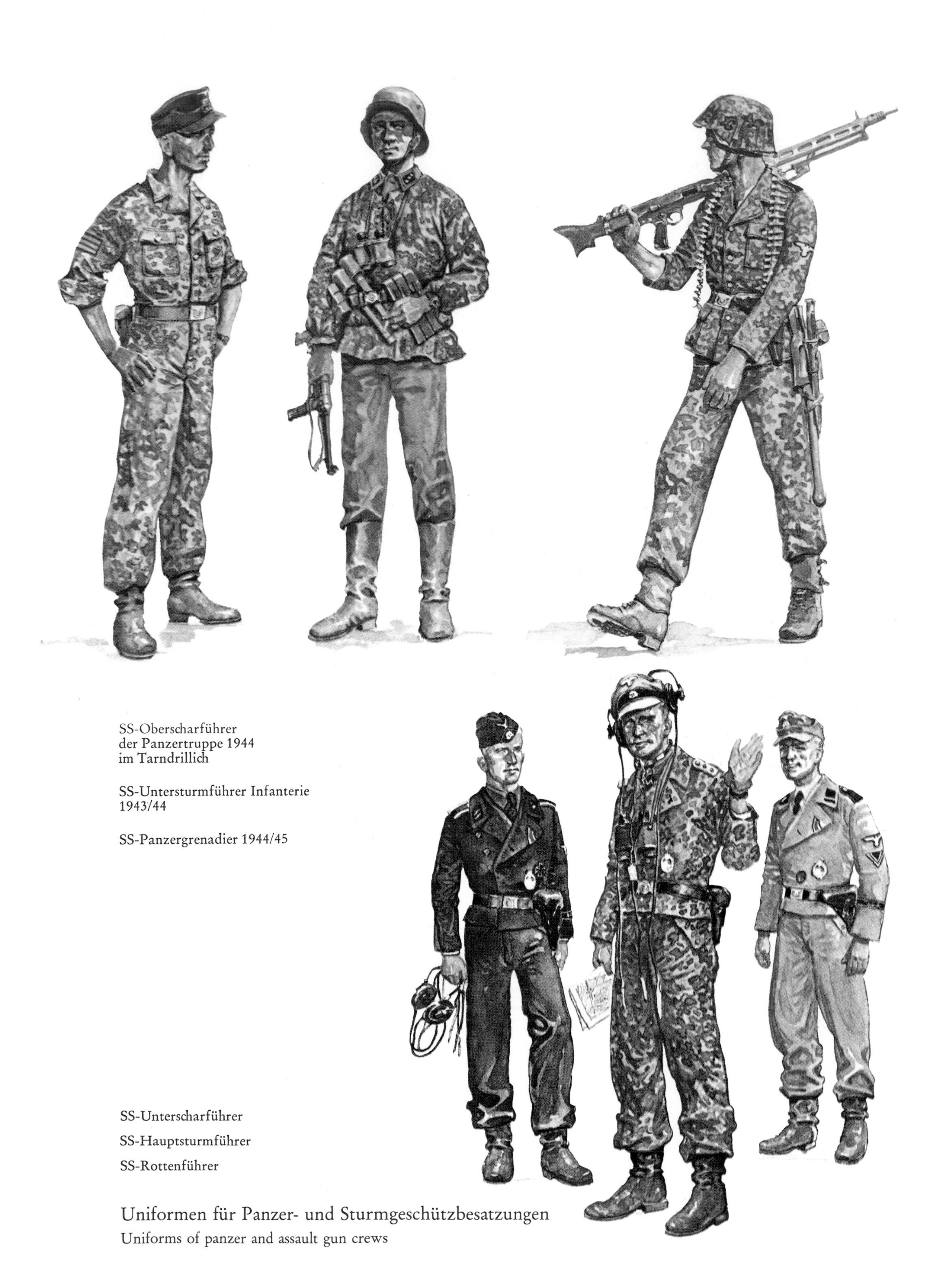

SS-Oberscharführer
der Panzertruppe 1944
im Tarndrillich

SS-Untersturmführer Infanterie
1943/44

SS-Panzergrenadier 1944/45

SS-Unterscharführer

SS-Hauptsturmführer

SS-Rottenführer

Uniformen für Panzer- und Sturmgeschützbesatzungen

Uniforms of panzer and assault gun crews

SS-Sturmmann
SS-Fla-MG-Abt. der
SS-Verfügungsdivision
1939/40

Felduniform und Dienstgradabzeichen für Mannschaften

Field uniforms and badges of rank of ORs

Dienstgradabzeichen
auf linkem Kragenspiegel

SS-Mann
(Grenadier)

SS-Sturmmann
(Gefreiter)

SS-Rottenführer
(Obergefreiter)

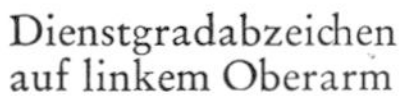

Dienstgradabzeichen
auf linkem Oberarm

SS-Oberschütze
(Oberkanonier usw.)

SS-Sturmmann

SS-Rottenführer

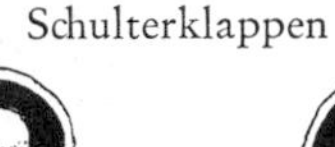

Schulterklappen

Leibstandarte
SS „Adolf Hitler“

Unterführeranwärter
SS „D“

Rechte Kragenspiegel der Stammeinheiten der Waffen-SS
bis Obersturmbannführer sowie Namenszüge und Buchstaben
auf Schulterstücken und Schulterklappen am 1. September 1939

Leibstandarte
SS „Adolf Hitler“

SS-Standarte
„Deutschland“

SS-Standarte
„Germania“

SS-Standarte
„Der Führer“

SS-Pionierbataillon/SS-Nachrichten-Abt.

SS-Junkerschule Tölz

SS-Junkerschule
Braunschweig

Die rechten Kragenspiegel der nach dem Frankreichfeldzug aufgestellten reichsdeutschen Einheiten der Waffen-SS (einschl. SS-Panzergrenadier-Division Wiking) trugen die beiden Sigrunen ohne Nummern, Buchstaben bzw. Waffenbezeichnung

Ausnahmen:

SS-Polizei-Division
1939—1941/42

SS-Totenkopf-Division
1939—1945

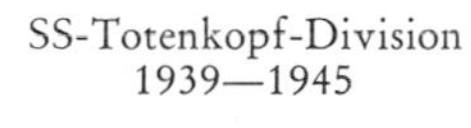

Mannschaften

Offiziere

Unterführer und Mannschaften in Weiß-Stickerei, Führer in Aluminiumgespinst

Dienstgradabzeichen für Unterführer der Waffen-SS (1939—1945)

Badges of rank of NCOs of the Waffen SS (1939-1945)

Kragenspiegel, Schulterklappen mit Waffenfarben ab 1. 5. 40
sowie Rangabzeichen für Tarnanzüge

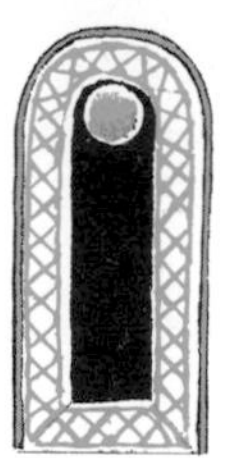

SS-Unterscharführer
SS-Junker
(Uffz./Fahnenjunker)
Nachrichteneinheiten,
Kriegsberichter

SS-Scharführer
(Unterfeldwebel)
Reitereinheiten,
Aufklärungseinheiten

SS-Oberscharführer
(Feldwebel/
Wachtmeister)
Artillerie,
Flakeinheiten

SS-Hauptscharführer
(Oberfeldwebel/
Oberwachtmeister)
Panzereinheiten

SS-Sturmscharführer
(Stabsfeldwebel)
Versorgungstruppen

Seitengewehrtroddel
für
SS-Unterscharführer
und SS-Scharführer

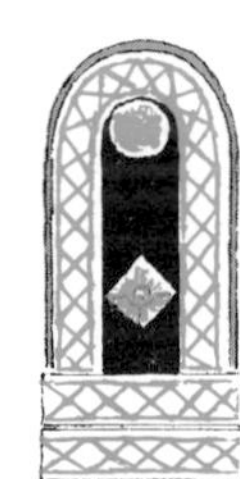

SS-Junker
Verwaltungsdienste

SS-Oberscharführer
d. R. z. V.
und Reserve-
führeranwärter
der Waffen-SS z.V.
Wehrgeologen

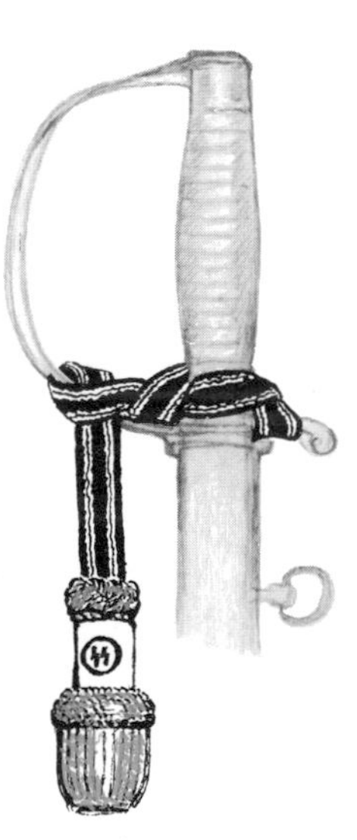

Unterführerdegen
mit Portepee

SS-Unterscharführer
SS-Panzerdivision
ab 1941 „Das Reich“

Dienstgradabzeichen für Führer (Offiziere) der Waffen-SS — ohne Generale — 1939—1945

Badges of rank of officers below general, of the Waffen SS (1939—1945)

Kragenspiegel, Schulterstücke und Waffenfarben ab 1. 5. 1940 sowie Rangabzeichen für Tarnanzüge

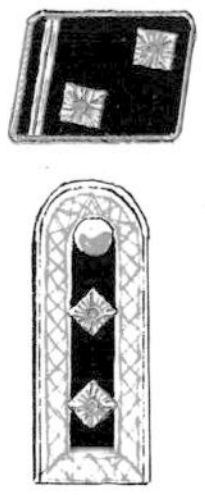

SS-Standarten-oberjunker (Oberfähnrich) Infanterie

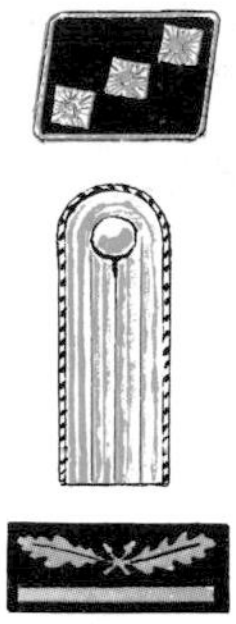

SS-Untersturmführer (Leutnant) Panzerpioniere

SS-Obersturmführer (Oberleutnant/ hier: Oberarzt) Sanitätsdienste

SS-Hauptsturmführer (Hauptmann/ hier: Stabsveterinär) Veterinärdienste

SS-Sturmbannführer (Major) Pioniere

SS Obersturmbannführer (Oberstleutnant) Artillerie

SS-Standartenführer (Oberst) Gebirgsjäger

SS-Oberführer Infanterie

Führerdegen mit Portepee

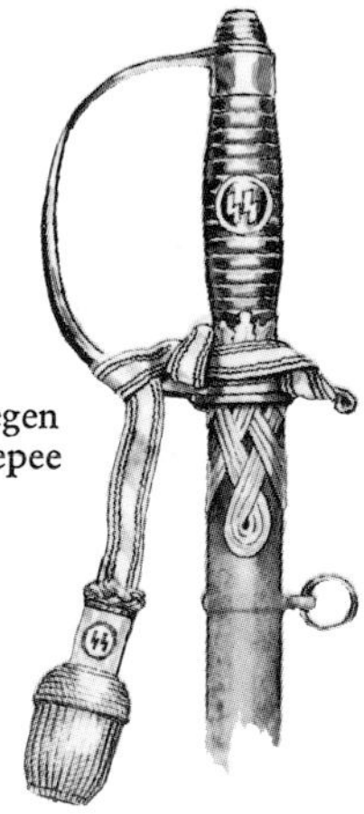

SS-Obersturmführer/Bataillonsadjutant SS-Panzer-Division „Totenkopf“

Die Kragenspiegel wurden beiderseits getragen

Felduniform (Mäntel und Mützen) sowie Dienstgradabzeichen der Generale der Waffen-SS

Field uniforms (coats and caps) and badges of rank of generals of the Waffen SS

Schirmmütze

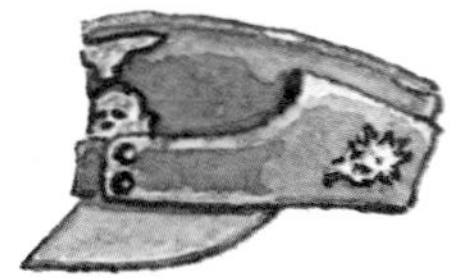

Bergmütze

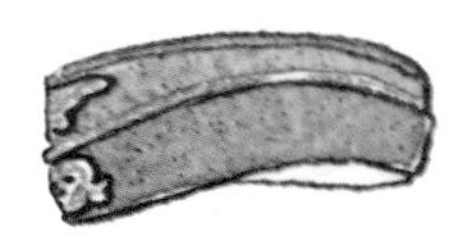

Feldmütze

SS-Brigadeführer

Kragenspiegel und Schulterstücke

Rangabzeichen für Tarnanzüge

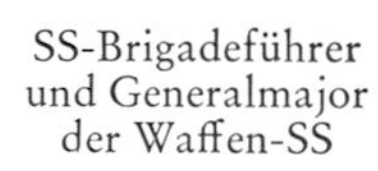

SS-Brigadeführer
und Generalmajor
der Waffen-SS

SS-Gruppenführer
und Generalleutnant
der Waffen-SS

SS-Obergruppenführer
und General
der Waffen-SS

SS-Oberstgruppenführer
und Generaloberst
der Waffen-SS

Die Felduniform der SS-Verfügungstruppe und der aus ihr hervorgegangenen Waffen-SS

Field uniforms of the SS-Verfügungstruppe and of its successor, the Waffen SS

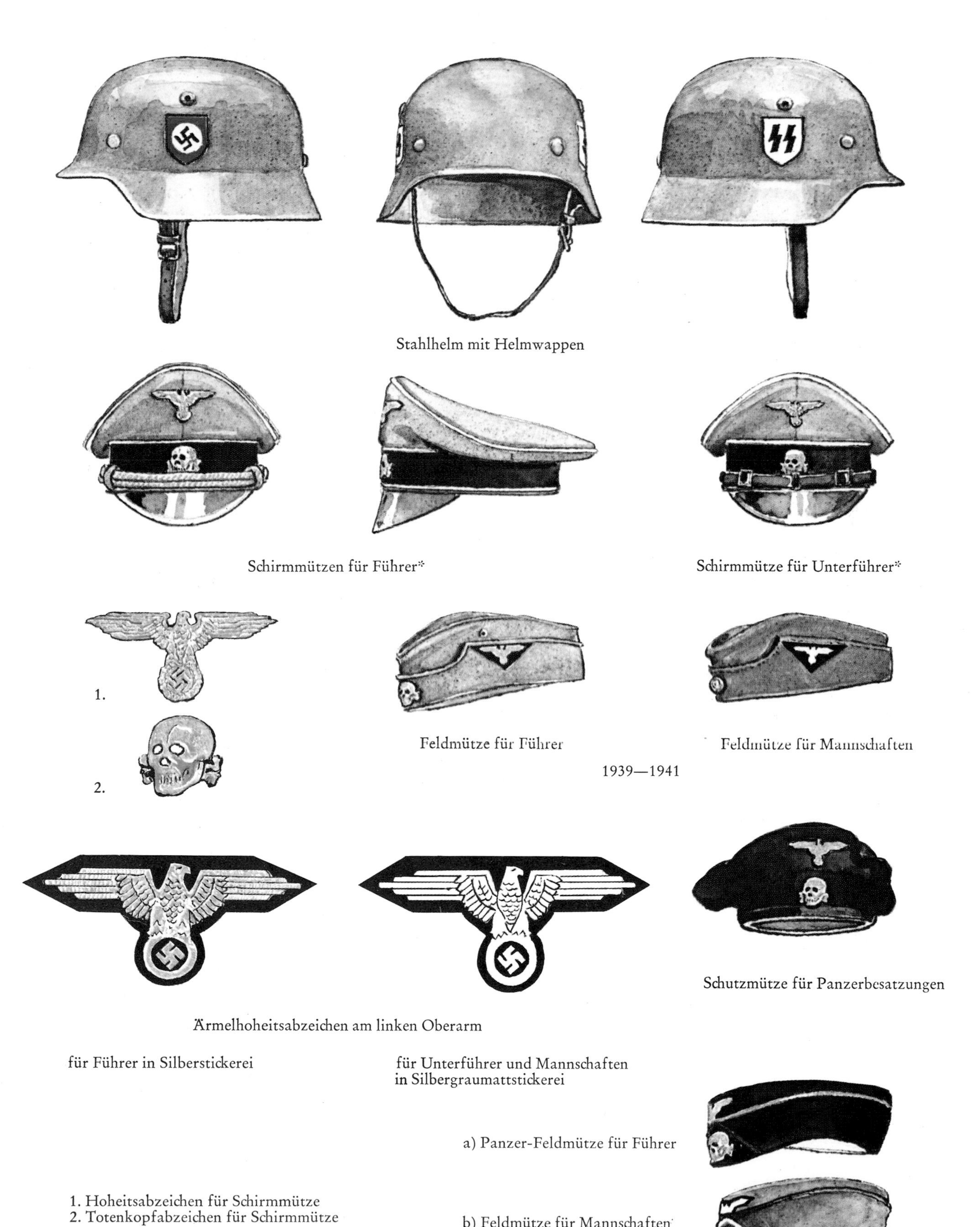

Stahlhelm mit Helmwappen

Schirmmützen für Führer*

Schirmmütze für Unterführer*

1.

2.

Feldmütze für Führer

Feldmütze für Mannschaften

1939—1941

Schutzmütze für Panzerbesatzungen

Ärmelhoheitsabzeichen am linken Oberarm

für Führer in Silberstickerei

für Unterführer und Mannschaften
in Silbergraumattstickerei

a) Panzer-Feldmütze für Führer

b) Feldmütze für Mannschaften
und Unterführer

1. Hoheitsabzeichen für Schirmmütze
2. Totenkopfabzeichen für Schirmmütze

* 1939—1945

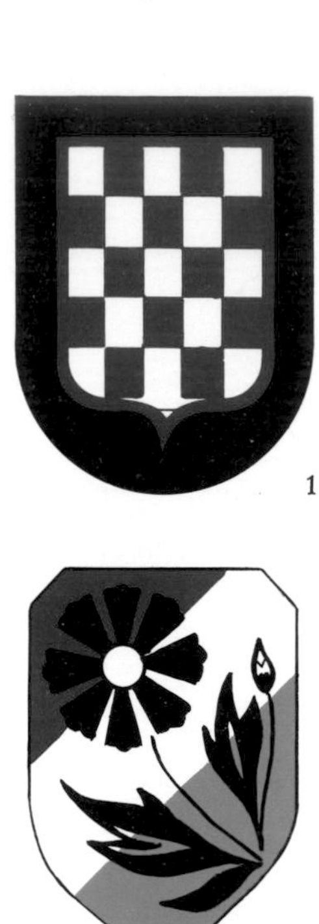
1

2

3

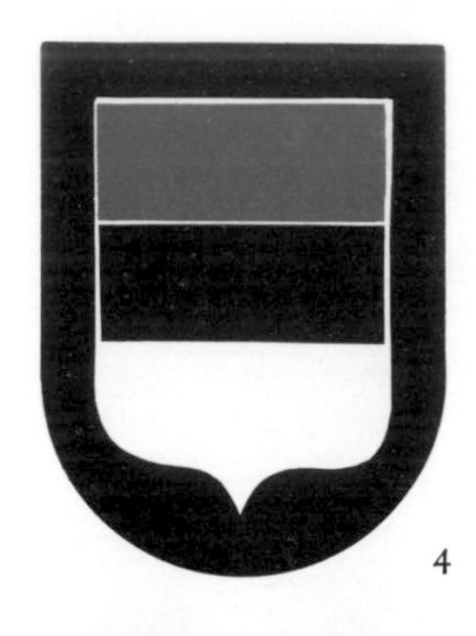
4

5

6

7

8

9

10

11

12

13

14

15

16

17

18

19

20

21

Landesschilde der Freiwilligen- und Waffenverbände der SS (Letzter Stand der Namensgebung)
Legion Armshields of foreign volunteer units of the Waffen SS (final roll of titles)

1 13. Waffen-Geb.Div. der SS „Handschar“ (kroat. Nr. 1)
2 14. Waffen-Gren.Div. der SS (galiz. Nr. 1)
3 15. Waffen-Gren.Div. der SS (lett. Nr. 1) und 19. Waffen-Gren.Div. der SS (lett. Nr. 2)
4 20. Waffen-Gren.Div. der SS (estn. Nr. 1)
5 21. Waffen-Geb.Div. der SS „Skanderbeg“ (alban. Nr. 1)
6 22. SS-Frw.Kav.Div. „Maria Theresia“
7 25. Waffen-Gren.Div. der SS „Hunaydi“ (ungar. Nr. 1)
8 26. Waffen-Gren.Div. der SS „Hungaria“ (ungar. Nr. 2)
9 28. SS-Frw.Pz.Gren.Div. „Wallonien“
10 29. Waffen-Gren.Div. der SS (russ. Nr. 1)
11 29. Waffen-Gren.Div. der SS (ital. Nr. 1)
12 33. Waffen-Gren.Div. der SS „Charlemagne“ (franz. Nr. 1)
13 Freikorps Danmark
14 Freiwilligen-Legion „Flandern“
15 SS-Freiwilligen-Legion „Norwegen“
16 Freiwilligen-Legion „Niederlande“
17 Indische Legion der Waffen-SS
18 XIV. Kosaken-Kavallerie-Korps der SS Don-Kosaken
19 Kuban-Kosaken
20 Terek-Kosaken
21 Sibir-Kosaken

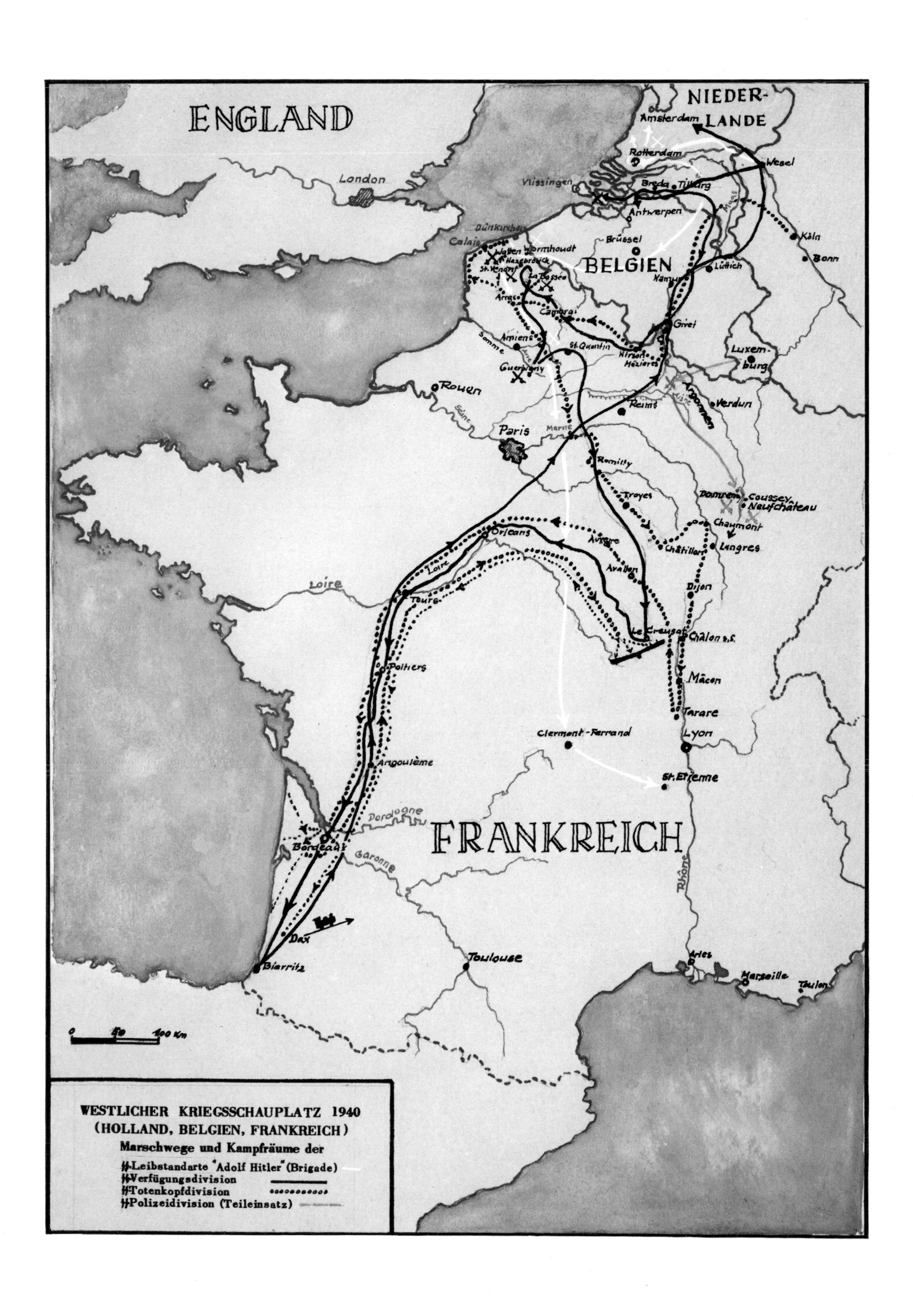

ENGLAND
NIEDER-LANDE
Amsterdam
Rotterdam
Wesel
London
Vlissingen
Breda
Tilburg
Antwerpen
Köln
Bonn
Dünkirchen
Calais
Wormhoudt
Brüssel
BELGIEN
Lüttich
St. Venant
La Bassée
Arras
Cambrai
Givet
Namur
Amiens
Somme
St. Quentin
Hirson
Mézières
Luxemburg
Guerbigny
Rouen
Seine
Reims
Argonnen
Verdun
Paris
Marne
Romilly
Troyes
Domrem
Coussey
Neufchâteau
Chaumont
Orleans
Auxerre
Châtillon
Langres
Loire
Avallon
Tours
Dijon
Le Creusot
Chalon s.S.
Poitiers
Mâcon
Tarare
Clermont-Ferrand
Lyon
Angoulême
St. Etienne
Dordogne
FRANKREICH
Bordeaux
Garonne
Rhône
Dax
Arles
Biarritz
Toulouse
Marseille
Toulon
0 50 100 Km
WESTLICHER KRIEGSSCHAUPLATZ 1940
(HOLLAND, BELGIEN, FRANKREICH)
Marschwege und Kampfräume der
SS-Leibstandarte "Adolf Hitler" (Brigade)
SS-Verfügungsdivision
SS-Totenkopfdivision
SS-Polizeidivision (Teileinsatz)

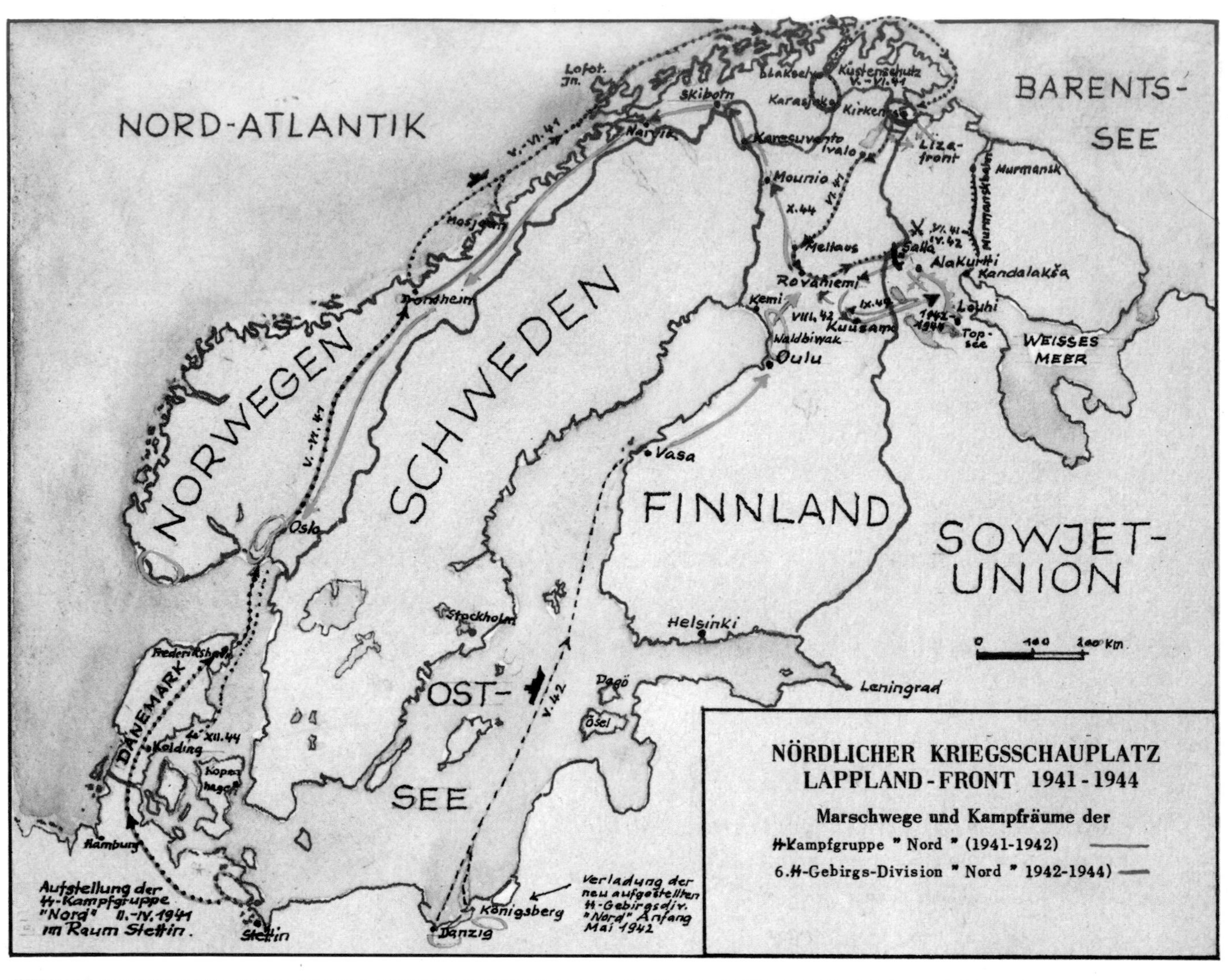
NORD-ATLANTIK
BARENTS-SEE
NORWEGEN
SCHWEDEN
FINNLAND
SOWJET-UNION
OST-SEE
WEISSES MEER
DÄNEMARK
Narvik
Skibotn
Kirkenes
Murmansk
Salla
Alakurtti
Kandalakša
Rovaniemi
Kemi
Oulu
Vasa
Helsinki
Leningrad
Stockholm
Oslo
Drontheim
Kolding
Hamburg
Stettin
Danzig
Königsberg
NÖRDLICHER KRIEGSSCHAUPLATZ
LAPPLAND-FRONT 1941-1944
Marschwege und Kampfräume der
ﾷﾷ-Kampfgruppe " Nord " (1941-1942)
6. ﾷﾷ-Gebirgs-Division " Nord " 1942-1944)
Aufstellung der ﾷﾷ-Kampfgruppe "Nord" II.-IV.1941 im Raum Stettin.
Verladung der neu aufgestellten ﾷﾷ-Gebirgsdiv. "Nord" Anfang Mai 1942

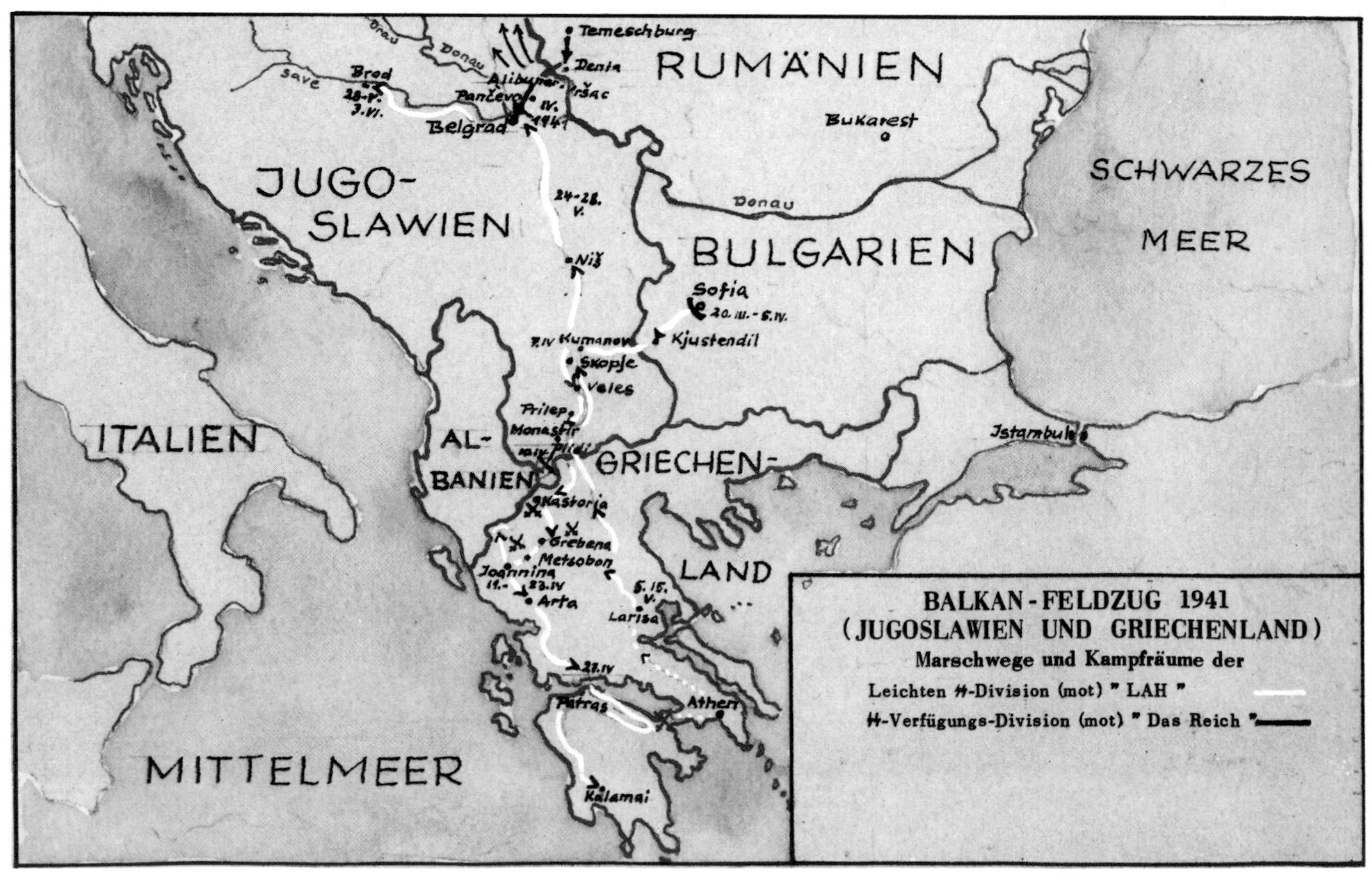
RUMÄNIEN
JUGO-SLAWIEN
BULGARIEN
SCHWARZES MEER
ITALIEN
AL-BANIEN
GRIECHEN-LAND
MITTELMEER
Temeschburg
Brod
Belgrad
Pančevo
Bukarest
Donau
Niš
Sofia
Kjustendil
Kumanovo
Skopje
Veles
Prilep
Monastir
Istambul
Kastoria
Grebena
Metsobon
Joannina
Arta
Larisa
Patras
Athen
Kalamai
BALKAN-FELDZUG 1941
(JUGOSLAWIEN UND GRIECHENLAND)
Marschwege und Kampfräume der
Leichten ﾷﾷ-Division (mot) " LAH "
ﾷﾷ-Verfügungs-Division (mot) " Das Reich "

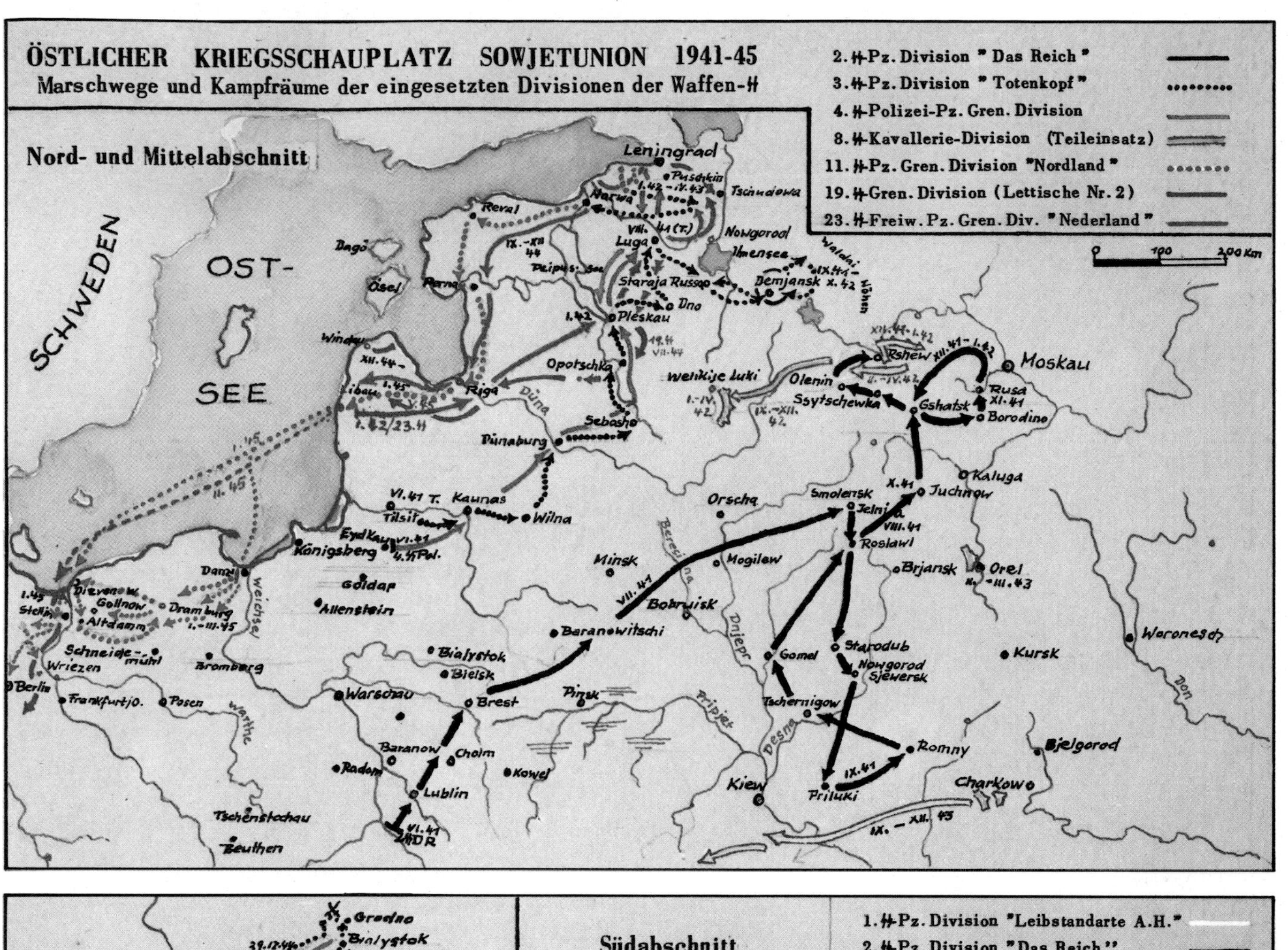
ÖSTLICHER KRIEGSSCHAUPLATZ SOWJETUNION 1941-45
Marschwege und Kampfräume der eingesetzten Divisionen der Waffen-SS
2. SS-Pz. Division "Das Reich"
3. SS-Pz. Division "Totenkopf"
4. SS-Polizei-Pz. Gren. Division
8. SS-Kavallerie-Division (Teileinsatz)
11. SS-Pz. Gren. Division "Nordland"
19. SS-Gren. Division (Lettische Nr. 2)
23. SS-Freiw. Pz. Gren. Div. "Nederland"
0 100 200 Km
Nord- und Mittelabschnitt
SCHWEDEN
OST-
SEE
Leningrad
Narwa
Reval
Luga
Nowgorod
Ilmensee
Staraja Russa
Demjansk
Dno
Pleskau
Riga
Düna
Opotschka
Welikije Luki
Olenin
Rshew
Ssytschewka
Gshatsk
Moskau
Rusa
Borodino
Dünaburg
Sebasch
Kaunas
Wilna
Tilsit
Königsberg
Goldap
Allenstein
Danzig
Weichsel
Stettin
Altdamm
Gollnow
Dramburg
Schneidemühl
Wriezen
Berlin
Frankfurt/O.
Posen
Bromberg
Warthe
Warschau
Bialystok
Bielsk
Brest
Baranowitschi
Minsk
Beresina
Bobruisk
Mogilew
Orscha
Smolensk
Jelnja
Roslawl
Juchnow
Kaluga
Brjansk
Orel
Woronesch
Kursk
Don
Dnjepr
Starodub
Gomel
Nowgorod Sjewersk
Tschernigow
Desna
Romny
Priluki
Kiew
Charkow
Bjelgorod
Pripjet
Pinsk
Kowel
Cholm
Baranow
Radom
Lublin
Tschenstochau
Beuthen

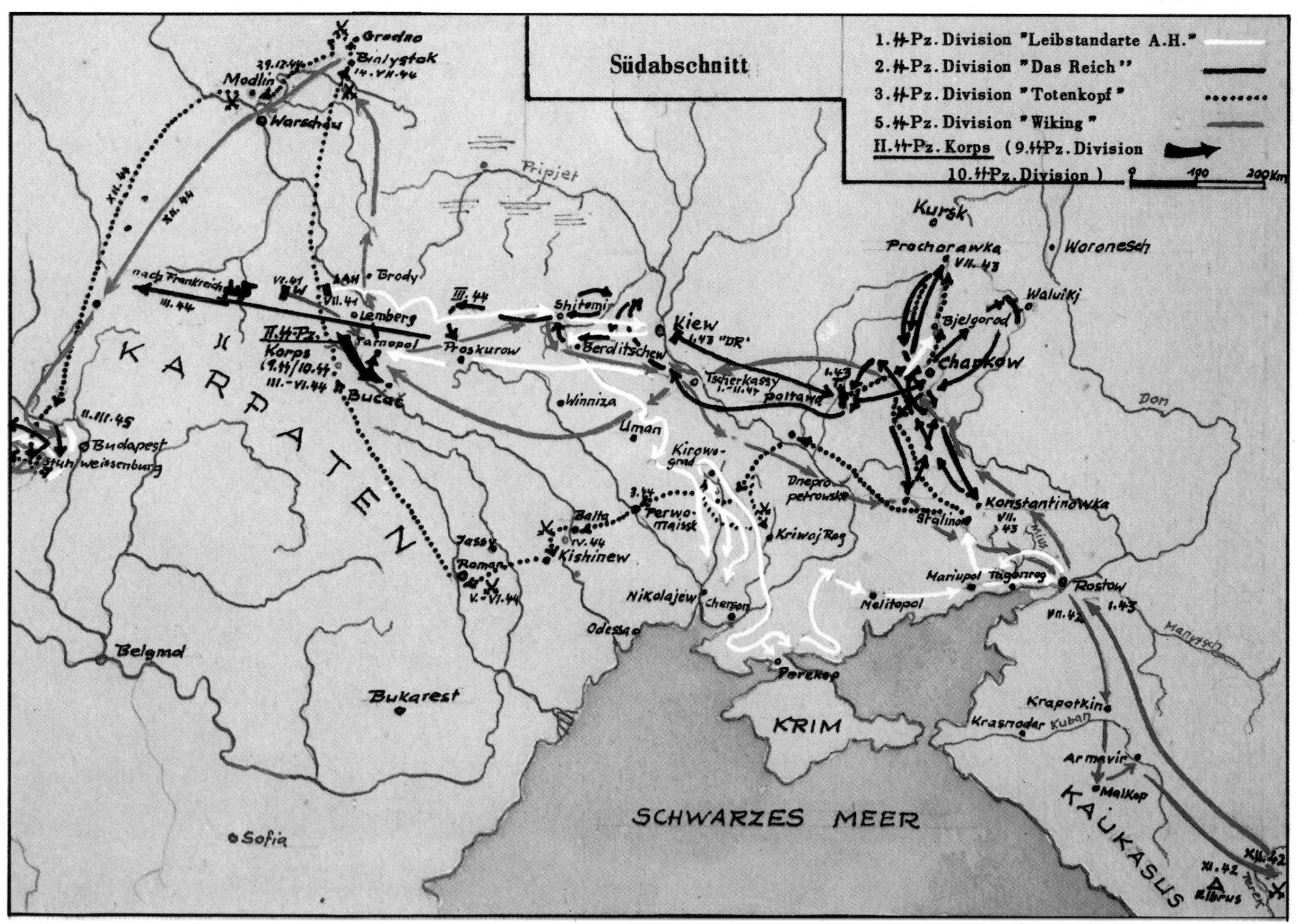
Südabschnitt
1. SS-Pz. Division "Leibstandarte A.H."
2. SS-Pz. Division "Das Reich"
3. SS-Pz. Division "Totenkopf"
5. SS-Pz. Division "Wiking"
II. SS-Pz. Korps (9. SS-Pz. Division
10. SS-Pz. Division)
0 100 200 Km
Grodno
Bialystok
Modlin
Warschau
Pripjet
Brody
Lemberg
Tarnopol
Buczacz
nach Frankreich
KARPATEN
Budapest
Stuhlweissenburg
Shitomir
Proskurow
Berditschew
Kiew
Winniza
Uman
Tscherkassy
Poltawa
Kirowograd
Perwomaisk
Balta
Jassy
Roman
Kishinew
Odessa
Nikolajew
Cherson
Kriwoj Rog
Dnepropetrowsk
Stalino
Konstantinowka
Mariupol
Taganrog
Rostow
Melitopol
Perekop
KRIM
Kursk
Prochorawka
Woronesch
Waluiki
Bjelgorod
Charkow
Don
Manytsch
Krapotkin
Krasnodar
Kuban
Armavir
Maikop
Elbrus
Terek
KAUKASUS
Belgrad
Bukarest
Sofia
SCHWARZES MEER

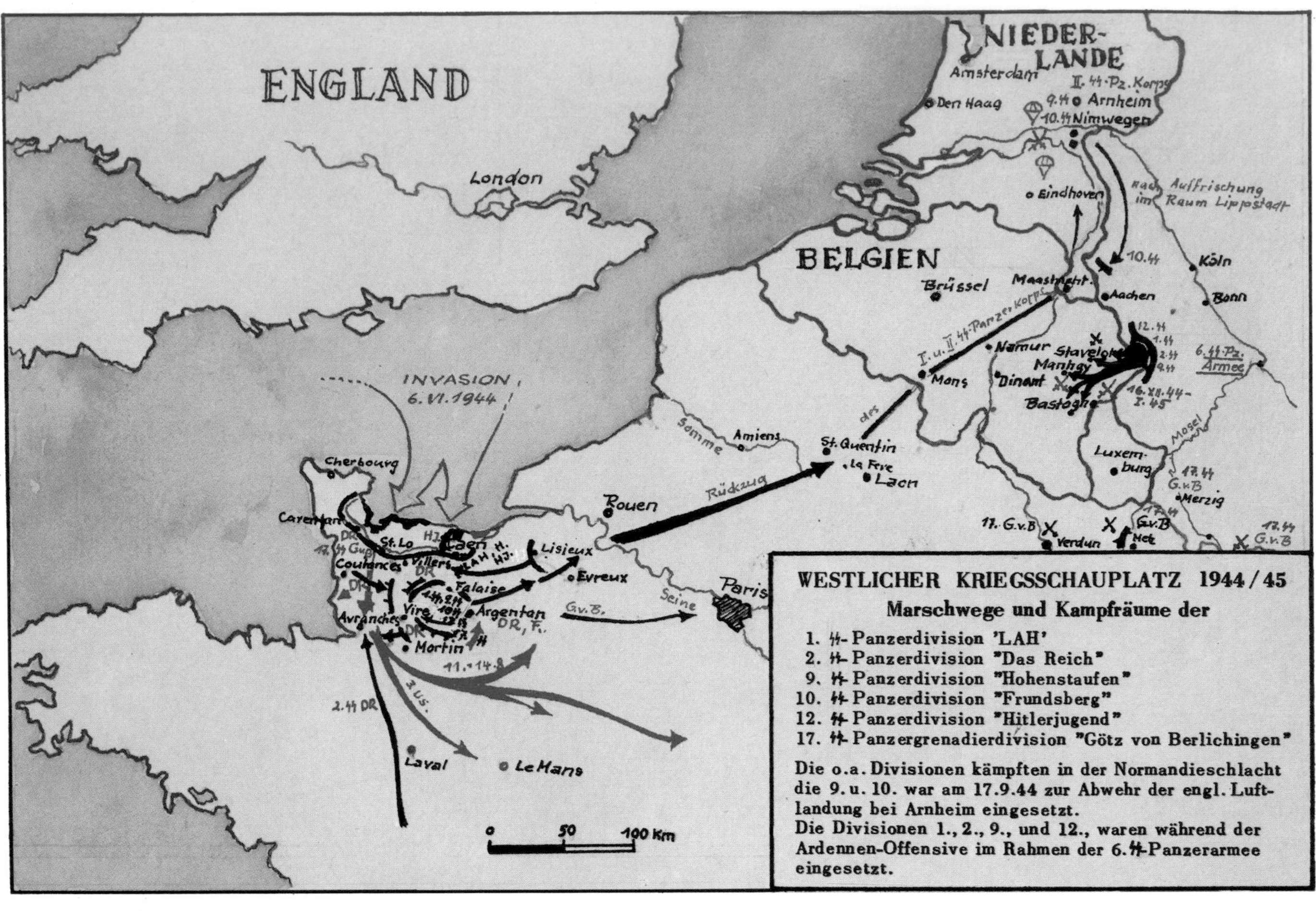
ENGLAND
London
NIEDER-
LANDE
Amsterdam
Den Haag
Arnheim
Nimwegen
Eindhoven
II. SS-Pz. Korps
nach Auffrischung im Raum Lippstadt
BELGIEN
Brüssel
Maastricht
Aachen
Köln
Bonn
Namur
Stavelot
Manhay
Dinant
Bastogne
Mons
6. SS-Pz. Armee
Luxemburg
Merzig
Verdun
Metz
INVASION 6. VI. 1944
Cherbourg
Amiens
St. Quentin
La Fère
Laon
Somme
Rückzug
Rouen
Carentan
St. Lo
Caen
Lisieux
Coutances
Villers
Falaise
Evreux
Vire
Argentan
Avranches
Mortain
Paris
Seine
Laval
Le Mans
0 50 100 Km
WESTLICHER KRIEGSSCHAUPLATZ 1944/45
Marschwege und Kampfräume der
1. SS-Panzerdivision 'LAH'
2. SS-Panzerdivision "Das Reich"
9. SS-Panzerdivision "Hohenstaufen"
10. SS-Panzerdivision "Frundsberg"
12. SS-Panzerdivision "Hitlerjugend"
17. SS-Panzergrenadierdivision "Götz von Berlichingen"
Die o.a. Divisionen kämpften in der Normandieschlacht die 9. u. 10. war am 17.9.44 zur Abwehr der engl. Luftlandung bei Arnheim eingesetzt.
Die Divisionen 1., 2., 9., und 12., waren während der Ardennen-Offensive im Rahmen der 6. SS-Panzerarmee eingesetzt.

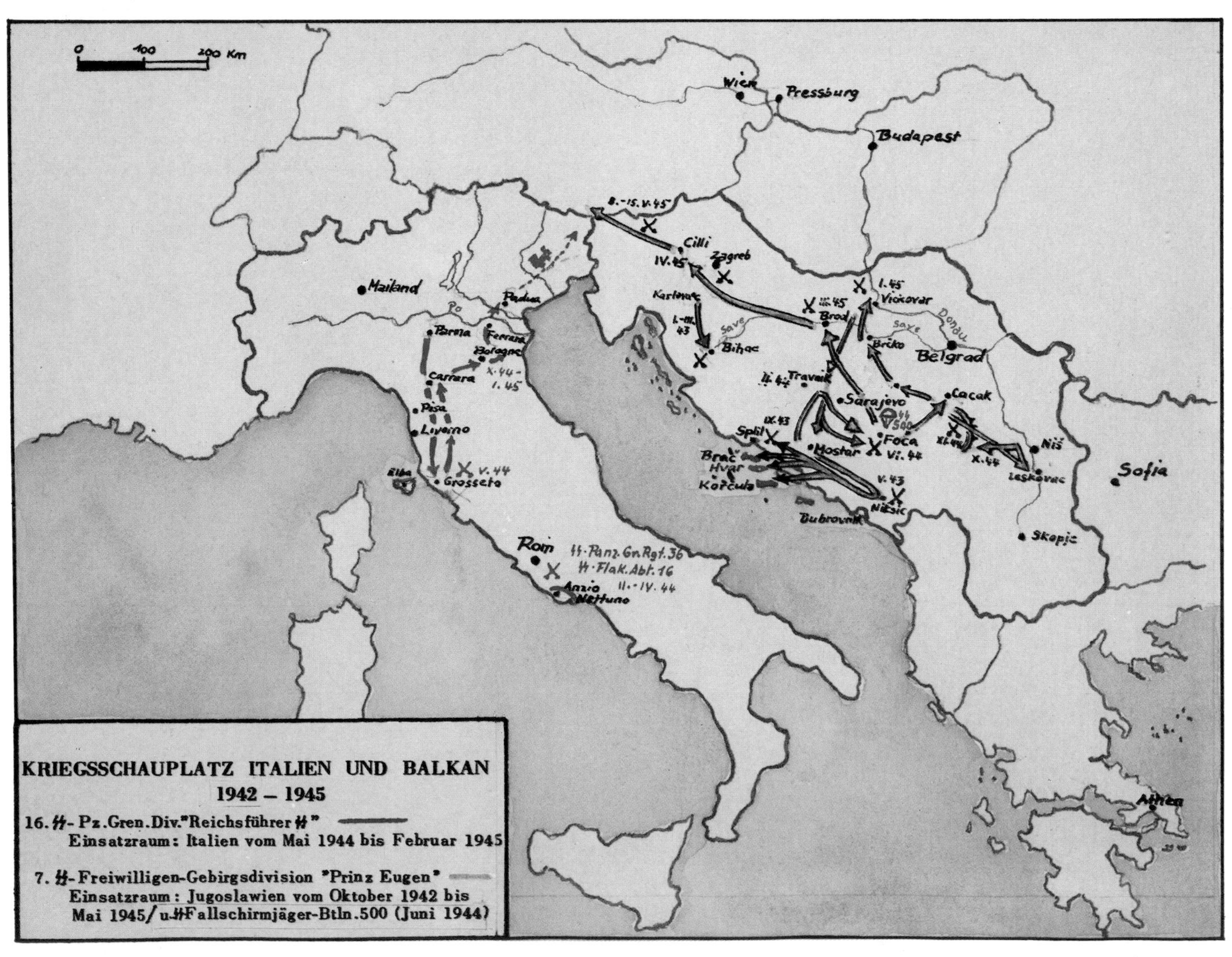
0 100 200 Km
Wien
Pressburg
Budapest
Cilli
Zagreb
Mailand
Padua
Po
Parma
Ferrara
Bologna
Carrara
Pisa
Livorno
Elba
Grosseto
Karlovac
Bihac
Brod
Vinkovci
Brcko
Belgrad
Donau
Save
Travnik
Sarajevo
Cacak
Foca
Mostar
Split
Brac
Hvar
Korcula
Niksic
Dubrovnik
Nis
Leskovac
Sofia
Skopje
Rom
SS-Panz. Gr. Rgt. 36
SS-Flak. Abt. 16
Anzio
Nettuno
Athen
KRIEGSSCHAUPLATZ ITALIEN UND BALKAN
1942 – 1945
16. SS-Pz.Gren.Div."Reichsführer SS"
Einsatzraum: Italien vom Mai 1944 bis Februar 1945
7. SS-Freiwilligen-Gebirgsdivision "Prinz Eugen"
Einsatzraum: Jugoslawien vom Oktober 1942 bis Mai 1945/ u. SS-Fallschirmjäger-Btln. 500 (Juni 1944)